Codependência:
o transtorno e a
intervenção em rede

Dados Internacionais de Catalogação na Publicação (CIP)
(Câmara Brasileira do Livro, SP, Brasil)

Zampieri, Maria Aparecida Junqueira
  Codependência : o transtorno e a intervenção em rede / Maria Aparecida Junqueira Zampieri. – 2ª ed. – São Paulo: Ágora, 2004.

  Bibliografia
  ISBN 978-85-7183-877-2

  1. Codependência (Psicologia) 2. Psicopatologia 3. Relações interpessoais I. Título.

04-0740   CDD-362.2913

Índice para catálogo sistemático:
1. Codependência : Aspectos psicopatológicos : Bem-estar social 362.2913

Compre em lugar de fotocopiar.
Cada real que você dá por um livro recompensa seus autores
e os convida a produzir mais sobre o tema;
incentiva seus editores a encomendar, traduzir e publicar
outras obras sobreo assunto;
e paga aos livreiros por estocar e levar até você livros
para a sua informação e o se entretenimento.
Cada real que você dá pela fotocópia não autorizada de um livro
financia um crime
e ajuda a matar a produção intelectual de seu país.

Codependência:
o transtorno e a intervenção em rede

Maria Aparecida Junqueira Zampieri

EDITORA
ÁGORA

CODEPENDÊNCIA:
o transtorno e a intervenção em rede
Copyright © 2004 by Maria Aparecida Junqueira Zampieri
Direitos reservados por Summus Editorial

Capa: **Luciano Pessoa**
Editoração e fotolitos: **All Print**

Editora Ágora

Departamento editorial:
Rua Itapicuru, 613 – 7º andar
05006-000 – São Paulo – SP
Fone: (11) 3872-3322
Fax: (11) 3872-7476
http://www.editoraagora.com.br
e-mail: agora@editoraagora.com.br

Atendimento ao consumidor:
Summus Editorial
Fone: (11) 3865-9890

Vendas por atacado:
Fone: (11) 3873-8638
Fax: (11) 3873-7085
e-mail: vendas@summus.com.br

Impresso no Brasil

Sumário

Prefácio 7

Introdução 11

1   Desenvolvimento e crescimento do sistema nervoso 17

    O sistema nervoso nasce antes e morre depois do coração 17

    Neurotransmissores e disfunções 21

    Nicho da emoção 25

    Sistema nervoso central 27

    Sistema nervoso periférico, integrando o central ao corpo 31

    Sistema nervoso autônomo: equilíbrio funcional dos órgãos e
    vida vegetativa 32

    Conclusão 32

2   Da vida intra-uterina à aura psíquica 35

    Teoria de Bermudez: o núcleo do EU 35

    Construção de modelos e psicopatologia 48

    Comparação entre algumas teorias do desenvolvimento 54

3   Dependência e codependência 57

    A dependência 57

    A codependência 63

    Codependência e núcleo do EU 69

    Discussão 77

4 Transtornos e contextos: critérios para diagnóstico da
codependência 99

Transtornos de identidade ou de personalidade 99

Seria a codependência um distúrbio de identidade? 106

5 Manifestações da codependência 133

Codependência inter-sistemas 134

Codependência conjugal 134

Codependência familiar 135

Codependência grupal 135

Codependência social 136

Codependência institucional 136

Codependência sexual 137

6 Transtornos e codependência 141

Transtorno da Conduta 141

Síndrome do pânico e psicodrama 191

Conclusão 198

7 Codependência social e o trabalho em rede 199

Codependência social 200

O trabalho em rede 210

8 Investindo na prevenção 233

O projeto socionômico e a sociometria como método
diagnóstico 235

Relato de uma experiência sociodramática com familiares e
drogaditos 241

A dança sociométrica, a matriz e os estressores na família
codependente 260

Considerações finais 271

Bibliografia 279

Prefácio

A voz de Maria Aparecida Junqueira Zampieri nos chega de São José do Rio Preto com um fôlego invejável e uma postura coerente e desafiadora em seu livro de estréia – *Codependência: o transtorno e a intervenção em rede.* Tina, como é carinhosamente conhecida entre os psicodramatistas brasileiros, deixa bem claro, já na bela introdução deste livro tão bem construído, seu compromisso com o pensamento pós-moderno de agregar e harmonizar visões decorrentes de diferentes áreas do conhecimento humano aplicadas a um mesmo fenômeno ou àquilo a que possamos chamar de uma dada "realidade", suspensa em aspas justamente porque a sua definição não passa de uma co-construção dentro de um sistema. Ou, como ela mesma denomina, uma realidade multifatorial.

Daí a sua coerência, porque não se afasta nem um milímetro desse propósito na trajetória desta obra. Sua ação é, portanto, essencialmente psicodramática porque sua direção é profundamente integradora. Quem sabe decorrente de sua vivência com grupos, herança de Moreno.

O seu desafio é transitar naquela fronteira delicada entre o intra e o interpsíquico por meio dos conceitos clássicos do psicodrama e das contribuições mais variadas dos psicodramatistas contemporâneos, num terreno em que é claramente visível o encanto da área pela teoria sistêmica, pelo construtivismo e pelos "paradigmas da cibernética de segunda ordem".

De pronto Maria Aparecida Zampieri escancara as bases do desenvolvimento do sistema nervoso com um estudo oportuno e atualizado sobre os neurotransmissores e a correlação destes com a farmacologia dos dias de hoje, além de abordar seu papel em nossas emoções – assunto freqüentemente evitado quando se fala do lugar das psicoterapias.

Num momento em que uma parte dos psicodramatistas questiona a pertinência de teorias de desenvolvimento no corpo da teoria do psicodrama, um outro desafio da autora é o de retornar à teoria do núcleo do eu, de Bermudez, revendo-a e modernizando-a, além de compará-la com outros pontos de vista desenvolvimentistas do psicodrama, como algumas idéias iniciais de Moreno, a visão de Fonseca sobre a matriz de identidade e as contribuições de Romaña e Zampiei sobre a relação entre mundo e aprendizagem.

O tema da dependência e da codependência, que se constitui como núcleo central deste livro, é tratado por Maria Aparecida Zampieri primeiramente em sua caracterização, suas manifestações e seus transtornos, e completado ccm um estudo do trabalho em rede da codependência social e dos métodos preventivos aplicados e seus resultados.

A caracterização da dependência aborda o difícil problema com que nos defrontamos hoje com o incremento do alcoolismo e da adição de drogas, seu custo social, a codependência envolvendo a família e seu papel facilitador da instalação de tais quadros mórbidos.

Não só Tina nos facilita o reconhecimento das características da codependência como estabelece uma correlação teórica com a matriz de identidade moreniana, com a teoria do núcleo do eu, o conceito de espontaneidade, a visão de Fonseca sobre a comunicação humana, as dimensões cognitiva e ativa de um papel e o sistema familiar.

O capítulo que trata dos critérios para o diagnóstico da codependência explicitando seus transtornos e os contextos em que ocorrem se encerra com diretrizes de orientação à família.

Não cabe, neste prefácio, resenhar minuciosamente toda a riqueza de conceituações e de discussões com que Maria Aparecida Zampieri brinda o leitor. Só para listar algumas, vamos encontrar ao longo do livro codependência conjugal, familiar, grupal, social, institucional, sexual, sua profilaxia, seus trantornos, a compreensão de tais transtornos à luz da teoria de papéis, exemplos clínicos, a intervenção psicodramática em problemas conjugais, o abuso infantil como conseqüência de codependência e a síndrome do pânico compreendida nesse contexto.

O livro se completa com o trabalho em rede e a prevenção da codependência.

É aqui que esta obra se amplia no sentido socionômico e, mais particularmente, sociátrico de Moreno. A intervenção na instituição, em que sistema, *socius* e sociodrama como instrumento numa perspectiva construtivista, se mesclam positivamente num trabalho com a codependência social, de que é exemplo o trabalho da autora na emancipação dos assentados da Cesp.

A prevenção tem uma presença forte como último capítulo, apresentando o sociodrama de Moreno como um método construtivista de resultados e, como diz a própria autora, como um ritual de redefinição de identidade.

Enfim, ler para crer. Com o aval seguro e incontestável de Maria Aparecida Junqueira Zampieri, nossa querida Tina, luz de Rio Preto a iluminar com o novo vãos ainda obscuros e inexplorados do psicodrama.

Sergio Perazzo
São Paulo, março de 2004

Introdução

A ciência moderna, enraizada muito longe, tomou forma no século XVII e proporcionou rápidos avanços especialmente nas ciências naturais e na tecnologia. Fala-se hoje de pós-modernismo e mudança de paradigma, que vem se instalando em diferentes pontos, também com raízes muito distantes e adormecidas, que se mostram em espaços científicos oficiais, convivendo com a ciência tradicional sem, no entanto, precisar descartá-la. A concomitância entre diferentes correntes de pensamento é uma característica pós-moderna, em que se admitem a subjetividade e a multiplicidade de modelos. A legitimação da co-construção da história, contada por observadores participantes, resultando em diversas descrições da realidade reflete o construtivismo e os paradigmas da cibernética de segunda ordem. Admitem-se o ponto cego e a complexidade. Enquanto a ciência tradicional é simplificadora e fracionária, dividindo o objeto de estudo para compreendê-lo, a tendência pós-moderna é observá-lo integralmente e contextualizado, pois admite que o total é mais que a soma das partes, e que não se pode apreendê-lo desprezando-se as influências intersistêmicas. É necessário observar a célula imprescindível, observar o conjunto em seu contexto.

Assim nasceu este livro, transitando conosco mudanças de paradigma, com raízes bebendo de várias fontes e construindo uma visão. Com o respeito de admitir sua subjetividade e os múltiplos questionamentos que surgem no exercício da própria *rela-*

12 MARIA APARECIDA JUNQUEIRA ZAMPIERI

ção terapêutica. Tentativas de teorizá-la estimularam centelhas de novas perguntas. Preocupada com a cientificidade, deparar-nos com Palazzoli (1998, p. 12) foi um bálsamo, não para nos relaxar (e aos colegas) quanto aos propósitos, mas por fazer eco às nossas indagações: "Por acaso um átomo deseja saber se é uma partícula ou uma onda?" "Nossos pacientes, no entanto, pedem que os estudemos, aconselhemos e transformemos."

A especificidade do homem e da natureza humana como objeto de pesquisa leva à falência tentativas de imprimir-se modelos das ciências físicas ou analogias biológico-organísticas. O contexto clínico traz no pedido de mudança uma diferença substancial quanto à especificidade da pesquisa que pode admitir uma dimensão artesanal, talvez considerada irreverente em metodologias rigorosas das ciências exatas. A pesquisa qualitativa ganha espaço com paradigmas pós-modernos. O que aqui apresentamos é fruto de vivências profissionais que nos instigaram a percepções, ampliadas em sucessivos casos, estudos e buscas por fundamentos na clínica, em instituições ou em debates com colegas.

Talvez ocorra uma mutualidade sociométrica entre o terapeuta e a psicopatologia; é comum ocorrerem ciclos de casos similares, o que pode aguçar nossa percepção e tornar mais estimulante um aprofundamento teórico. O caso do menino F. chegou como vários outros, por indicação da escola. Todos apresentam algum comportamento disruptivo, que acaba atraindo a família à psicoterapia. A prevalência de uma relação terapêutica a salvo de todas as pressões intra e intersistêmicas foi uma forte motivação para este estudo. Nesse tratamento com intervenção sistêmico-psicodramática, englobando o grupo familiar e a escola, discutimos manifestações da codependência socioinstitucional em que se solicita uma mudança, porém não se permite mexer com o sistema.

Simultaneamente, trabalhávamos com grupos de famílias e com um grupo de assentados. No entanto, na complexidade e diversidade dos casos podíamos observar muitos aspectos comuns aos da família do garoto F. Alargamos o campo de visão, até que pudesse abarcar um sistema comum, e investigamos. Embora na história da ciência epistemologias diversas privilegiassem o esta-

CODEPENDÊNCIA: O TRANSTORNO E A INTERVENÇÃO EM REDE   13

belecimento de relações causais lineares, o positivismo fortaleceu sobremaneira o conceito do belo pousado nas fórmulas mais simples, reduzindo o todo ao abstrato simplificado. A cibernética, na primeira metade do século XX, veio subverter a ordem e admitir a complexidade e a entropia, a multiplicidade das inter-relações, a inclusão dos contextos como sistemas auto-reguladores à mercê de pressões e contrapressões constantes e circulares. No campo das ciências objetivas o advento da informática estimulou um raciocínio multidimensional e a conceituação de circuitos complexos, auto-regulação, retroalimentação.

Na termodinâmica, lorde Kelvin mostrou que a tendência da energia é se dispersar. Conceituou a entropia como uma tendência natural e irreversível de aumentar a desordem no universo. Contrariando o princípio da reversibilidade da energia, a entropia representa a admissão da dificuldade de aproveitar o calor como energia útil, tanto quanto é mínima a probabilidade de se reorganizar, apenas chacoalhando, um arranjo que antes estava todo organizado. Facilmente se transforma qualquer energia em calor, porém seu aproveitamento atinge baixos índices. Em qualquer máquina térmica, parte do calor sempre é lançada fora, por isto o calor também é tido como energia degradada.

Entender o conceito de entropia favoreceu a compreensão da evolução e do aumento da complexidade de sistemas e da relação intersistemas, derrubando uma expectativa de reversibilidade; nem tudo é reversível. A trajetória natural da família é irreversível e tende a progredir em complexidade e em entrelaçamento com outros sistemas.

Estes modelos de pensamento mostraram-se úteis e mais apropriados em uma época em que o caos das grandes guerras estimulava o desenvolvimento das ciências sociais e tornava inevitável a necessidade de assumir uma realidade multifatorial. Na complexidade de múltiplas e circulares relações causais os formatos lineares de pensamento mostravam-se obsoletos. Contexto, premências, respostas, respostas de respostas circulam mútuos retroalimentos; nomeia-se aleatoriamente o que é resposta a quê, pois cada resposta gera novas respostas aumentando a entropia do sistema. A cibernética de segunda ordem amplia a perspectiva e admite o observador como parte do sistema observado e defende que o homem é co-construtor da própria vida.

Dentre as várias abordagens teóricas já criadas, adotamos neste estudo fundamentos do psicodrama e da teoria sistêmica de família. Entendemos que uma compreensão e uma identificação de padrões disfuncionais de codependência, quer na família, instituição ou sociedade, poderiam não só favorecer intervenções para novas construções de relacionamentos como ser úteis para justificar programas preventivos. Sugerimos uma perspectiva ao *locus* e ao *status nascendi* do Transtorno da Conduta e de outros transtornos, situando-os como uma das possíveis saídas a uma inter-relação familiar de codependência, enquanto Matriz de Identidade. Descrevemos alguns casos e algumas teorias de fundamentação, acompanhados de discussões. Apresentamos uma abordagem sociodramática com famílias codependentes em instituição e em clínica à guisa de prevenção secundária e terciária, no intuito de contribuir, quiçá como profissional da psicologia, para a abertura do espaço para novas investigações e propostas de intervenção.

Apresentamos contundências que acenem ou, quem sabe, justifiquem a viabilidade de considerar a codependência um transtorno ou uma síndrome de identidade. Porém, mais que uma nomenclatura ou uma classificação, o que nos preocupa e nos mobiliza é solidificar um alerta que justifique maciços investimentos à prevenção na família.

O Manual Diagnóstico e Estatístico de Transtornos Mentais (DSM-IV) e a Classificação Internacional das Doenças (CID-10), principais fontes para os conceitos básicos relativos aos transtornos, nem sempre nos suprem com respostas às nossas indagações, instigando-nos a outras buscas. Como suportes intervencionistas, utilizamos conceitos e propostas da teoria psicodramática de Jacob Levy Moreno e alguns de seus discípulos, bem como conceitos e técnicas da teoria sistêmica de terapia familiar. Acrescentamos algumas contribuições no amálgama com nossa prática e reflexões. O legado moreniano tem sido bastante desenvolvido por autores contemporâneos, entre eles muitos brasileiros, como

Fonseca Filho, Silva Dias, Sérgio Perazzo, Ana Zampieri, Rosa Cukier, Içami Tiba, Moysés Aguiar e tantos excelentes, que configuram uma nova etapa, o neopsicodrama. Na aplicação da teoria sistêmica, muitas vezes lança-se mão de técnicas do psicodrama, embora não sejam assim reconhecidas. Tampouco se menciona em qualquer das escolas de terapia familiar o trabalho de Moreno com casais e com família. Essa correção vem ganhando força em espaços oficiais como os congressos de família e de psicodrama. Aqui, priorizamos o indivíduo em seu contexto familiar e social, esse é o enfoque deste trabalho. Independentemente dos fundamentos teóricos discutidos, não se trata de eleger linhas de atuação psicoterápica, mas de estudar formas de intervenção que possam favorecer o sujeito para que interatue efetivamente. Afinal, a comunidade científica aceitou a dualidade da luz, é onda e partícula; também podemos olhar o *socius* e o pontual de um transtorno, é inter e intra. Uma visão não anula a outra; por vezes, um olhar mecanicista ajuda a perceber parte de um fenômeno, ainda que o todo só ganhe forma sob um prisma relativista.

Enfim, foi um agradável trabalho de sistematização. Proporcionou um exercício de aprofundamento conceitual quanto à psicopatologia, ao desenvolvimento humano e à prática metodológica em relação ao registro de um trabalho científico. Como membros de uma instituição, esperamos despertar uma curiosidade científico-literária em nossos alunos.

_1_

Desenvolvimento e crescimento do sistema nervoso

Uma grande curiosidade mobiliza-me por saber o quanto de fato o ambiente configura-se como nossa placenta social. Filhos adotivos seriam realmente apenas "filhos do coração"? Coincidências e imitação seriam suficientes para explicar a gama de semelhanças aparentemente acima da casualidade? Que heranças físicas imprimem aos seus filhos? Como profissional curiosa e mãe adotiva, posso dizer que este capítulo nasceu dessa sede particular por subsídios. Em um *workshop* sobre cuidados pós-parto com prematuros, senti que uma porta se abria e investi em busca de maiores esclarecimentos. A extensão da placenta envolve amor e bioquímica.

Kolb já afirmava que o comportamento emocional "constitui uma resposta orgânica complexa a uma percepção de ameaça ou de satisfação" (1977, p. 24). As emoções constituem processos e atividades orgânicas geradas por ameaças à existência ou à frustração ou a outros estímulos, mediados pelo sistema nervoso involuntário e pelo subsistema cerebral relacionado ao afeto.

O sistema nervoso nasce antes e morre depois do coração

Os neurônios, unidades do sistema nervoso, formam-se logo após o nascimento e, até quanto se sabe atualmente, não são substituídos por outros, o que significa termos a idade dos nossos neurônios. Porém modificações em alguns tipos de conexão após a primeira infância são possíveis, influenciadas pela experiência relacional. Antes mesmo de o coração começar a pulsar no feto, portanto antes da terceira semana de gestação, o sistema nervoso já começa a diferenciar-se, ainda que inicie seu crescimento apenas quando irrigado, oxigenado e nutrido. Após o nascimento continua o processo de diferenciação e crescimento, até que seja atingida sua complexidade organizada do sistema como um todo.

A plasticidade do sistema nervoso permite à sua complexa organização, composta por mais de um trilhão de sinapses, que seja remodelada durante a vida toda. Além disso, recentes pesquisas demonstram que áreas sadias do cérebro podem assumir funções exercidas por regiões que sofreram traumas, desde que devidamente estimuladas. Tal constatação, realizada por meio de ressonância magnética, abre caminho para a recuperação de crianças e adultos com lesões cerebrais. Mapeamento cerebral das áreas em atividade, em crianças sadias de sete a doze anos, quando realizam atividades como resolver contas, recordar fatos ou estabelecer comparações, foi confrontado com exames análogos em crianças com lesões cerebrais. "Comprovamos que, com os estímulos adequados – operações algébricas, por exemplo –, o cérebro começa a buscar caminhos diferentes para executar atividades que pertenciam às partes atingidas" (Braga, 2001).

Todo o sistema nervoso compreende um conjunto de órgãos constituídos por tecidos nervosos, cujos elementos essenciais são os neurônios, em maioria, células estelares com caudas. Usualmente se faz uma divisão para fins didáticos em sistema nervoso central (encéfalo e medula), sistema nervoso periférico (nervos cranianos e raquidianos) e sistema nervoso autônomo (simpático e parassimpático, responsáveis pelo equilíbrio dos órgãos), ambos constituídos por neurônios. É no encéfalo, órgão do sistema nervoso central, que se encontram os centros da memória e das emoções. É composto por cérebro, cerebelo e bulbo, que apresentam a substância cinzenta e a substância branca. A parte cinzenta é formada por núcleos celulares "vizinhos" e a branca por suas caudas. É essa parte que nos interessa sobremaneira.

Filhos genéticos e filhos do ambiente

Desde embrião até um ano de idade, uma alta taxa de produção (2500 por minuto no feto) garante por volta de cem bilhões de neurônios. A partir de então, apenas os perdemos, em torno de 200 mil por dia. Estudos atuais em neurobiologia do desenvolvimento não apenas admitem a influência da placenta ambiental como objetivam "entender as interações e as resoluções das forças de inerência em relação às forças de acrescência" (Noback e colaboradores, 1999, p. 84). A carga genética inerente ao sujeito traz um potencial de características celulares que prevê crescimento, o desenvolvimento e as conexões típicas ao neurônio maduro. Porém a acrescência refere-se aos fatores extracelulares, que efetivamente configuram o desenvolvimento do neurônio e continuam agindo, mesmo sobre o neurônio já maduro. As forças de acrescência influenciam funções fundamentais, desde a nutrição e a sobrevivência a mudanças estruturais no desenvolvimento do neurônio. A responsabilidade de cada sujeito por sua própria evolução e dos seus é constante, e as expectativas sobre possibilidades de conquistas, de alterações, de tratamento psicológico encontram eco muito além da infância.

Tanto o desenvolvimento normal do neurônio quanto sua integração nos circuitos neuronais resultam de atividades que ocorrem não apenas em nível genético, pela transferência de informações das moléculas de DNA para as de RNA (ou transferências de informações das moléculas de RNA para polipeptídios), mas também de atividades que ocorrem em nível epigenético[1]. Fatores ambientais e não celulares estão incluídos no nível epigenético. Eles podem modificar, modular ou encaminhar o desenvolvimento de neurônios e sua integração nos circuitos. Experimentos com ratos têm evidenciado que dentritos e axônios reagem a estímulos, formando novas terminações axônicas e novas ligações sinápticas,

---

1. Epigenético – referente à epigenia. Situação genética em que ocorrem mudanças durante o processo de desenvolvimento, influenciando o fenótipo sem alterar o genótipo.

mesmo na velhice. A estrutura e a química do encéfalo podem ser afetadas pelas inter-relações e experiências de vida. Há mais plasticidade e flexibilidade nas interligações, inclusive em idades avançadas, do que se supunha, comprovando a coexistência de ambas as forças, de acrescência e inerência, no que diz respeito ao encéfalo e ao comportamento. Os autores mencionados afirmam que embora ainda falte esclarecer muitos detalhes, essa discussão "está praticamente encerrada".

Ao nascer (a termo) o encéfalo apresenta consistência gelatinosa; o córtex é indistinto da substância branca; as fissuras são rasas; os sulcos (primários e secundários) apresentam morfologia simples. Encontra-se desenvolvido nas regiões posteriores, porém não à frente do sulco central. Embora com a cabeça desproporcionalmente grande se comparada ao corpo, a gestação não pode ir além do nono mês, pois já não pode permitir o crescimento encefálico, sem ser danoso ao parto. Será rápido o desenvolvimento e, até os dois anos, terá a aparência de um encéfalo adulto, com a substância branca distinta e mielinizada e os vasos sangüíneos, antes retos, agora sinuosos nas fissuras e nos sulcos. Porém, apenas após o segundo ano os sulcos terciários dominam o encéfalo, diferenciados em cada hemisfério, podendo continuar a sulcação terciária até o final da vida. De aproximadamente 350 g no recém-nascido, atinge 1000 g no primeiro ano de vida. Continua crescendo mais devagar e, no final da adolescência, será maior no menino (1375 g) que na menina (1250 g), embora nela cresça mais rápido até o terceiro ano.

Bons momentos para influências

O sistema nervoso apresenta diferentes velocidades e ritmos de amadurecimento em suas subpartes. Cada estrutura é mais sensível a influências em certas fases críticas, em geral quando em rápida diferenciação. É nessas fases que as influências adequadas desempenham significativo papel no avanço do desenvolvimento normal. A falta de "influências normais" ou a presença de influências anormais nessas fases críticas fazem o desenvolvimento sub-

CODEPENDÊNCIA: O TRANSTORNO E A INTERVENÇÃO EM REDE   21

seqüente ser afetado. As ditas malformações congênitas, já presentes no nascimento, costumam ser causadas por fatores genéticos e ambientais. O período crítico no ser humano se estende do segundo trimestre de gestação até o primeiro ano de vida. A desnutrição na gestação pode levar a apatia e diminuição no desenvolvimento intelectual, diferente do mongolismo e da fenilcetonúria (síndrome com forte retardo mental), que são genéticas. Deficiência protéica prolongada em crianças de um a dois anos pode resultar em pelagra infantil, em que o número de neurônios não sofre redução, mas sim, prejuízos na diferenciação e na conectividade, categorizando QI rebaixado, mesmo com o suprimento sistemático da alimentação. Configura uma doença da pobreza. Quando constatado retardo mental com cretinismo, o bebê é tratado com hormônios de tireóide no início da vida, com resultado positivo ou remediado. A falta de uso de um dos olhos no estrabismo, com conseqüente ambliopia (déficit de experiência no período crítico para plasticidade sináptica do neocórtex visual), levou à opinião de que a hiperestimulação visual, independentemente da cognição, deve ajudar o amadurecimento dos processos visuais da criança.

Estudos recentes em neurodesenvolvimento comprovam a influência dos primeiros contatos de toda sorte de estimulação no desenvolvimento cerebral em neonatos, como fatores determinantes nos "caminhos das conexões sinápticas" e na sintetização de neurotransmissores.

Neurotransmissores e disfunções

A comunicação entre neurônios nas vias neuronais ocorre principalmente pela liberação de mensageiros químicos, os neurotransmissores ou os neuromoduladores. Recebe o nome de neurotransmissor um agente químico sintetizado em um neurônio, que vai situar-se numa terminação pré-sináptica e será liberado numa fenda sináptica, indo ligar-se a um receptor da membrana pós-sináptica de outro neurônio ou de uma fibra muscular ou de uma

22 MARIA APARECIDA JUNQUEIRA ZAMPIERI

glândula (efetor). Ali, transmite sua "mensagem", regulando os canais de íons, e finalmente é "retirado do seu local de ação por um mecanismo específico" (Noback e colaboradores, 1999, p. 219). Dependendo da proteína receptora dos canais com a qual se liga na membrana pós-sináptica, o neurotransmissor poderá provocar respostas oscilatórias ou inibitórias. Por isso um mesmo neurotransmissor pode causar um efeito oscilatório em um neurônio e inibidor em outro.

Há mais de cinqüenta mensageiros neuroativos, classificados como transmissores de pequena molécula ou como neuropeptídios. Entre os mensageiros neuroativos de pequena molécula encontram-se: a) a acetilcolina; b) os quatro aminoácidos (GABA, glicina, glutamato e aspartato); e c) as quatro aminas biogênicas, que são a noradrenalina, a adrenalina, a dopamina (catecolaminas) e a serotonina. Parece haver um relacionamento entre eles e as disfunções psíquicas.

Disfunções decorrentes ou concorrentes com irregularidades em neurotransmissão têm sido medicadas com drogas que objetivam regular seus efeitos diretos e colaterais (e neutralizar efeitos colaterais das drogas). Laboratórios esmeram-se em oferecer efeitos cada vez mais focais e específicos na estimulação ou inibição de neurotransmissores. As benzodiazepinas (Librium e Valium), por exemplo, agentes usados para aliviar distúrbios de ansiedade (inquietação, dificuldade de concentração e exasperação), têm ação sobre determinados neurônios resultante da intensificação do neurotransmissor GABA. O glutamato tem relação com as bases celulares do aprendizado e da memória.

A noradrenalina e a adrenalina atuam por meio de subtipos de receptores (alfa-1, alfa-2, beta-1, beta-2) e, em seguida, por intermédio de segundos mensageiros. Estima-se que o sistema noradrenérgico possa desempenhar algum papel no humor por conexões com o sistema límbico e com a memória, pelas conexões com o córtex cerebral, além da regulação hormonal e da homeostasia.

A serotonina atua por meio de subtipos de receptores 5-HT (5-HT1, 5-HT2 e 5-HT3). Além de agir sobre certos estados psicológicos e psicóticos, atua num complexo de atividades fisiológicas, como mudanças na pressão sangüínea, temperatura corporal e ciclo do sono, e ainda em resposta a certas drogas. Sintomas psicológicos como os vários graus de depressão, medo de rejeição, incapacidade de sentir prazer e insegurança coexistem com déficit de ação da serotonina. A fluoxetina (Prozac) bloqueia o transportador de serotonina na terminação do axônio e a sua captação na fenda sináptica, aumentando assim o nível e o tempo de ação da serotonina e reduzindo os sintomas.

Um transmissor nitrérgico, denominado óxido nítrico, é considerado não convencional por não se encontrar em vesículas. Parece exercer alguma função na plasticidade do desenvolvimento dos neurônios e na formação de suas sinapses. Possivelmente, é importante nos fenômenos cognitivos e mnemônicos (associados com o hipocampo) e na aquisição de comportamentos aprendidos.

Nos grupos de distúrbios da cognição, da personalidade e do comportamento correlatos à esquizofrenia, "crescem os indícios de que para isso contribuem fatores de ordem genética e talvez ambientais, com disfunção da transmissão por dopamina em muitos casos" (op. cit., p. 321). Existe, porém, uma grande correlação com problemas anatômicos nas partes mediais do lobo temporal, no hipocampo (próximo ao giro hipocampal) e no corpo amidalóide. As alterações que incluem perda de células, entre outras, são atribuídas a distúrbios ocorridos no início do desenvolvimento.

Alguns efeitos de antidepressivos sobre os sistemas neurotransmissores e receptores

Conforme explicamos, dependendo da proteína receptora dos canais com a qual se liga na membrana pós-sináptica, o neurotransmissor poderá provocar respostas oscilatórias ou inibitórias; o que significa que um mesmo neurotransmissor pode causar um efeito oscilatório em um neurônio e inibidor em outro.

Por outro lado, a depressão relaciona-se com uma diminuição da neurotransmissão noradrenérgica e serotonérgica. Antidepres-

24   MARIA APARECIDA JUNQUEIRA ZAMPIERI

sivos buscam regularizar a neurotransmissão proporcionando um aumento da neurotransmissão nesses sistemas, seja por estimulação de produção ou depósito na fenda sináptica, seja pela inibição da recaptação do neurotransmissor na fenda sináptica, a exemplo da fluoxetina. As drogas são estudadas de forma que possam estimular ou inibir, enfim, produzir efeitos reguladores mais específicos de neurotransmissão, com um mínimo de efeitos colaterais indesejáveis.

Por exemplo, antidepressivos com ação simultânea nos sistemas neurotransmissores noradrenérgico e serotonérgico, com o aumento da neurotransmissão noradrenérgica e serotonérgica, parecem ser mais eficazes. A estimulação por noradrenalina produz efeito antidepressivo e por serotonina (5-HT), efeito antidepressivo e ansiolítico. Porém a mesma droga que regulariza o nível de neurotransmissor na fenda sináptica pode estimular receptores, provocando efeitos colaterais indesejáveis. A fluoxetina proporciona o aumento da neurotransmissão serotonérgica, que vai estimular o receptor 5-HT1 e produzir efeito antidepressivo e ansiolítico. Contudo, vai estimular também os receptores 5-HT2 e 5-HT3.

A noradrenalina, ao ligar-se a proteínas receptoras tricíclicas (clomipramina, amitriptilina e imipramina), à mirtazapina e à vaniafaxina, produz estimulação. Porém, ao ligar-se a um receptor nefazodona, clomipramina, paroxetina, fluoxetina, citalopram ou à sertralina, não causa efeito. Já a serotonina (5-HT), ao ligar-se nos receptores com as proteínas tricíclicas, veniafaxina, paroxetina, fluoxetina, citalopram ou com a sertralina, induz à estimulação com seus três subtipos – 5-HT1, 5-HT2 e 5-HT3. Ao ligar-se no receptor com nefazodona, o subtipo 5-HT2, produz bloqueio e apenas os outros dois provocam estimulação. Com a mirtazapina, apenas a serotonina 5-HT1 produz estimulação, os dois outros subtipos causam bloqueio.

Laboratórios investem em pesquisas que tragam a compreensão de tais efeitos e que descubram reguladores focais.

CODEPENDÊNCIA: O TRANSTORNO E A INTERVENÇÃO EM REDE 25

A tabela a seguir mostra sistemas neurotransmissores, receptores e sua relevância clínica[2].

Sistema Neurotransmissor	Noradrenalina		Serotonina (5-HT)			Acetilcolina	Histamina
Ação do receptor	NA Estimulação	alfa1 Bloqueio	5-HT1 Estimulação	5-HT2 Estimulação	5-HT3 Estimulação	Ac Bloqueio	H1 Bloqueio
Efeitos clinicamente relevantes	Efeito antidepressivo	Efeitos colaterais Antiadrenérgicos	Efeitos antidepressivo e ansiolítico	Efeitos colaterais serotonérgicos	Efeitos colaterais serotonérgicos	Efeitos colaterais anticolinérgicos	Efeitos colaterais anti-histaminérgicos
Tipos de efeito colateral	Taquicardia Tremor Inquietação	Hipotensão Taquicardia Tontura	Agitação Inquietação Insônia Disfunção sexual Ansiedade	Náusea Vômito Diarréia Cefaléia Confusão (idosos)	Constipação Boca seca Taquicardia Retenção urinária Visão turva	Sedação Tontura	Ganho de peso

Tabela 1   Os sistemas neurotransmissores, seus receptores e sua relevância clínica.

Nicho da emoção

Quanto aos centros neurológicos dos comportamentos que expressam emoções, devem-se levar em conta separadamente padrões básicos subjetivos e objetivos. Padrões de comportamentos subjetivos relacionados a experiências emocionais referem-se às sensações e aos sentimentos propriamente ditos; podem ser experimentados, mas não medidos. Os aspectos subjetivos da emoção são ligados ao córtex cerebral. Padrões de comportamentos objetivos relacionados a experiências emocionais compreendem as expressões físicas, como alterações da freqüência cardíaca e na pressão sangüínea, suor, choro, rubor, enfim, intensificação do sistema nervoso autônomo. Em grande parte são mediadas pelo hipotálamo. Estimulação por eletrodos em algumas partes do hi-

---

2.   Conforme publicação da Divisão Organon, Departamento Médico-Científico, Akzo Nobel Ltda.

potálamo, intimamente ligados ao sistema límbico produz expressão de prazer ou de punição. O sistema límbico atua em muitas das nossas expressões de emoções, comportamentos e sentimentos, interagindo com vias de interações sensoriais e com o córtex. Em macacos controla-se a agressividade, inibindo-a ou reduzindo-a por estimulação da área do septo do sistema límbico.

As funções vegetativas e as de relação são coordenadas pelo sistema nervoso e pelas glândulas endócrinas. O sistema nervoso é formado por um conjunto de órgãos constituídos por tecidos nervosos. Estes, por sua vez, são compostos por células neuronais ou neurônios, células permanentes, não renováveis, que não se reproduzem e apresentam precária aptidão para regenerar-se.

Tráfego fundamental

A unidade do sistema nervoso é o neurônio, uma célula formada por corpo celular e dois tipos básicos de prolongamento: dentritos e axônio. O corpo celular geralmente apresenta forma estelar e é composto por membrana, citoplasma e núcleo. Dentritos são ramificações nas pontas do corpo estrelar da célula nervosa. São os captadores de sinais na transmissão via neurotransmissores, que são coletados na fenda sináptica ou "ponte", que liga o axônio de um neurônio aos dentritos de outro neurônio. Os sinais captados pelos dentritos são enviados como impulsos nervosos pelo corpo celular e dele para o axônio, longo prolongamento que termina em pequenas ramificações, até nova fenda sináptica. Ali serão transmitidos para outro neurônio ou nos terminais nervosos onde devem chegar os sinais ou as mensagens.

Assim, os neurônios passam os estímulos de uns para os outros pelas sinapses. Um estímulo trafega via dentritos – corpo celular – axônio – sinapse – dentritos – corpo celular – axônio até seu destinatário.

Em geral, axônio é um único prolongamento cilíndrico, protegido por bainhas. No início da vida, ainda sem as bainhas, dizemos que estão desmielinizados. Um conjunto de axônio ou fibras nervosas forma um nervo.

Divisão do sistema nervoso

Dividido para fins didáticos em sistema nervoso central, sistema nervoso periférico e sistema nervoso autônomo, é no primeiro que recai nosso maior interesse neste estudo. O sistema nervoso autônomo é assim denominado por ser formado por nervos que funcionam independentemente de nossa vontade. Apresenta-se em dois grupos de nervos antagônicos em seu funcionamento, do que resulta a atividade equilibrada dos nossos órgãos: o grupo de nervos simpáticos, responsáveis pela contração e o de nervos parassimpáticos, responsáveis pela dilatação. O sistema nervoso periférico compreende os nervos cranianos e raquidianos. Estes, semelhantes a raízes, brotam da medula e ramificam-se para a periferia até as extremidades.

Sistema nervoso central

O sistema nervoso central é composto pelo encéfalo e pela medula. O encéfalo compreende o cérebro, o cerebelo e o bulbo. Os órgãos nervosos centrais são todos feitos de substância cinzenta e substância branca. Esta coloração deve-se à disposição dos neurônios nos órgãos que compõem. No cérebro concentram seus corpos celulares, acinzentados, na periferia e em seus prolongamentos esbranquiçados, axônios, voltados para o interior do órgão, como couve-flor. No bulbo e na medula, encontram-se dispostos em posição contrária. Assim, observando-se um corte da medula, pode-se ver um H cinzento de corpos celulares na região central, e os axônios, esbranquiçados, radialmente à sua volta. São protegidos por três membranas: as meninges dura-máter, a aracnóide e a pia-máter, que é rica em vasos sangüíneos e efetivamente se relaciona com os órgãos nervosos. Entre a aracnóide e a pia-máter o líquido cefalorraquidiano ou líquor também exerce função protetora.

Cérebro, volume da magia

De cima, o cérebro assemelha-se a uma noz gigante com seus dois hemisférios "presos" pelo grande feixe de fibras brancas que constitui o corpo caloso, na cissura inter-hemisférica. O cérebro é o maior, mais investigado e desconhecido órgão do encéfalo; ocupa quase toda a caixa craniana. Sua superfície externa (córtex cerebral), toda enrugada, apresenta saliências (circunvoluções) e sulcos (cissuras) que dividem cada hemisfério em lobos, nomeados conforme os ossos cranianos que os recobrem. Da testa para trás temos os lobos frontal, parietal e occipital.

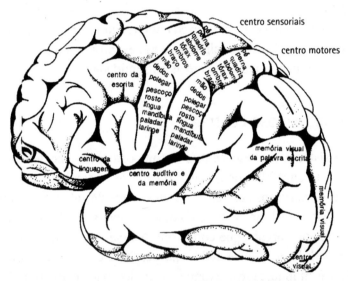

Figura 1 Algumas regiões do cérebro e a atividade pela qual cada uma responde.

O córtex cerebral é responsável pela maior parte das nossas realizações. Três principais funções do cérebro poderiam ser assim resumidas:

a) funcionamento da inteligência, imaginação, raciocínio, memória e consciência;
b) controle das atividades sensoriais gustativas, olfativas, auditivas, táteis e visuais;

c) motricidade ou comando dos movimentos voluntários do corpo.

Grande parte dos centros sensoriais e motores é ativada no lobo parietal, além dos centros auditivo e da memória e os centros da linguagem e da escrita. Porém o centro visual, a memória visual e a memória visual da palavra escrita são de responsabilidade do lobo occipital.

Cerebelo, nosso equilibrador

Localizado logo abaixo do cérebro, o cerebelo ocupa a parte posterior mais baixa da nuca. Também apresenta dois hemisférios unidos pelo verme cerebelar. Antigamente os anatomistas denominavam-no *árvore da vida* em função da forma observada em um corte pela linha mediana.

As atividades musculares e a manutenção do equilíbrio do corpo são as principais funções do cerebelo. Os labirintos, canais localizados no ouvido interno, também participam no equilíbrio.

Bulbo, o nó vital

Formado de substância cinzenta por dentro e branca por fora, o bulbo, com cerca de apenas três centímetros, encaixa-se abaixo do corpo caloso, logo acima da medula espinhal. Regula toda a atividade dos órgãos internos, o ritmo cardíaco e respiratório, a secreção das glândulas. Por regular atividades automáticas indispensáveis à vida, a região em que se localiza recebe o nome de *nó vital*. Bulbo é a ponte que conduz os impulsos nervosos entre a medula e o cérebro.

Medula, centro nervoso e canal de conexão transplantável

Como um recheio das vértebras, a medula espinal é um longo cordão nervoso. Superiormente, encontra-se em continuidade com o bulbo; inferiormente, termina na cauda eqüina – ponta rodeada por um feixe de nervos.

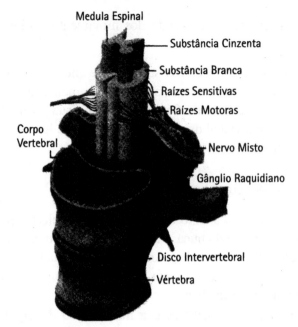

Figura 2 Medula espinal. Arco reflexo é o trajeto dos estímulos nervosos via terminações nervosas na pele ou no tendão seguido pelo neurônio sensitivo (substância cinzenta da medula) e retornando pelo neurônio motor até o músculo, que produz um ato reflexo. Transitam por nervos raquidianos, todos mistos, num total de 31 pares.

Como uma posta de peixe, um corte transversal da medula mostra um pequeno sulco longitudinal posterior e outro sulco, bastante acentuado, ao longo de toda parte anterior.

O profundo sulco anterior, semelhante a um corte ao longo de toda a medula, comunica-se com um canal central, que atravessa toda a medula. Os corpos celulares compõem a substância cinzenta na parte interna, distribuídos como ramos de um H ao longo da região central da medula, circundados por seus prolongamentos axoniais, compondo uma moldura de substância branca. Na parte posterior da medula nascem as raízes sensitivas e na anterior as raízes motoras que irão juntar suas trajetórias, compondo nervos mistos, que irão engendrar-se pelo corpo.

A medula tem dupla função: auxilia na condução nervosa e é um centro nervoso. Na sua primeira função, a medula conduz ao

CODEPENDÊNCIA: O TRANSTORNO E A INTERVENÇÃO EM REDE   31

encéfalo os impulsos que chegam a ela. Em resposta, ele envia impulsos à medula e desta para o local estimulado, utilizando-se da medula como canal de conexão. Porém a medula é também um centro nervoso. Cabe a ela organizar respostas específicas, automáticas e instantâneas a determinados estímulos. Denominadas *atos reflexos*, essas respostas ou atos involuntários ocorrem sob a organização da própria medula, sem a intervenção do encéfalo. Assim, involuntariamente piscamos diante de um *flash* ou de bruscas aproximações. Encolhemos, afastamos ou movimentamos automaticamente partes do corpo, conforme o estímulo: seja uma picada, seja a batida de um martelinho no joelho, há uma imediata excitação periférica. O trajeto do estímulo que segue pelo neurônio sensitivo até o centro nervoso – medula – e retorna como ordem motora pelo neurônio motor até os músculos é denominado *arco reflexo*.

Sistema nervoso periférico, integrando o central ao corpo

Esse sistema é constituído por nervos, que se distribuem pelo organismo. Formados por fibras nervosas, os axônios, reunidas em feixes envolvidos por membranas, as mielinas, os nervos podem ser sensitivos, motores ou mistos. Os nervos sensitivos transportam estímulos sensitivos dos órgãos para os centros nervosos, os motores transmitem para os órgãos os estímulos motores enviados pelos centros nervosos, enquanto os mistos conduzem em ambos os sentidos.

Em um total de doze pares, são nomeados *nervos cranianos* os nervos que se originam no encéfalo. Podem ser sensitivos, motores ou mistos, e estão em contato com os órgãos do sentido e com os músculos esqueléticos.

Trinta e um pares de nervos partem da medula espinal, todos mistos: são os nervos raquidianos. Cada nervo raquidiano tem duas raízes na medula: a anterior, que é a raiz motora; e a posterior, que é a raiz sensitiva. Do alto para baixo, ao longo da medula enraízam-se grupos de nervos, entre eles os cervicais, os dorsais, os lombares, o nervo ciático e os nervos sagrados.

Sistema nervoso autônomo: equilíbrio funcional dos órgãos e vida vegetativa

Independentemente da nossa vontade, em sono ou vigília o coração pulsa, o diafragma, o estômago e o intestino se contraem e relaxam em diferentes ritmos, o sangue é filtrado nos rins; enfim, como uma silenciosa orquestra as funções da vida vegetativa continuam. Regem-na os sistemas simpático e parassimpático que compõem o sistema nervoso autônomo. O sistema simpático, dois cordões nervosos com 23 pares de gânglios (conjuntos de células nervosas), desce do encéfalo, de cada lado da coluna vertebral. Os gânglios estabelecem ligação com os órgãos de nutrição pelos nervos simpáticos e com os nervos raquidianos pelos ramos comunicantes. O sistema parassimpático é formado por nervos que surgem como ramificações dos nervos raquidianos, a não ser o nervo pneumogástrico ou vago, que é um par de nervos originado no bulbo. Nos órgãos onde o sistema simpático é estimulante o parassimpático é, em geral, bloqueador e vice-versa. Como exemplo, enquanto o simpático acelera o coração produzindo taquicardia, o parassimpático produz bradicardia, retardando-o. O simpático dilata a íris, ao passo que o parassimpático a contrai; o simpático contrai os vasos sanguíneos que são dilatados pelo parassimpático. Assim equilibram a funcionalidade dos órgãos.

Conclusão

Podemos concluir, portanto, que a placenta social, a matriz de identidade, segundo Moreno, efetivamente gesta um ser em co-construção, em uma influência circular e perene.

A herança extrapola a carga genética da infância. O pequeno deus interno no bebê traz um potencial, é todo potencial. As características celulares que estão ali serão moldadas no viés da resolução entre potencial inerente e acrescência extracelular. Tanto o desenvolvimento normal do neurônio quanto sua integração nos circuitos neuronais resultam de atividades que ocorrem não apenas em nível genético, mas também de atividades que ocorrem em nível epigenético. Características e percursos nas redes neuronais também dependem das interações e resoluções das forças de inerência e de acrescência.

Moreno denominou *status nascendi* ao como se faz, ou "como vai sendo" o desenvolvimento. Sistema interno (sujeito) e externo (ambiente) constituem o "como" se processa a relação com as condições e com sucessivas placentas, cada vez mais amplas. Constatamos que as semelhanças entre filhos e pais adotivos vão além da coincidência. Onde quer que o filho tenha sido biologicamente gerado, e com quais heranças genéticas, o amor – ou o desamor – formatará o desenvolvimento neuronal por acrescência configurando uma profunda e concreta diferença.

Moreno afirmou que a matriz se dissolve quando já não se faz necessária. Entendo agora que a "necessidade" dessa placenta pode ser prolongada por pressões mútuas em relações de codependência familiar. Se na vida nascemos para sistemas que funcionam como placentas cada vez mais amplas, a codependência prolonga a necessidade ou o confinamento naquele sistema delimitado pelos jogadores em questão. Ou seja, na codependência grupal, os sujeitos tenderiam, em proporção direta com o grau de comprometimento, a confinar suas relações com o grupo – circularizando, sobretudo ali, alimentação e retroalimentação com características mantenedoras. Configura um universo fechado ou pobre em trocas com outros sistemas. Poderíamos afirmar que codependência é uma patologia da evolução nos ciclos naturais da vida, uma patologia que contraria o aumento na entropia. Todo sistema natural tende à ampliação, à expansão e ao aumento da entropia. Como disse Moreno, traumático seria não nascer, o nascimento é uma decorrência natural do processo da vida. A não-expansão requer um confinamento artificial, que poderia ser representado pela codependência, ou por outras patologias.

Não se pode desprezar o fato de que a carga genética inerente ao sujeito traz um potencial de características celulares que prevêem o crescimento, o desenvolvimento e as conexões típicas ao neurônio maduro. Porém a acrescência refere-se aos fatores extracelulares, que efetivamente configuram o desenvolvimento do neurônio e continuam agindo, mesmo sobre o neurônio já maduro. As forças de acrescência influenciam funções fundamentais, desde a nutrição e a sobrevivência a mudanças estruturais no desenvolvimento do neurônio. A responsabilidade de cada sujeito por sua própria evolução e a dos seus é constante, e as expectativas sobre possibilidades de conquistas, de alterações, de tratamento psicológico encontram eco muito além da infância.

Defendo que se promova a prevenção por intervenções com o casal ou com a família. Neste capítulo, bem como nos próximos, busco fundamentos que endossem tal proposta.

_2_

Da vida intra-uterina
à aura psíquica

Teoria de Bermudez: o núcleo do EU

O psicodramatista naturalizado argentino Rojaz-Bermudez propôs uma visão sistematizada sobre a gênese psicopatológica de alguns quadros clássicos da psiquiatria em sua teoria do Núcleo do EU. Aprofundada mais tarde pelo médico brasileiro Victor Silva Dias, associa bases fisiológicas e etológicas[1] ao psiquismo. Padrões ou modelos de desenvolvimento biopsicossocial pautam-se em diferenciações entre áreas fundamentais: Corpo (C), Mente (M) e Percepção do Ambiente (A), partes de uma visão global de homem. A organização psíquica dessas áreas vai sendo estruturada na contínua repetição do contato entre bebê e o cuidador, no desempenho dos primeiros papéis psicossomáticos ao suprir exigências básicas, em especial, de ingeridor, defecador e urinador. Quantitativa e qualitativamente a estruturação desses modelos refletirá sobre a saúde psíquica e a configuração de pano de fundo, sobre o qual o indivíduo construirá sua personalidade.

O bicho-homem

No início da vida estaríamos sujeitos a uma vivência indiferenciada quanto à sensação e à percepção, como um ser cósmico

---

1. Etologia é o estudo do acomodamento, dos costumes, dos usos humanos, dos hábitos dos animais e das acomodações dos seres vivos às condições do ambiente.

(Moreno, 1987). Como todos os bichos, porém, mais complexos e dependentes por muito mais tempo, nascemos programados para receber ajuda externa. Fundamentado em conceitos etológicos, Bermudez afirma que Estruturas Genéticas Programadas Internas condicionam-nos a uma natural complementação com o adulto cuidador, por meio de papéis psicossomáticos. Esse, por sua vez, também se encontra geneticamente programado, em suas Estruturas Genéticas Programadas Externas, para suprir as necessidades do recém-nascido. Assim, o ambiente atua como uma placenta fora do útero biológico.

Em virtude da interação orgânica promovida pela complementação entre os estímulos fisiológicos, a atenção recebida e as sensações fisiológicas são experimentadas como estímulos psicológicos. O bebê poderá ser atendido de maneira mais harmoniosa ou hostil em suas necessidades. De qualquer maneira o contínuo contato com seu cuidador, previsto pela genética, na relação entre ambos, promoverá uma predominante sensação de satisfação ou de carências registradas como marcas mnêmicas[2]. Trata-se da co-construção de uma memória corporal, mental e relacional que constituirão gradativamente auras psíquicas exclusivas a cada indivíduo. Imprimem-se registros subjetivos de "o que" e "como" se integra o corpo físico e o mental com sua demanda, em relação aos demais seres e coisas.

Desde o instinto da necessidade material (fome, frio) e não material (afeto, proteção) experimentadas nas relações como papel psicossomático, abarcam-se o material e o espiritual, construindo auras psíquicas, que irão organizar e diferenciar as áreas Corpo, Mente e Percepção do Ambiente. A estruturação básica de papéis psicossomáticos fundamenta posteriores papéis sociais (como de filho, irmão, amigo, amante) e psicodramáticos (como aqueles papéis "jogados" nas brincadeiras, como os buscados para complementares expectativas internas nas relações idealizadas e nas relações transferenciais).

---

2. Mnêmico – mnemônico, relativo à memória, que ajuda a memória.

CODEPENDÊNCIA: O TRANSTORNO E A INTERVENÇÃO EM REDE   37

Três modelos estruturais – ingeridor, defecador e urinador – constituirão fronteiras psíquicas na organização interna do Núcleo do EU. Cada modelo molda-se sob influências específicas e influenciará determinadas funções pelo resto da vida, como favorecedores ou dificultadores na saúde.

A chama da vida

Em geral os teóricos do desenvolvimento reportam decorrências vividas a partir do nascimento. Influências pré-parto sobre o psiquismo têm sido discutidas, embora muitas correntes teóricas nem ao menos considerem-nas dignas de qualquer menção. Silva Dias (1994) menciona a vida intra-uterina como fundante da personalidade. Segundo Bermudez (1978), as manifestações anteriores ao nascimento constituem "expressões transitórias ou parciais da unidade orgânica" que se prepara para o esforço do parto, e "o *psiquismo é a própria expressão de certo grau de integração orgânica*, sem a qual não se manifesta" (p. 5, grifo do autor). Em sua Teoria do Núcleo do EU explica como auras psíquicas exprimem o coroar de etapas de integração orgânica, ou de graus de organização ao longo do desenvolvimento pós-parto. O psiquismo surge como expressão da estrutura orgânica como totalidade e apenas quando os fenômenos que ocorrem no organismo e ao seu redor conseguem estimular o sistema nervoso. Isso requer tanto que o sistema nervoso se encontre apto a transmitir impulsos nervosos, quanto que os estímulos superem o limiar para eliciar o sistema nervoso (sutil sistema de seleção de estímulos). Esclarece ainda que o psiquismo surge apenas com a maturação do sistema nervoso, e que os estímulos fisiológicos são focos de organização psíquica.

Por outro lado, é possível acrescentar que recentes estudos sobre neurodesenvolvimento comprovam precoces influências relacionais para *antes* do parto. Na 24ª semana de gestação, encontra-se formado o feixe neuronal, porém sua qualidade estará em estruturação contínua. Com 21 semanas de gestação, o feto apresenta sensibilidade auditiva para sons de alta freqüência (Cunha,

38 MARIA APARECIDA JUNQUEIRA ZAMPIERI

1991), infere-se prévio exercício visual ao considerar-se o comprovado interesse do RN a cores do espectro vermelho, bem como um "aprendizado prévio" ao paladar[3] e em especial ao tato. A memória pré-verbal, tida como possibilidade de codificar e decodificar experiências, e a memória verbal, adquirida ainda na fase intra-uterina, têm sido defendidas. Decorrem do patrimônio genético de DNA e RNA, considerados os facilitadores celulares da armazenagem da memória. Mesmo sem o completo desenvolvimento do córtex, após os quatro meses e meio de gestação, quando estímulos podem ser percebidos, experimentos tentam mostrar o reconhecimento pelo bebê de frases musicais "aprendidas na fase intra-uterina". Tais fatos podem nos alertar para a importância da profilaxia precoce desde a família gestante.

Esses fatos reforçam a importância dos primeiros contatos bebê–mãe e bebê–mundo, o intenso crescimento do cérebro de 400 g para 1000 g após o nascimento. Alan Schoere ressalta a influência do cuidador na qualidade do cérebro anatômico (axônio) e na formação do cérebro químico (neurotransmissores) e psíquico (função comportamental).

As bases neurológicas deixaram de priorizar o córtex para enfatizar a alteração da rede de neurônios, altamente influenciada pelo ambiente social. A capacidade de síntese de dopamina e noradrenalina depende de estímulos adequados, com influência direta das primeiras sensações de segurança ou insegurança, definindo caminhos neuronais em um período crítico pós-natal, como uma memória de primeiras relações. Numa tendente busca pela homeostasia[4], ou seja, por um estado psicológico isento de tensões, o ser vivo promove uma constante auto-regulação na interação com o meio. Num jogo oscilante entre desamparo e segurança que depende da competência do cuidador, os neurônios vão se or-

---

3. Quando adoçado experimentalmente o líquido amniótico, ocorre aumento da sucção e deglutição em fetos com mais de vinte semanas (Cunha, 1991).

4. Homeóstase [do gr. *homeostasis*.]. Cibern. Propriedade auto-reguladora de um sistema ou organismo que permite manter o estado de equilíbrio de suas variáveis essenciais ou de seu meio ambiente.

CODEPENDÊNCIA: O TRANSTORNO E A INTERVENÇÃO EM REDE   39

ganizar e formar imagem mental imaginária e subjetiva da experiência de estar com o outro. A representação vai organizar-se em forma de engramas ou *imprints* de memória inconsciente, que poderão mais tarde ser ativadas na psicoterapia. Comportamentos que dependem da síntese da dopamina e noradrenalina e psicopatologias relacionadas a déficits poderão originar-se nesta fase precoce da vida.

Levando-se em conta que o desenvolvimento do cérebro depende de uma complexa conexão entre os genes e as primeiras interações, um programa de treinamento perinatal a agentes de saúde, adolescentes grávidas e casais tem sido praticado sistematicamente no Hospital Universitário Materno da Faculdade Federal de Ciências Médicas no Rio Grande do Sul. Coordenado pela pediatra Iole da Cunha, enfatizam-se a presença, o toque e o olhar direto nos olhos do bebê, o sussurrar sincero e seguro, mesmo que para dizer "estou apavorada mas vamos aprender juntos o que fazer; estou com você", como fatores altamente positivos ao adequado desenvolvimento cerebral. Alerta que o bebê precisa de comunicação e sedução, pois é a forma de ele sentir as relações que determinam o desenvolvimento do cérebro.

A abertura do mundo extra-uterino traz consigo novas formas de suprimento, desde o ato de respirar até o de ser observado, trocado e alimentado pela boca. Uma seqüência de focos se dará a partir dessa nova maneira de alimentar-se. Sempre calcados na relação de efetivação de necessidades fisiológicas primárias, os primeiros papéis desenvolvidos são psicossomáticos. E, dependendo do "como" se dá a conexão cuidador-bebê-contexto, serão moldados os primeiros papéis e a base psíquica do sujeito.

O sistema de comunicação desde a placenta até os primeiros meses do recém-nascido é mais natural (genético) que cultural. Os sinais genéticos, precursores dos sinais culturais e sociogenéticos, clamam por alimento a todo som e movimento. A mãe não é percebida como tal pelo bebê; quando vai se distinguindo dela, só então suas auras psíquicas vão se formando. Seriam as auras reflexos divinos desenhados pelas conexões neuronais? Chamas? Conversar naturalmente desde a primeira placenta e falar olho no olho com o bebê alimentam a chama da vida.

Primeiro trimestre e modelo ingeridor

O primeiro papel psicossomático desempenhado ao nascer é co-construído no relacionamento da mãe com a criança nos ciclos de fome e saciedade. Ora ele é todo fome, ora todo saciedade, tranqüilo após os cuidados. Aos poucos vai focando mais a fome no estômago (cavidade) e sedimentando registros mais específicos ao trajeto boca–estômago. Este trajeto liga o exterior ao interior do corpo fisiológico, o que vai sendo memorizado junto com a carga emocional típica à época em que ocorreram, constituindo as primeiras modelagens psíquicas ou auras psíquicas da criança. Por se darem paralelamente, ainda que de forma mais ampla que o papel psicossomático de mamador, Bermudez denominou estes registros de *Modelo Psíquico de Ingeridor*. O que ocorre nesta fase é comum à espécie humana, porém a forma como se dá é cultural e depende de todos os fatores psicossociais que cercam a família na fase de amamentação daquela criança. No desenvolvimento desse papel o bebê apreende a base psicológica de todos os relacionamentos futuros e um modelo que caracterizará todos os seus processos incorporativos. Nessa fase há a diferenciação entre o corpo e o ambiente.

Bermudez teoriza que o binômio manifesto pelos processos de satisfação e insatisfação será mais bem identificado quanto mais satisfatório for o clima afetivo na alimentação da criança. A relação cuidador–cuidado terá prioritariamente influência psíquica no futuro adulto, quanto a sua condição de usar a sensibilidade tátil, olfativa, auditiva, visual e gustativa para integrar-se ao meio, para registrar a diferença entre satisfação e insatisfação e para lidar com a função de cuidado. Fase "introspectiva" de absorção, de grande desenvolvimento cerebral e percepção amodal e interação intuitiva.

Embora corresponda à técnica do duplo, em analogia com Fonseca, quero acrescentar a importância de um pré-corredor olho no olho, "conversas intuitivas pelo olhar". Tão marcante foi em casa essa fase, a cada vez mais vivo o "diálogo" com nossos filhos, que o pai dizia-lhes que eram "prisioneiros do corpo". Do colo ou do bebê-conforto sobre a mesa pareciam querer sair e nos acompanhar, porém tudo o que podiam fazer era levantar a cabeça mexendo braços e pernas, emitindo sons "vindos do coração".

Para Bermudez uma doença que ocorra no período da estruturação do papel de ingeridor também irá se incorporar ao Modelo Psicológico de Ingeridor, que é o modelo de todos os processos incorporativos. Uma vivência carregada de tensão nesse período teria como conseqüência um registro de satisfação parcial. A repetição constante desse padrão resulta em um Modelo de Ingeridor Poroso, caracterizado por distúrbios da satisfação e da incorporação dos conteúdos externos para o meio interno. Silva Dias (1994) relaciona a voracidade, as dificuldades de assimilação de conteúdos ou de afetos, bem como distúrbios correlatos à função de cuidado, exemplificando efeitos de porosidades no Modelo Ingeridor. A meu ver, podemos acrescentar eventos relacionados a déficit de dopamina e noradrenalina, devido à grande influência da estimulação sobre seu potencial de sintetização determinado nessa idade.

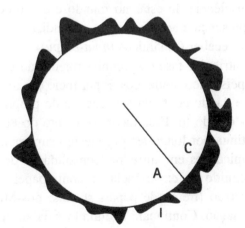

Figura 3 Modelo Ingeridor, associado à organização e à diferenciação de áreas do psiquismo ligadas às sensações (satisfação/insatisfação), influenciadas por percepções incorporadas a partir de relações com a mãe (ou cuidador) e com a função de cuidado. Fase EU-EU. Criança voltada para si mesma assimilando e diferenciando na relação de duplo com o TU-cuidador até atingir corredor.

42 MARIA APARECIDA JUNQUEIRA ZAMPIERI

Até essa fase, o bebê está marcadamente voltado para dentro (C) ou para fora (A). Ora parece acompanhar o processo do arroto que vem se formando e depois subindo, ora fixa o olhar no móbile. A desvinculação entre os processos fisiológicos da alimentação e o correspondente psíquico foi denominada *Aura do Ingeridor*. Ou seja, para bebês acima dos três meses, os atos de ingerir e de incorporar climas e vivências do ambiente externo podem ocorrer independentemente do ato e dos momentos de alimentação, porém se darão conforme um padrão agora já estabelecido.

Três a oito e o modelo defecador

Similar à formação da Aura do Ingeridor, estará consolidando-se por volta do oitavo mês de vida a Aura do Defecador. Calcada nas respectivas experiências fisiológicas durante o aprendizado do controle das fezes, essa aura é influenciada pelo clima afetivo, não apenas entre a díade mãe-filho, como no Modelo Ingeridor. Abrange a tônica familiar. Inaugura o exercício da área Mente, a consciência do estar no mundo e de como o ambiente reage à sua presença e ao que ele faz; aprendizagem da célula relacional dar e receber (dinâmicos *input-output*).

Fonseca atribui à fase do reconhecimento do eu[5] a predominância de papéis psicossomáticos. É por meio das interações que a criança vai se dando conta da desconexão do próprio ser, em separado do todo e do tu. Esse reconhecimento do EU e do TU, no entanto, continua por longo tempo, mesmo superpondo-se as primeiras comunicações em corredor (consolidação do papel social filho-mãe, seguido da experiência de contrapapéis, um de cada vez), pré-inversão (treino de papéis sociais; pós-Modelo Urinador) e triangulação. Continuará evoluindo vida afora; a esquematização é apenas didática. Cada relacionamento trará novos conhecimentos sobre o eu. Acima dos três meses, com a área Percepção do Ambiente cada vez mais distinta, atraindo a atenção do infante (Silva Dias, 1987), experiências relativas ao Modelo Defecador

---

5. Veja no final deste capítulo um quadro comparativo entre algumas teorias.

vão produzindo registros mnêmicos que organizam e diferenciam as áreas Mente e Ambiente. Dias explica que tais registros serão responsáveis pelo futuro padrão dos processos de criação, comunicação e expressão. Caso se consolide uma marca mnêmica porosa, fixada em função de repetidas vivências insatisfatórias ou em clima afetivo inibidor, hostil ou de medo, a desvinculação do processo fisiológico ao modelo psíquico terá reflexos negativos nos processos de criação, elaboração, expressão e comunicação de conteúdos internos para o ambiente externo.

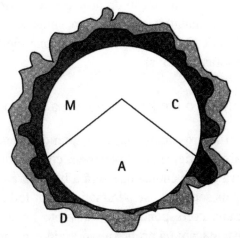

Figura 4 Modelo Defecador, associado à organização e à diferenciação de áreas do psiquismo ligadas a criação, elaboração, expressão e comunicação. Criança auto-referenciada e muito influenciada por percepções incorporadas de relações com o meio e a função de proteção. Fase EU-TU. Criança voltada para as relações com TUs e, progressivamente, entre os TUs; sentindo o clima como reações às suas produções.

O desvio do foco de atenção da criança com a dentição favorece uma ligação cinestésica ânus–boca intermediada pelo ambiente externo. Silva Dias afirma (1987) que por volta dos nove meses a um ano perde-se parte da onipotência infantil. A criança percebe sua potência de modificar o externo, descobre o mundo, ganha intimidade com o ambiente, percebe relações entre o incorporado e o externalizado. Porosidades poderão distorcer essa cor-

44 MARIA APARECIDA JUNQUEIRA ZAMPIERI

relação e resultar em soberba ("não preciso de ninguém"). É nessa etapa que se consolida a percepção interna do ambiente externo a que Bermudez denominou *área Ambiente*. A Aura do Defecador relaciona-se com o uso da mente (imagens) para perceber o corpo e sua relação com o ambiente. É o momento das descobertas do ser em relação, ou seja, o indivíduo e seu espaço de ação, seu poder de comunicação e criação. Portanto, relaciona-se com a auto-imagem. A percepção da influência do corpo em suas ações no ambiente favorecerá tanto sua capacidade de manipulação do ambiente quanto sua futura função de proteção. É o uso inadequado da capacidade de manipulação que, em situações flagrantes de necessidade desfalcada de proteção, pode acionar defesas manipuladoras e atuadoras-invasivas.

Fechando o biênio, o modelo urinador e a aura psíquica

Nos dois primeiros anos, a criança aprende intensamente. Por volta dessa faixa etária, irá completar-se, com a Aura do Urinador, a definitiva aura psíquica que será a base para o desenvolvimento dos papéis sociais e psicodramáticos, por toda sua vida. Na matriz moreniana corresponderia ao advento da distinção entre realidade e imaginação; na primeira são vividos os papéis sociais, enquanto por meio da segunda criam-se papéis psicodramáticos. Correlacionando Bermudez e Moreno, antes de a Aura do Urinador formar-se, predominam vivências de papéis psicossomáticos e percepções típicas de Primeiro Universo da Matriz de Identidade (veja quadro comparativo entre algumas teorias ao final deste capítulo). Ao longo da sua instauração, amadurecem com o Modelo Urinador os processos de organização. Paralelamente estrutura-se uma tele para perceber coisas e seres reais, e outra para perceber coisas e seres fictícios. De forma que, ao completar-se a aura psíquica, a criança já pode distinguir de forma coerente o que faz daquilo que imagina que faz. Portanto, já dispõe de organização interna, que lhe permite diferenciar o relacionamento na brincadeira de suas relações ocorridas nos papéis sociais. Sabe distinguir quando acabou o jogo, sabe brincar, faz pré-inversão. Segundo Fonseca, os papéis psicodramáticos surgem primeiro na imaginação para depois processar-se via ação, o que requer um psiquismo com certa organização, mais típico da Aura do Urinador e do Segundo Universo.

O Modelo Urinador formar-se-á ao longo do aprendizado do controle do esfincter urinário. Os esfincteres estriados, responsáveis por movimentos voluntários, começam a apresentar maior capacidade de contração. A viabilização de uma progressiva continência urinária vai ativar um foco cinestésico, que desencadeará a percepção e o registro mnêmico de um padrão relacionado psiquicamente aos processos de organização.

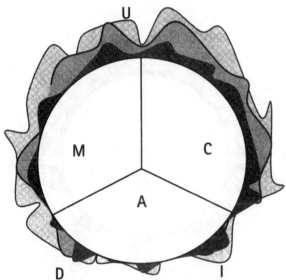

Figura 5   Modelo do Núcleo do EU de Rojaz-Bermudez, com os diferenciadores das áreas Mente (M), Corpo (C) e Percepção do Ambiente (A); com auras oriundas dos papéis psicossomáticos de ingeridor, defecador e urinador, que fundamentam as capacidades de diferenciação entre satisfação e insatisfação; de criação e de organização. São responsáveis, respectivamente, pela saúde das futuras funções de proteção, cuidado e organização. Fase EU-NÓS, de pré-inversão e circularização, com as respectivas diferenciações de papéis psicodramáticos e sociais.

Silva Dias (1987) correlaciona a seqüência experimentada na micção, ou seja, desde uma tensão lenta e progressiva, controle do esfincter, abertura do esfincter (decisão e descarga motora), até a descarga rápida e prazerosa da urina, com os correspondentes psicológicos do processo de organização. A tensão lenta e progressiva na bexiga seria análoga à ativação mental ligada à fantasia, devaneios e planejamento. O controle do esfincter, ao controle da vontade. A abertura do esfincter corresponderia à decisão de praticar a ação planejada (mentalmente) e ao início da ação (que vence a inércia da inação). E a descarga rápida e prazerosa estaria relacionada ao prazer e à ação corporal correspondentes à execução das ações planejadas, a fim de saciar desejos internos.

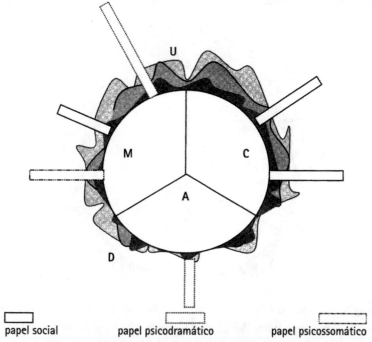

Figura 6   Adaptação do Modelo do Núcleo do EU de Rojaz-Bermudez, com a aura psíquica completa; mostrando o advento dos papéis psicodramáticos e sociais, distinção viável, quando já se estabeleceu a brecha entre fantasia e realidade moreniana, característica do Segundo Universo da Matriz de Identidade; que deve estabelecer-se paralelamente com o Modelo Urinador.

O clima emocional, não apenas familiar como social, resultante da interação da criança com seu meio terá reflexos importantes no padrão fixado nesta fase da vida. Serão incorporadas, além da língua materna, características básicas da família nuclear como gestos, jeitos, tradição e padrões de comportamento, que farão parte da estrutura de personalidade da pessoa. Toda uma gama que compõe uma linguagem verbal e não-verbal que acompanham um jeito peculiar de ser e de estar no mundo.

Diferenciações de gênero, até então inexistentes, terão registro por meio da repetida experimentação do ato de urinar. A fisiologia masculina possibilita ao menino uma visualização do ato, que Silva Dias afirma refletir sobre sua percepção e interação de penetração no mundo. Seria responsável pela característica de pensamento e comportamento conquistador masculino. Na menina, molhar-se ao urinar foi relacionado à capacidade de intimidade e deixar-se conquistar. Ou, de modo mais amplo, à estrutura do pensamento e de ação tida como tipicamente intuitiva feminina. Naturalmente indivíduos de ambos os sexos podem ser intuitivos, desbravadores ou apresentar qualquer uma destas características, apenas tenderiam mais acentuadamente a algumas, o que se reconheceria como diferenças de gênero.

A diferenciação de áreas relativas ao Modelo Urinador delimitará mente (M) e corpo (C), isto é, os processos de pensamento, dos sentimentos e das emoções, além da função de orientação. Refletirá nas capacidades de organização, planejamento, discernimento, decisão, conquista e controle em todos os níveis, seja físico, cognitivo, psíquico, social e espiritual. Favorecerá uma boa resolução da triangulação, rumo à circularização descrita por Fonseca (1980). Com a aura psíquica completa, poderá ter elementos para perceber a relação do seu corpo com o ambiente e a comunicação entre outros sujeitos, estranhando de início, mas tendendo a sair dessa crise natural, à medida que adquire suficiente organização entre estar – perceber – sentir – compreender. É necessário que a criança aceite a realidade de que os outros têm relacionamentos independentemente dela. Um adequado desenvolvimento

48 MARIA APARECIDA JUNQUEIRA ZAMPIERI

nessa fase propicia inter-relações tranqüilas com grupos (EU-NÓS), facilitando a integração. Portanto possibilita ao sujeito, sem grande sofrimento ou ameaça, colocar-se no lugar do outro e assim conhecer duas ou mais faces de uma situação, conhecimento tão necessário no futuro, na resolução de conflitos individuais ou de grupos.

Construção de modelos e psicopatologia

Todas as teorias concordam que os primeiros anos de vida são fundamentais à constituição psíquica. Silva Dias (1987) apresenta um profundo estudo sobre o modelo do Núcleo do EU de Bermudez, para quem constantes vivências insatisfatórias e inadequadas não favorecerão a estruturação de um psiquismo devidamente organizado e diferenciado, e resultarão em uma má estruturação (ou porosidades) em um ou mais modelos. Vivências registradas em fases insatisfatórias quanto ao clima emocional tenderão a "criar" zonas de indiferenciação e não serão claramente percebidas, controladas ou elaboradas pelo sujeito. Dependendo da época em que ocorrerem, serão mais tipicamente relativas ao modelo que estava em construção – ingeridor, defecador ou urinador. Por não se encontrarem adequadamente integradas, não colaboram para constituir a noção de identidade psicológica, como referenciais psicológicos da pessoa.

O indivíduo constata, nas suas experiências de vida, a presença de atitudes ou mecanismos para os quais não encontra explicação totalmente aceitável, tampouco consegue controlá-los. Silva Dias caracteriza como psicopatologia básica à permanência de zonas indiferenciadas (PCI) oriundas na estrutura psicológica, que tenderão a produzir sintomas como perda parcial da identidade, sensação basal de incompleto, insegurança basal permanente e medo difuso. Relacionou psicopatologias específicas com defesas tamponadoras de modelos porosos no Núcleo do EU.

Raramente uma pessoa apresentará zonas de psiquismo caótico e indiferenciado (PCI) apenas em uma fase do desenvolvimen-

CODEPENDÊNCIA: O TRANSTORNO E A INTERVENÇÃO EM REDE   49

to; traços mais marcados de personalidade poderão ser produtos de maior concentração de zonas de PCI em determinada fase.

Porosidades e defesas

Todos estamos sujeitos a confusões e angústias, típicas de porosidades em nossos modelos estruturais. Crescemos assimilando, "organizando" nosso aprendizado e nossa convivência que passam a fazer parte naturalmente de nossas vidas, influenciando nossas inter-relações. Porém, não raro, algumas experiências nos deixam a sensação de inacabado ou de alguma coisa no ar, sem que saibamos de fato se as compreendemos. Quando ocorrem, deixam um estranhamento e certa angústia. As falhas estruturais geradas nos primeiros anos de vida favorecem o embotamento de sensações, percepções e/ou de pensamentos típicos de cada modelo, intrínseco à fase evolutiva correspondente à época em que se configurou a aura psíquica em questão. Acionamos defesas automáticas e inconscientes como forma de evitação ante situações ou estados obscuros, mal compreendidos ou identificados.

Bermudez apresenta uma correlação entre modelos porosos e defesas tipicamente eleitas pelos indivíduos. Três possibilidades foram levantadas como principais defesas para o enfrentamento ou a evitação das tensões e angústias intrínsecas às porosidades de cada modelo: tamponamento, área forte e vicariância. Além disso, caso seja extremado o comprometimento, a pessoa pode utilizar o papel psicossomático em lugar da função psicológica relativa ao modelo.

Por tamponamento, uma entre duas possibilidades, cada qual localizada em uma área limitada pelo modelo mais poroso em questão, pode ser acionada automaticamente como defesa de escolha (veja Figura 7).

O uso da área forte expressa-se pelo funcionamento pronunciado e inadequado da área em oposição ao eixo do modelo em questão que é, no caso, a área mais saudável.

Em analogia com o conceito de vicariância da medicina, pelo qual um órgão pode hiperfuncionar como forma de suprir o déficit

50 MARIA APARECIDA JUNQUEIRA ZAMPIERI

de outro, o autor apresenta vicariâncias como defesas psíquicas alternativas peculiares a cada modelo poroso. Assim, além da defesa "principal" uma pessoa pode apresentar um acionamento funcional exagerado típico de um dos modelos mais sadios (ou de ambos), como uma forma de auxiliar o modelo poroso e aliviar a angústia motivada pela confusão característica das zonas obscuras da psiquê. Neste caso a pessoa mostra um funcionamento exagerado da função ingeridora, defecadora ou urinadora. Contudo, a função não visa satisfazer desejos internos e sim, diminuir tensões e evitar angústias.

Usa-se o modelo psicossomático quando for muito grave a porosidade do modelo psicológico.

Psicopatologia e ingeridor

Decorrente de uma malformação do Modelo Psicológico do Ingeridor, quer na relação com uma mãe ansiosa, que não percebesse a saciedade do bebê superalimentando-o e produzindo uma dilatação por repleção, quer por vômitos ou falta de alimento que altere seu ciclo fome-saciedade, quer por um clima emocional desfavorável nos momentos da mamada. Em excesso, a saciedade prazerosa se transforma numa dolorosa sensação de desprazer produzindo uma confusão de sensações. Nesses casos toda sorte de circuitos viciosos pode ser consolidada, "cuja gravidade reside na confusão de sensações, na falta de discriminação entre o prazeroso e o desprazeroso, entre o Peito Mau e o Peito Bom" (Bermudez, 1978, p. 28). O sujeito tende a confundir entre dentro × fora, e a confundir as funções sentir × perceber. Para tais pessoas, vivências ligadas a percepções e sentimentos vão estar mais confusas causando estranheza e angústia, satisfação e insatisfação não distintas; tentar identificá-las produzirá angústia. Quando alguma situação mobiliza conteúdos obscuros, compreendidos entre as áreas Corpo e Percepção do Ambiente (contidos em zonas de PCI), a pessoa costuma angustiar-se, por não ter uma clara diferenciação entre o que sente e o que percebe. Não consegue especifi-

CODEPENDÊNCIA: O TRANSTORNO E A INTERVENÇÃO EM REDE 51

car com segurança se aquele conteúdo é dela ou da pessoa que ela está observando. Não distingue bem se está ou não insatisfeita. Esta confusão pode ser muito angustiante, e o indivíduo tende a fugir de situações no ambiente, sentindo um medo desproporcional (percepção distorcida ou auto-referenciada), ou somatiza convertendo em sintomas sentimentos não expressos, sensações de insatisfação negadas e/ou satisfações não percebidas.

Por tamponamento, aquelas pessoas com maior concentração de porosidades no Modelo Ingeridor em geral utilizam a defesa conversiva, também denominada *histérica*, pelo lado da área Corpo, e a defesa fóbica pelo lado da área Ambiente.

Por área forte tendem a recorrer ao uso da área mais saudável, no caso a área Mente, por excessiva tendência a explicações, justificativas e racionalizações que aliviem "da mente pela boca" as tensões e angústias em questão.

Outra forma de defender-se da confusão e angústia é utilizar por vicariância os modelos sadios. Para ajudar o ingeridor, ou seja, com o propósito de receber algo do ambiente, neste caso, ou a pessoa exagera o uso da criação, elaboração, expressão e comunicação, ou o uso da organização e realização como alternativas para evitar a sensação de indiferenciação. Trata-se, porém, de uma criação tensa e intelectualizada, com conteúdos de outrem, diferente de uma criação e organização genuínas e gratificantes.

Em vez de incorporar psiquicamente (aprender ou receber afetos), ingerir coisas ou beber.

Psicopatologia e defecador

Nesse modelo poroso, por tamponamento, encontram-se as defesas *depressiva* e *psicopática* (ou atuadora). É entre as formas de defesa atuadora que entendemos localizar-se o Transtorno da Conduta. O indivíduo cria situações no ambiente para confirmar seus pensamentos, manipulando e invadindo o ambiente. Para tais pessoas, vivências ligadas a percepções e explicações vão estar mais confusas causando estranheza e angústia. A finalidade do comportamento invasivo é buscar (exigir) no ambiente uma confirmação para evitar a angústia produzida pela dúvida. O sujeito pensa (M), por exemplo, que seu contrapapel não gosta dele e reage (atua no A) como se isto fosse realidade, independentemente das atitudes do outro para com ele. Percebe conforme pensa e reage de forma inadequada. Assim sua auto-imagem também deve estar comprometida, e tentar identificá-la produzirá angústia. Os fatores tele e autotele pouco desenvolvidos ficam evidenciados nas dificuldades em relações edificantes consigo mesmo e com os demais; denunciam prejuízos na convivência, coexistência, co-criação. Para se sentir protegido, o sujeito depende sempre de alguém, vínculo compensatório a quem delega a responsabilidade de apontar os limites e valores próprios e dos outros. O caso que estudamos aqui pode ser uma clássica ilustração em que bom ou mau, feio ou bonito, o que é adequado ou inadequado, o que se pode ou deve, enfim, déficits em limites e valores, caracterizam especialmente o paciente identificado. Cabe observar a incondição de aplicação, embora existam a representação e a descrição de conceitos. E a angústia que acompanha atos decorrentes de tais déficits.

As defesas oriundas do modelo forte, o sentir, pode agregar expressões parecendo falsete, repletas de sentimentos que beiram a euforia na atuação, ou sensibilidade excessiva na depressão.

Também aqui as vicariâncias podem ser defesas alternativas; neste caso, o sujeito pode usar exageradamente as funções do ingeridor e do urinador com finalidade de *expressar* e *comunicar*. Pode organizar e fazer um sem-número de projetos ao mesmo tempo ou várias coisas que não têm muito a ver consigo mesmo, porém que comuniquem algo ao ambiente (é a sua forma de dar o seu recado) e ainda permitam evitar entrar em contato com situações ou pensamentos que podem ser angustiantes por falta de clareza. Pode ainda, com a ajuda vicariante pelo ingeridor, expressar para o meio seus conteúdos, porém o faz sugando ou mordendo, isto é, expressa mal e com dificuldade pela boca, sempre de forma tensa. Na vicariância a função sadia é exacerbada e não há demonstração tranqüila de satisfação ou prazer.

Há diarréia, constipação, colites ou outras disfunções intestinais.

Psicopatologia e urinador

Este modelo funciona como divisor psíquico entre as áreas Corpo e Mente. Materiais contidos entre elas não estão bem organizados e integrados ao eu psíquico, podendo haver confusão entre as funções pensar e sentir.

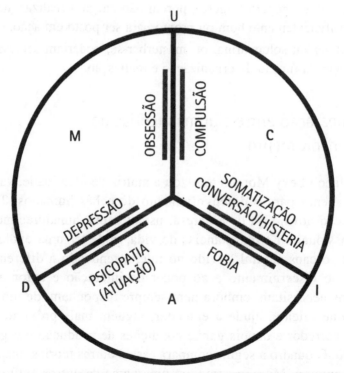

Figura 7   Psicopatologia do Ingeridor (I) e defesas associadas às áreas C (conversivas) e A (fóbicas); Psicopatologia do Defecador (D) nas áreas A (atuadoras) e M (depressivas); Psicopatologia do Urinador nas áreas M (obsessivas) e C (compulsivas).

Aqui as defesas tamponadoras de escolha são a compulsão, pelo lado Corpo, e a obsessão, pelo lado Mente. Rituais compulsivos ou ruminações podem aparecer como defesas, separadamente. Em graus mais intensos é comum que apareçam junto. Neste caso configura-se como patologia, desconfigurando sua função de defesa, por trazer mais sofrimento clínico que o próprio objeto da evitação.

A área forte é a da Percepção do Ambiente.

Além destas, pode o sujeito por vicariância superativar funções correspondentes aos modelos mais sadios, aqui, ingeridor e defecador. Assim, pode criar e comunicar-se em vez de organizar e realizar (fala mas não faz), na vicariância pelo defecador. Pelo ingeridor se prepara (ingere), porém não chega a realizar, nunca está suficientemente bom ou pronto para ser posto em ação.

Reter ou soltar urina, ou masturbar-se, poderiam ser usados no lugar da função de organização e realização.

Comparação entre algumas teorias do desenvolvimento

Jacob Levy Moreno teorizou a matriz de identidade, válida não apenas para o desenvolvimento de bebês humanos. Toda situação nova, seja de empresa, psicoterapia, amadurecimento profissional ou circunstâncias de vida, pode ter uma evolução desde o caos natural, vivido no início, tendendo à diferenciação, ao discernimento e ao poder de interação e autonomia. Todos necessitam, embora nem sempre disponham, de um duplo que oriente, ajude a entender; alguém mais próximo que faça corredor e depois ganhe condições de produção e organização. O quadro a seguir compara essa a outras teorias, inspiradas tanto em Moreno como em uma gama de outros autores; a intenção é sintetizar, facilitar as leituras do desenvolvimento, abordadas na presente obra.

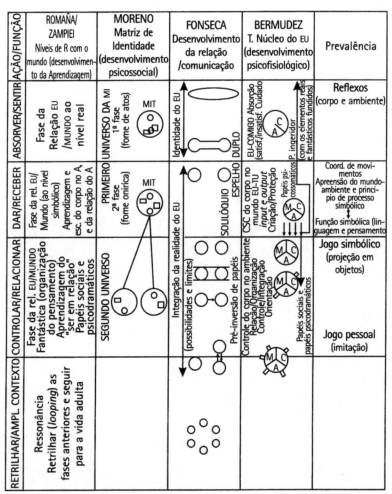

Quadro 1 Algumas teorias do desenvolvimento.

_3_

Dependência e codependência

Toda falta no ser humano remete uma a outra falta arcaica, e é nisto que se situa a especialidade da dependência humana.

Claude Olievenstein (1989)

O Manual Diagnóstico e Estatístico de Transtornos Mentais IV (1995) considera abuso de substâncias psicoativas a utilização não médica das drogas psicoativas. Faz uma distinção entre as síndromes mentais orgânicas induzidas por substâncias, como intoxicação alcoólica, síndrome de abstinência e distúrbios por utilização de substâncias psicoativas. Nesse caso nos interessam os distúrbios, ou seja, o comportamento associado à utilização dessas substâncias, como mudanças de hábitos familiares, perda de controle e outros.

A dependência

O abuso de substâncias ocorre em ambos os sexos e em todos os grupos raciais, socioeconômicos, étnicos e geográficos. Podem produzir alterações no comportamento, na percepção, cognição e no humor. A terapeuta familiar transgeracional McGoldrick, Betty Carter, de Nova York e uma grande equipe de colaboradores editaram em 1995 uma versão atualizada e ampliada de *As mudanças no ciclo de vida familiar*, a partir de numerosos trabalhos no Family Institute of Westchester e em outras instituições. Ao avaliarem pessoas que apresentavam alcoolismo, afirmaram que os sintomas somáticos, psicológicos e interpessoais na família variam, desde perturbações no funcionamento profissional, perturbação na produção escolar dos filhos, conflitos, infidelidade, depressão, isolamento social, ansiedade a distúrbios físicos, em todos os membros do sistema familiar. McGoldrick e Carter (1995) descrevem o alcoolismo sob a premissa de que constitui um processo sistêmico, que afeta e é afetado por interações bebedor–álcool, bebedor–ele mesmo e bebedor–outros – o que torna indissociável a dialética dependente–codependente. No sujeito dependente, a negação sobre a falta de controle nos níveis emocional e funcional torna-se com freqüência uma defesa, tanto sobre o abuso da substância quanto sobre o impacto produzido nos demais membros da família.

Fortes e Cardo (1991) distinguem comportamentos típicos da fase prodrômica do bebedor sintomático, em especial a negação de beber. Na fase inicial ou básica, o comportamento típico inclui perda de controle, álibis, reprovação familiar, agressão, perda de amigos, mudanças de hábitos familiares, ressentimentos e curas geográficas. Quando na fase crônica, há deterioração ética, ambivalência, inibição psicomotora, necessidade de apoio religioso, o ato de beber para esquecer que bebe e contradição no comportamento.

As principais drogas de abuso além do álcool são os opiáceos, depressores do SNC e estimulantes, como a cocaína, cujo consumo aumentou rapidamente nos anos oitenta, alucinógenos, fenciclidina e marijuana.

Com altíssimo custo direto, o álcool, a marijuana e a cocaína são as substâncias mais freqüentemente usadas nos locais de trabalho. Acidentes, queda de rendimento, estragos em equipamentos, ausências, demissão e furto são alguns dos efeitos diretos no trabalho.

O antigo modelo, que via o dependente como portador de uma doença limitadora do seu controle sobre as próprias ações, está sendo substituído por um modelo de autocontrole, segundo o terapeuta cognitivo Stirling Moorey (in Scott e cols., 1994). Experimentos, com ênfase sobre a contribuição do indivíduo, têm sido realizados na terapia cognitiva, levando em conta as variáveis comuns a diversas dependências, sobre uma óptica de déficit de controle.

Fatores psicológicos, sociais e fisiológicos exercem um papel na produção da dependência física ou psíquica de uma droga. Muitos são os autores que convergem quanto à postura sobre a abordagem de escolha ser orientada para a sociedade, incluindo organizações voluntárias e auto-ajuda.

Para Moorey (1994) o tratamento da dependência de drogas divide-se em fase de abstinência e medidas gerais de tratamento. A primeira, considerada por diversos autores a mais fácil, consiste em cortar a continuidade do abuso químico, enquanto a segunda volta-se para a manutenção da descontinuidade. Na fase da abstinência, o sujeito pode não ter acesso à droga, deve contar com um ambiente especificamente voltado a esta expectativa com mudanças relacionais e auto-expectativas favoráveis, ou com um forte motivador interno ou externo à sua vontade ou a seu controle. O próprio sistema familiar deve alterar sua dinâmica momentaneamente em função da expectativa; porém, a manutenção da abstinência requer mudanças duradouras.

Todo tipo de tratamento de adidos tem o objetivo comum de livrá-los da dependência da droga. Os métodos de desintoxicação variam de droga para droga; contudo, uma vez efetivado, o mais difícil é o prolongamento desse estado de limpeza. Estudos têm sido efetuados no sentido de evitar a recaída. Moorey (1994) argumenta a importância de fatores associados a ela; Cummings e colaboradores (1980, apud Scott e cols., 1994) descobriram que estados emocionais negativos (ansiedade, depressão, raiva, frustração) respondem por 35% das recaídas. Conflitos interpessoais ocasionaram 16% das recaídas e pressão social 20%.

Experimentos têm sido realizados por terapeutas cognitivos sobre tratamento de dependentes. Woody e colaboradores (1983, apud Scott e cols., 1994) relatam paralelos entre grupos de aconselhamento e grupos de indivíduos que faziam terapia, com de-

60 MARIA APARECIDA JUNQUEIRA ZAMPIERI

pendentes de heroína (que recebiam manutenção com metadona). Todos apresentavam melhoras, porém as psicoterapias provaram ter maior eficácia, tanto na redução dos sintomas, como na possibilidade do enfrentamento da situação com menor número de medicamentos prescritos.

Em geral, os tratamentos iniciam-se com desintoxicação e concentram sua maior atenção à segunda etapa do tratamento. Com variados métodos, todos visam evitar a recaída e ressocializar a pessoa com outro estilo de vida livre da droga. Tanto grupos de apoio em ambulatório quanto longa internação em comunidade terapêutica são esforços gerais que se concentram em ajudar o paciente a desenvolver novos padrões de relacionamento, mais maduros e adequados. Muitas vezes, assistentes sociais são envolvidas para auxiliar na acomodação, na obtenção de empregos ou na ajuda aos que apresentam problemas familiares. Ao retornar a ameaça de alto risco, a recaída é fatal para a grande maioria, levando a questionar as fragilidades dos tratamentos da dependência. Woody (1983) salienta questões como o autocontrole e a prevenção da recaída.

O modelo cognitivo para tratamento do dependente inclui componentes que vão do encorajamento ao tratamento, a redefinição de papéis mal-adaptativos; com enfoque no próprio sujeito.

Uma vez que os autores, em geral, afirmam que a maioria dos dependentes livra-se com sucesso da droga – por curto tempo –, a atenção para os fatores associados à recaída é fundamental. Entre as dificuldades de tratamento eficaz ao dependente que justificam sua internação, destaca-se a ausência de apoio adequado psicossocial externo para descontinuação de uso de droga, além da presença daqueles fatores que reforçam uma utilização continuada da droga. E não se pode esquecer de que o dependente, supõe-se, deverá retornar após a internação para seu próprio meio de origem.

É importante voltar a atenção a fatores de proteção na inserção familiar. Caldeira (1999) apresenta um estudo em uma comunidade de baixa renda da zona sul do Rio de Janeiro, demonstrando que, independentemente da forma de consumo, seja por experimentação seja por uso eventual ou recreacional, indivíduos que experimentam ou usam drogas eventualmente e não se tornam dependentes possuem traços específicos em seu processo de individuação, funcionando como proteção para que a dependência não se estabeleça. Fez um estudo do contexto familiar desses indivíduos no sentido de tentar identificar, nas experiências vividas na rotina familiar, fatores que possam ter contribuído para o comportamento de não-adição às drogas experimentadas. Os resultados mostram que as relações de afeto e auto-estima, responsabilidade e limites, no cotidiano familiar, podem constituir importantes fatores de proteção contra a dependência de drogas.

Estudos sobre o funcionamento das famílias com consumo de álcool em comparação com famílias disfuncionais sem problemas de alcoolismo não revelam resultados consistentes que comprovem o alcoolismo por si como a causa da disfuncionalidade da família. O alcoolismo tem-se mostrado em numerosos estudos um problema que se soma a outros fatores adicionais que produzem a discórdia. Estudos apresentados por Garbarino e Strange (in Palomar, 1999) mostram pontuações abaixo da média nas escalas de coesão, expressividade, organização familiar e orientação intelectual-cultural em filhos de pai alcoólatra comparados a um grupo de filhos de pai não alcoólatra. Além disso revelaram maior índice de conflitos que o grupo controle.

Neste trabalho nossa atenção recai sobre as relações na família codependente. Partimos do princípio que o dependente é um ser em relação. No seu ambiente ele é um paciente identificado, aquele que externa um sintoma do sistema.

Trabalhos com tratamentos e prevenção não podem prescindir da família. Na rede sociométrica toda figura tem papel decisivo, e parece altamente improvável redefinir o EU sem redefinir sua relação com seus complementares codependentes, sobremaneira os mais próximos.

Concomitância observada no alcoolismo

Considerado um processo sistêmico, a concomitância entre alcoolismo e outros transtornos ocorre tanto com o bebedor

62   MARIA APARECIDA JUNQUEIRA ZAMPIERI

como com familiares e inclui membros do sistema profissional e social. Reflexos relacionados negativamente à qualidade de vida do alcoolista são apresentados por Rascón, Medina-Mora, Juaréz, Caraveo e outros (in Palomar, 1999) quanto a suas condutas depressivas, ansiedade, baixa auto-estima e insatisfação geral. Envolve sintomas somáticos, psicológicos e interpessoais, variando desde perturbações no funcionamento profissional e conjugal a "problemas no funcionamento escolar dos filhos e pode, também, incluir depressão, isolamento social, abuso de prescrições ou de outras drogas para combater a ansiedade, ou inúmeros distúrbios físicos em todos os membros da família". Além do que, "sempre que o incesto ou abuso físico está presente numa família, o alcoolismo deve ser presumido" (Carter e McGoldrick, 1995, p. 416).

Embora o alcoolismo pareça uma doença masculina, nota-se que o preconceito pode afastar mulheres de recursos disponíveis para tratamentos. A Unidade Nacional de Tratamento de Droga e Alcoolismo nos Estados Unidos identificou 213.681 mulheres em tratamento em 30 de setembro de 1991, o que representou 26% de todos os clientes (Samhsa, 1993, in Harkness e Cotrell 1997). É claro que o problema do alcoolismo é apenas uma face dos vícios. As mulheres são parecidas com os homens no uso e tratamento de drogas ilícitas, no abuso de múltiplas substâncias e no abuso secreto (Nelson-Zlupko, Kauffman e Dore, 1995, in Harkness e Cotrell, 1997).

O preconceito de gênero associado à construção social da codependência permite explicar como os homens recebem tratamento para bebida quatro vezes mais que as mulheres (Schmidt, 1992, in Harkness e Cotrell, 1997). As conseqüências do preconceito de gênero no tratamento do abuso de substâncias são alarmantes, pois mulheres que sofrem de alcoolismo apresentam alta taxa de mortalidade, em comparação com a taxa geral e com a taxa de homens alcoólatras (Blume, 1986, in Harkness e Cotrell, 1997). Preconceito de gênero no tratamento de abuso de substâncias é uma área que merece pesquisas.

A codependência

A expressão *codependência* tem sido alvo de controvertidas definições e ultimamente vem recebendo uma atenção mais sistematizada por ter-se admitido sua importância como paradigma norteador de tratamentos e intervenções sociais. Discorda-se quanto a sua origem, sintomas e prevalência. Insistimos neste estudo, no entanto, com o intuito de fundamentar um alerta pelo papel da prevenção que merece grandes investimentos, envolvendo a família, empresas e grupos sociais.

De maneira ampla, com o termo codependente referimo-nos à pessoa que convive de forma direta com alguém que apresenta alguma dependência química e, em especial, ao álcool. E, por extensão, às pessoas que por qualquer outro motivo crônico viveram uma prolongada relação parentalizada na família de origem, assumindo precocemente responsabilidades inadequadas para a idade e o contexto cultural. Caracteriza-se por um jogo de comportamentos mal adaptativos e compulsivos, aprendidos na convivência familiar, a fim de sobreviver ao se encontrarem sob grande estresse ou intensa e prolongada dor.

Inúmeras razões podem aumentar o estresse e levar a dor à família, como a dependência química, o alcoolismo ou uma doença crônica ou morte. Arranjos diversos podem ser ·adotados pelos convíveres ao atravessarem uma situação crítica. Famílias flexíveis mostram-se ágeis em adaptações a mudanças. Porém, se mantidos os estressores, os comportamentos podem cronificar-se em configurações inadequadas, quando já se mostram incompatíveis com a demanda atual. É possível observar que, de alguma maneira, muitos dos efeitos diretos no trabalho, percebidos no dependente, em diferentes graus, podem ocorrer também com relação ao codependente, com prejuízos no seu espaço profissional.

A abordagem familiar na dependência química teve início em 1940, como iniciativa dos Alcoólicos Anônimos ao criarem grupos de Al-Anon. O interesse pelo tema se alastrou, mais de 400 estudos eram publicados entre 1978 e 1988 e mais do dobro foram encontrados na década seguinte (Figlie e colaboradores, 1999).

O conceito de codependência, como uma obsessão familiar sobre o comportamento e bem-estar do dependente, em que o eixo da organização familiar passa a ser o controle do consumo alcoólico, foi introduzido por Wegsheider em 1981 (in Figlie e colaboradores, 1999).

O grupo de Milão de terapia familiar conceitua o paciente identificado, evidenciando as pressões da família por um pedido implícito de mudar o paciente sem interferir nas relações do grupo. É como se pedissem "curem-no sem mexer conosco". A pessoa sintomática parece refém num jogo em que a família resiste às mudanças. Esse jogo, em que as boas intenções e as ações mostram-se infrutíferas e mutuamente tensionadoras, envolve o dependente, os familiares, amigos, companheiros e as chefias do trabalho, além dos fornecedores e sistemas que os incluem.

Dois aspectos principais devem ser considerados ao investir-se na inclusão da família na reabilitação do dependente químico: quanto à geração presente e quanto às próximas gerações. Quanto à geração atual, estudos apontam o alto índice de retorno ao lar após o tratamento. Figlie e outros (1999) reporta um estudo de seguimento em Nova York, em que foi encontrada a porcentagem de 90% de retorno ao lar por pacientes próximos de 22 anos, e em que 59% na faixa dos trinta anos foram morar com parentes. Neste caso a intervenção familiar pode ter, no mínimo, um caráter de prevenção à recaída. Quanto às próximas gerações, a literatura demonstra que, muitas vezes, comportamentos aprendidos são repassados no convívio familiar e tendem a manter-se, mesmo quando já destoam das demandas atuais, como comportamentos mal adaptativos e resistentes à mudança. Moldam estilos de expectativas internas que ecoam na escolha do parceiro, na forma de perceber e responder ou reagir, na relação circular com os filhos, colegas e sistemas mais amplos. Tais aspectos são aqui largamente abordados, mostrando-se concomitâncias, como no caso de Transtorno da Conduta e outros em que padrões de codependência encontram-se presentes em várias gerações.

Custo social e gênero

Não existe no DSM-IV (1995) ou na CID-10 (1993) definição para a codependência. É possível que não seja ainda reconhecida como doença, ou não se tenha um consenso para sua classificação, merecendo ainda muitos estudos. Mesmo assim, a codependência já tem sido admitida como uma construção social, o que motivou um translado em tratamentos de abuso de substâncias, deixando-se de focar apenas o dependente para incluir um círculo importante, originalmente ignorado. A codependência está associada com US$ 273,3 bilhões em custo social anual (Rice, Kelman, Miller e Dunmeyer, 1990, in Harkness e Cotrell, 1997), ligado à morte acidental por abuso de substância, molestação infantil, violência na família, doenças infecciosas, prisão, homicídios, internação hospitalar, prisão domiciliar. Tem afetado familiares, vizinhos e comunidades, independentemente de idade, sexo ou grupos étnicos (Dailey, D. e Raskin, M. (1992); Freeman, E. (1992); NIAA, (1990), in Harkness e Cotrell, 1997). Tais informações estão influenciando a visão de funcionamento humano, de problemas sociais e de ajuda, e despertando o interesse de planos de saúde nos Estados Unidos.

Kolb (1977) localiza a etiologia da adição às drogas e à sua freqüência, vinculadas ao contexto familiar e cultural, como resultado de uma interação complexa de forças culturais e familiares que culminam determinando o acesso ao agente farmacológico e as oportunidades para iniciar o seu uso, somados à predisposição individual para continuá-lo. Também afirma que o maior grupo de toxicômanos provém de indivíduos com distúrbios de personalidade em contato com pessoas já viciadas. Muitos, emocionalmente imaturos, agressivos e hostis, buscam alívio para suas tensões internas entre outras tipologias e etiologias. O autor salienta que praticamente todos os viciados já eram pessoas desajustadas, marginais ou marginalizados na família ou na sociedade.

Não há definição científica para codependente, no entanto pressupõe-se que a dependência se dá em um meio facilitador, em

66 MARIA APARECIDA JUNQUEIRA ZAMPIERI

especial é mencionada a família "desajustada". Apresentando-se como codependente, a autora americana Beattie (1992) critica a falta de uma definição científica para o termo e traz, numa tentativa de definição, as falas de alguns autores:

> Codependência é uma condição emocional, psicológica e comportamental que se desenvolve como resultado da prática e da exposição prolongada do indivíduo a regras opressivas, que impedem a expressão aberta de sentimentos e a discussão direta de problemas pessoais e interpessoais. Comportamentos aprendidos de derrotas ou defeitos de caráter que resultam numa diminuição da capacidade de iniciar relações afetivas ou participar delas. (Earnie Larsen, in Beattie, 1992)

Harkness e Cotrell (1997) apresentam uma revisão bibliográfica descrevendo várias definições: uma condição emocional, psicológica e comportamental; com controle compulsivo em relacionamento interpessoal; ajuda (aos outros) acompanhada de sofrimento; preocupação com pessoas caracterizadas por extrema dependência.

Fischer, Wampler, Lyness e Crawford (1992, in Harkness e Cotrell, 1997) definiram codependência como um padrão de comportamento disfuncional de relacionamento com outras pessoas muito dependentes, dificuldade em expressar sentimentos e necessidade de ter um propósito (uma razão) nos relacionamentos. Mediante uma escala de auto-avaliação para amostras de grupos de auto-ajuda e de estudantes universitários, concluíram que o fenômeno da codependência não está associado a gênero, nem à dependência química ou a padrões de disfunção familiar.

Em contrapartida, Lyon e Greemberg (1991, in Harkness e Cotrell, 1997) fizeram um experimento no qual estudantes universitárias filhas de pais alcoólatras e filhas de pais sóbrios foram expostas a pedidos de ajuda, por um homem de comportamento explosivo e outro de comportamento neutro. Filhas de alcoólatras acharam os homens explosivos muito mais atraentes e ofereceram-lhes sua ajuda. A taxa das garotas que ofereceram ajuda a homens explosivos foi duas vezes maior entre as filhas de pais alcoólatras que entre as de famílias sóbrias. Assim definiram a codependência como fruto de gênero e disfunções familiares. No entanto, não há registros do mesmo experimento com filhos do sexo masculino.

Outra opção tem sido a adoção da linguagem de gênero livre, definindo a pessoa codependente como "um adulto que assiste a um alcoólatra mantendo o equilíbrio social e econômico (assumindo seus papéis de responsabilidade abandonados) com a exclusão do atendimento das necessidades pessoais em favor da manutenção do equilíbrio e sobrevivência do sistema familiar" (Freeman, 1992, apud Harkness e Cotrell, 1997, p. 253).

O contexto em que se avalia não pode ser esquecido. Nos Estados Unidos, apresenta-se maior concentração de alcoólatras do sexo masculino em instituições; não ocorre um quadro similar com relação a drogas ilícitas. No entanto, no Chile (Florenzano e colaboradores, 2001), onde 17% da população entre 12 e 64 anos consumiu drogas ilícitas alguma vez na vida, o consumo masculino de marijuana e cocaína chega a triplicar o feminino.

No caso do alcoolismo, Harkness alerta quanto à validade de se lhe atribuir a característica de doença masculina. O preconceito de gênero tem sido usado para explicar diferenças nas taxas de alcoolismo associadas a mulheres e homens (Blume, 1986, in Harkness e Cotrell, 1977). Para Harkness, "o preconceito de gênero associado à construção social da codependência permite explicar como os homens recebem tratamento para bebida 4 vezes mais que as mulheres" (Beckmam e Amaro, 1984; Weisner e Schimidt, 1992, in Harkness e Cotrell, 1997). Porém são caras as conseqüências de tal preconceito; mulheres que sofrem de alcoolismo experienciam alta taxa de mortalidade comparada à taxa geral e à taxa de homens alcoólatras (Blume, 1986, in Harkness e Cotrell, 1997). Não se pode concluir, portanto, que o alcoolismo é masculino e a codependência é feminina.

Características da codependência

Codependência foi definida com mais freqüência como uma condição emocional, psicológica e comportamental; como um padrão relacional e como um transtorno da não-identificação do *self*. Poder-se-iam levantar características sistêmicas mais amplas ou centradas no par, ou ainda mais centradas na pessoa. As características centradas na pessoa mais citadas foram:

- dificuldade de identificar uma auto-imagem;
- dificuldade de expressar ou de identificar sentimentos;
- senso de vitimização;
- grande ansiedade acerca de intimidade.

As características centradas na relação com um par mais citadas foram:

- atração por pessoas explosivas;
- controle compulsivo de outrem em relacionamentos;
- necessidade de ajudar acompanhada de sofrimento (ou assumir compromissos abandonados por outrem);
- preocupação constante com uma pessoa dependente (ou relação disfuncional com alguém exageradamente dependente) (ou necessidade de ter um propósito nos relacionamentos), expressa muitas vezes como um pessimismo acerca do futuro.

Entre as características sistêmicas mais amplas, as mais citadas foram:

- descuido das próprias necessidades em prol de alguém ou pela sobrevivência do sistema familiar;
- repetição desse padrão em grupos extrafamília mesmo que não haja risco real de falência do sistema.

Veja no próximo capítulo[1] uma sistematização de critérios diagnósticos para a codependência.

---

1. Veja os critérios diagnósticos para a codependência no Capítulo 4, páginas 107-110.

Codependência e núcleo do EU

Consta que, originalmente, o termo codependência foi designado para descrever pessoas cujas vidas foram afetadas pelo envolvimento com algum dependente químico. Como "... alguém que desenvolveu um padrão doentio de lidar com a vida, numa reação ao abuso de álcool ou drogas praticado por outra pessoa" (Robert Subby e John Friel).

Entre as características do codependente quanto aos padrões relacionais que ele apresenta e quanto à sua expectativa de complementaridade de papel, encontra-se a procedência de família "problemática", reprimida e não funcional; o exagerado ímpeto de agradar e a baixa auto-estima, tendendo a apresentar confusão na distinção satisfação/insatisfação, culpa descabida, rigidez, exagerado controle e ansiedade. Tendem a perder o sono por causa dos problemas ou comportamentos alheios.

Chamam-nos a atenção em especial seus traços de controle e indiferenciação entre sentir e perceber; bem como as funções de maior carência, de proteção e cuidado. Confusões entre as faculdades de sentir e perceber, bem como um déficit na função "ser cuidado", deflagram, dentro da concepção do modelo de desenvolvimento do Núcleo do EU^2, uma das características típicas do que Bermudez denominou *Modelo Ingeridor Poroso*. Essa teoria localiza o Modelo Ingeridor entre as áreas Corpo e Percepção do Ambiente. Pode ocasionar uma distorcida percepção do ambiente, pela qual o indivíduo tende a sentir e/ou perceber os problemas externos como seus. Favorece distorções, quer por tentativas de resolver tudo pelos outros, quer por expectativas de que resolvam ou cuidem dos próprios problemas. Ilustra o primeiro caso a tendência forte de pegar tudo para si, quer com o dependente químico, quer com a família, no trabalho e nos relacionamentos sociais, centralizando a responsabilidade e acumulando sobrecarga Por outro lado, podem tender a somatizar.

---

2. A Teoria do Núcleo de EU de Rojaz-Bermudez encontra-se descrita no Capítulo 3.

Porosidades no Modelo Defecador, por sua vez, comprometem a distinção entre Mente e Percepção do Ambiente, confundindo pensar e perceber e gerando carências na função de proteção relacionada à escala de valor – bonito/feio, bom/mau, certo/errado. Defesas atuadoras corresponderiam a um dos mecanismos compensatórios típicos das patologias relacionadas ao defecador. É comum o depoimento: "Quando o vi de novo ali fiquei louca; não sei se foi certo ou errado, mas o arrastei para casa". Com freqüência o codependente alterna defesa atuadora e depressiva, e espera dos filhos a proteção que estruturalmente a eles caberia: "Deito na cama e quero morrer. Aí, eles vêm: 'Não, mãe, eu protejo você'". Eles também costumam segurar o pai alcoolizado em momentos de agressão à mãe.

Tais defesas fazem parte do rol das características mais comumente apresentadas pelo codependente. Tende a perder o sono por causa dos problemas ou comportamentos alheios, a esperar do ambiente soluções para seus problemas que percebe/sente como do outro. Ele percebe um problema no outro e sente como seu. Ele tem um problema cuja resolução sente estar na mão do outro. Confunde sentir e perceber e não consegue sentir o que precisa nem pedir claramente o que quer para si. Pede mas não pede. Impõe mas não verbaliza. Tudo o que ele faz pelo outro tem um objetivo inconsciente de receber algo ou cobrar do ambiente (não apenas do dependente), de ingerir, sem no entanto nunca estar satisfeito (enquanto seu complementar reclama e pega o que o codependente faz para ele, e reclama, e pega...). Tende a ignorar os problemas ou fingir que não existem, produzindo distanciamento e evitando percepções que seriam misturadas com emoções e sentimentos. Beattie (1987) afirma que muitos codependentes jamais sentiram amor ou aprovação por parte dos pais; o que nos remete novamente àquela fome jamais saciada, *locus* da torta matriz que, saudavelmente desenvolvida, seria responsável pela diferenciação satisfação/insatisfação e pela aceitação. Têm comunicação pobre, limites frágeis à tolerância, tendendo à elasticidade invasi-

CODEPENDÊNCIA: O TRANSTORNO E A INTERVENÇÃO EM REDE   71

va, o que denota limites fragilmente percebidos nos contornos EU-OUTRO. Com déficit de confiança, sentem-se apavorados, feridos e furiosos. Segundo Beattie (1987), apresentam problemas sexuais, cuja gênese pode encontrar-se na flagrante confusão tensionadora da relação entre as áreas do sentimento (Corpo) e Percepção do Ambiente; que compromete o funcionamento dos mecanismos que nos permitem a distinção entre estar satisfeito ou insatisfeito.

Como uma vã tentativa de minimizar o sofrimento pela imaturidade do *self*, pela obscura autopercepção e autocontrole, o codependente tenta obstinadamente controlar o outro, sem que isto lhe proporcione a real satisfação almejada. Sua relação conjugal encontra-se altamente comprometida e a família, disfuncional. As fronteiras nos hólons conjugal e parental raramente se manterão nítidas. Os jogos interfamiliares sustentarão padrões fixos que tenderão a ser repetidos nas próximas descendências, mantendo segredos e coalizões. As famílias codependentes apresentam emaranhamento e imaturidade no subsistema conjugal, com filhos triangulados por pais que não sabem absorver a(s) crise(s) natural(is) intrínseca(s) à mudança.

Codependência e matriz de identidade

Com tal despreparo nasce o homem, e ao mesmo tempo tão teatral ele é que parece vir regalar-se em um útero-palco e fazer valer suas interações, de forma mais direta que na protegida barriga. Como se já não lhe bastasse suprir-se na primeira placenta com as vibrações do meio, refratadas e sociometricamente "superpostas" às da mãe.

O encontro de duas células selou um mágico potencial "ser em expansão". Assim, desde cedo, apresenta uma tendência natural de ampliação da rede relacional, a um tempo sustentáculo e campo de atuação. Influenciando por *input* e influenciável por *output*, o sujeito, na teia familiar e nos sucessivos contextos, interatua numa circularidade sistêmica e perene.

A teoria moreniana da Matriz de Identidade abarca o universo concreto e abstrato em que se dá o primeiro processo de aprendizado emocional e relacional da criança. "A forma como uma criança percorre sua matriz de identidade é um parâmetro de como ela será na vida adulta" (Fonseca, 2000, p. 153). Poderiam vir a apresentar predominantes traços, características e psicodinâmicas que nos permitissem reconhecê-los como normóticos, psicóticos, neuróticos ou portadores de distúrbios de identidade[3].

Primeiro universo infantil

Em primeira instância, prevaleceria apenas uma "existência cósmica", indiferenciada pelo pequeno ser que, ao lado da mãe social, constituiria o núcleo que Moreno denominou *primeira fase do Primeiro Universo*, numa relação altamente fusionada, *a priori*. Na figura, adaptada da obra *Psicodrama* de Moreno, pontilhamos o círculo para simbolizar que ainda não existe a percepção de limite EU-MUNDO.

Se a relação favorecer uma evolução, a tendência natural será o indivíduo crescer e distinguir-se sem deixar de pertencer à família, que está, assim como seu próprio contexto social, em contínua mudança, sujeita a demandas internas e externas (Minuchin e Fishman, 1990). Ao longo desta evolução, a Matriz de Identidade passa por sucessivos e importantes estágios de diferenciação, tendendo a dissolver-se gradualmente, na proporção em que a criança ganhe autonomia, declinando "sua dependência dos egos-auxiliares"[4] (Moreno, 1993).

---

3. Esses quatro grupos sindrômicos foram propostos por Fonseca em sua recente publicação *Psicoterapia da relação*.

4. O autor não se restringe aos cuidados básicos, entre eles o carinho, a maternagem, Inclui todo o processo de autodescoberta, co-construção de estilos de relacionamento e compreensão de mundo. Moreno compara as técnicas fundamentais do psicodrama às fases da Matriz de Identidade, importante instrumento de intervenção com seus limites e alcances, conforme necessidades e limitações do protagonista.

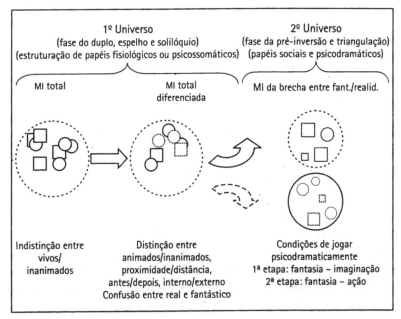

Figura 8 Adaptação do esquema de desenvolvimento humano segundo a Matriz de Identidade de J. L. Moreno.

A maturação do sistema nervoso central vai viabilizando progressivamente a distinção entre objetos animados e estáticos, caracterizando a segunda fase do Primeiro Universo. Inicia-se a percepção do próprio corpo, separado da mãe, das pessoas e dos objetos. No psicodrama as técnicas correlatas a essa fase são espelho e solilóquio, correspondentes à distinção entre eu e tu, ao reconhecer como própria a imagem refletida no espelho, e ao balbuciar, "descobrindo" a própria voz. Segue-se o aprendizado por imitação, que Moreno denominou *role taking* ou adoção de papéis.

Adentrando num segundo universo infantil

É na segunda etapa do Primeiro Universo Infantil, quando alterações passam-se com o ganho de percepção a distância, tempo (antes e depois) e espaço interno/externo, que os contrapapéis começam a distinguir-se como funções. Embora ainda dependente, com a capacidade télica despertando, esboça-se, num jogo sucessivo entre o espelho e o duplo, a ampliação do seu universo. A criança pode estar registrando marcas mnêmicas intactas e/ou com falhas que resultarão em uma forma característica de portar-se como ser no mundo. Estará transpondo de uma gama de papéis psicossomáticos para duas novas alternativas de atuação em um mundo social, correlacionando-se "com pessoas, coisas e metas do mundo real, e um mundo em que imagina relacionar-se" (Moreno, 1993, p. 130), que o autor denominou *psicodramático*.

Assim, de uma vivência de atos na "categoria do presente", quando o bebê não registra lembranças de fatos[5], desenvolvida paralelamente ao amadurecimento do telencéfalo, é que se esboça o surgimento do fator tele – que Moreno caracteriza como "núcleo dos subseqüentes padrões de atração e repulsa"; de uma tele primitiva para uma tele positiva ou negativa; tele para objetos reais e imaginários. Ao desenvolver a capacidade de percepção e fazer escolhas, estar-se-á caracterizando a passagem ao Segundo Universo. Nessa fase em que atração e repulsão, realidade e imaginação estão presentes – e que a repetição do padrão relacional de família coexiste num clima afetivo que permeia as interações, em meio a estas ocorrências – estabelece-se o que Moreno (1993) denominou brecha entre o fantástico e o real.

Espera-se que gradualmente se consiga distinguir situações e relacionamentos sociais, por papéis sociais, do que é vivido no contexto dramático pelos papéis psicodramáticos, quer na brincadeira, no jogo, no psicodrama. Uma pessoa saudável geralmente pode distinguir quando está contracenando com seus contrapapéis na realidade de quando está jogando papéis ou situações imaginárias. Pode também escolher quando quer complementar papéis sociais e quando deseja complementar papéis psicodramáticos. A possibilidade da liberdade de escolha e o reconhecimento de

---

5. Para Moreno temos uma memória de atos, responsável pelo aprendizado pela ação, e uma memória de fatos, que nos permite registrar os acontecimentos dos quais nos recordamos depois. A criança disporia antes da primeira. Aprende muito no início da vida – aprende a fazer fazendo.

quando se está na realidade ou na fantasia é parâmetro de saúde para esse autor. Ainda que muitas vezes se complementem inadequadamente situações que mereceriam respostas, e só se faça esse reconhecimento depois do fato ocorrido, em geral é possível distinguir-se realidade e imaginação. Ou seja, um sujeito saudável atinge o Segundo Universo da Matriz de Identidade.

O lugar da espontaneidade na teoria moreniana

O médico e poeta brasileiro Sérgio Perazzo foi quem melhor articulou a teoria de Moreno. Perazzo tem-se dedicado intensamente a descobrir como os conceitos se interconectam, tem encontrado lacunas, como já apontaram outros autores, e oferecido importantes contribuições e aprofundamentos. Para ele o homem moreniano foi definido na tríade pessoal, relacional e pragmático. Para explicar o ser humano em seu aspecto individual Moreno criou os conceitos de espontaneidade e de criatividade. Para o aspecto relacional criou a teoria dos papéis e a sociometria. Criou o *role playing* como instrumento da sociodinâmica, para compreensão e desenvolvimento do homem-em-ação, e o psicodrama, multiveicular instrumento de expressão para desenvolver e tratar esse homem.

Definiu espontaneidade como um fator condicional na emissão de respostas apropriadas a uma situação qualquer, seja a situação nova ou já conhecida pelo sujeito. A espontaneidade funciona como um catalisador da criatividade. Um sujeito espontâneo é capaz de ser criativo, adequado às solicitações do ambiente, pode apresentar vivacidade e originalidade no que faz. Vive cada momento como único, vive como um ser único. Moreno tomou esse fator como um parâmetro de saúde[6] e ensinou que a espontaneidade pode ser desenvolvida e treinada. Dizia, já nas primeiras déca-

---

6. O que respalda nossa visão da codependência como patologia. Ao codependente falta espontaneidade que catalise respostas adequadas e criativas; movimentos viciados e respostas repetitivas podem ser observadas ante sua necessidade de controlar o dependente. Daí nossa proposta de treinamentos de espontaneidade como prevenção com famílias codependentes.

das de 1900, que as escolas tinham de se ocupar menos com os acúmulos de informação e mais com o desenvolvimento da espontaneidade. Propunha o treinamento da espontaneidade como prevenção na saúde. Entendemos que se possa estender a proposta moreniana de prevenção a famílias rígidas e, em especial, a famílias co-dependentes.

Matriz, espontaneidade e psicodrama

Podemos exercitar uma compreensão de sujeitos, grupos, relacionamentos e situações à luz dessa teoria, observando que em situações antes não vividas experimenta-se uma evolução desde um estranhamento até percepções e interações mais nítidas. Por mais que um profissional conheça seu ofício, ao adentrar uma situação diferente ou um novo emprego pode regredir ao Primeiro Universo retrilhando o processo da matriz, ainda que rapidamente. Não tem clareza ali, naquele novo contexto, exatamente o que se espera dele, quais são seus pares, recursos, possibilidades e limites. Enfim, sempre poderá constatar adiante diferenças e/ou confirmações entre o que imaginava ser "ele naquela empresa" ou "naquela situação" e o que efetivamente é. Quanto mais espontâneo o sujeito, maior a rapidez com que retrilha o processo da matriz perante situações inesperadas. A espontaneidade é diretamente proporcional a adaptabilidade, criatividade e assertividade da resposta.

Não nos fixamos num absoluto Segundo Universo da matriz. Estamos numa dança de muitos braços, oscilando com papéis fisiológicos, sociais e psicodramáticos, em diferentes níveis de desenvolvimento. Estes últimos não se referem apenas aos papéis que assumimos nas brincadeiras ou no palco de psicodrama. Quando vivemos de forma distorcida algum papel social, ele pode mostrar-se como um arremedo ou uma caricatura. Experimentamos aí um papel psicodramático em vez de um papel social.

O codependente, os sujeitos com transtornos de personalidade e os psicóticos jogam freqüentemente papéis psicodramáticos em vez de papéis sociais. Mostram-se numa rigidez ou fixação em de-

CODEPENDÊNCIA: O TRANSTORNO E A INTERVENÇÃO EM REDE 77

terminados papéis que soam estranhos aos outros, parecem viver à parte ou num palco tentando contracenar com os demais. Ou com figuras do mundo interno estimuladas (ou não) por figuras, situações ou contextos externos. Os normóticos também costumam fazer isso, em especial na aprendizagem de um papel. Conforme a gravidade, mostram-se contracenando mais e mais com figuras internas, vivendo num contexto social o que pareceria mais natural num palco, com atores imaginários. Esse foi o legado que Moreno deixou com o advento do psicodrama. Legitimou o palco, oferecendo um contexto mais adequado às vivências psicodramáticas – como um mundo suplementar. Ao oferecer tal contexto às experiências psicodramáticas, liberou a pessoa para viver no contexto social o que era pertinente aos papéis sociais. Assim o psicodrama apresenta a oportunidade de fazer a brecha entre fantasia e realidade para nossos estados psicóticos. Objetiva atingir o Segundo Universo.

Discussão

Macroontogênese: será que viver é gestar, e cada morrer é nascer para outra dimensão?

Embora Moreno houvesse considerado apenas fases pós-nascimento, recentes achados em neurodesenvolvimento reforçam suposições sobre *input* e *output* entre feto e meio. Por que não haveria, numa superposição sistêmica de contextos, do micro ao universo desde primórdios, toda uma relação de circularidade? Porém, por mais que se afirme que a ontogênese, série de transformações pelas quais passa o homem desde a fecundação até a vida adulta, reproduz a filogênese, isto é, a evolução do homem como espécie, a criação do homem vivo inclui variáveis que a ciência não esclarece ainda hoje. Transcende os modelos bioquímicos atuais a instauração de uma aura. Escapa-lhes o momento mágico em que ela se instala; porém, é sujeita à medição e à constatação fotográfica. Penso que o universo cósmico macro e micro, com incansável se-

78 MARIA APARECIDA JUNQUEIRA ZAMPIERI

melhança, apresente factal[7] repetição de ondas compostas por ondas, numa inter-relação contínua de energia eletromagnética. A genialidade de Einstein concretizou a formulação da relação entre energia e matéria no universo microscópico; e a de Moreno, o mapeamento das relações invisíveis que mantêm os agrupamentos nas dimensões vivas.

É na relação microscópica que se dá a produção de um novo sujeito. Da primeira gestação onde vive num universo de proporções compatíveis com as suas, transpõe, ao nascer, outra gestação quando tais proporções já lhe são parcas. Porém, jamais deixa o movimento de trocas contínuas com o meio. O feto influencia a mãe e o ambiente externo e é por eles influenciado.

Talvez a morte se configure um nascimento para outra dimensão em proporções que nossos sentidos não captam plenamente. Não deixam, no entanto, de ser influenciados por ele. É um raciocínio indutivo, por analogia com o que ocorre na passagem da primeira placenta, biológica, à segunda, que Moreno denominou *placenta social*. Talvez o morrer seja mesmo o nascer para uma placenta cósmica, da qual teríamos "vislumbres" em especiais momentos de encontro. Quem sabe consista no único e verdadeiro nascer; ou apenas ocorra sucessivamente em eternos *loopings*. Quem sabe em cada nascer – *quantum* de energia decodificada de forma diferente – pontue eixos referenciais diversos. Não é porém, no presente, esse o nosso objeto de estudo.

Status nascendi *e o desenvolvimento de papéis*

Parece, no entanto, que cada nascimento desperta novos sensores, que não se encontram prontamente em plena função. Assim ocorre com o bebê humano. O seu cérebro cresce mais que dobra de tamanho[8], de 400 g para 1000 g, após o nascimento. Até então, com parte das fibras nervosas desmielinizadas, os estímulos do ambiente não são ainda efetivamente percebidos.

---

7. Fractal: estrutura geométrica complexa que repete suas propriedades em qualquer escala.

8. Veja mais detalhes no Capítulo 1.

CODEPENDÊNCIA: O TRANSTORNO E A INTERVENÇÃO EM REDE 79

Supõe-se que o neonato viva predominantemente num mundo de sensações indiferenciadas, num alto grau de dependência em relação ao ambiente. Não sobrevive sem a presença de alguém no mundo, um ego-auxiliar que cuide dele, que funcione como um duplo, expressando-se e agindo por ele, simbiotizado, como continuação dele.

Dois momentos imprimem especial influência no desenvolvimento de papéis. O da relação EU-TU com o cuidador mais constante, e o da triangulação.

Com as funções fisiológicas evidenciadas, é nas relações de duplo ego, principalmente com a mãe ou substituta, que se caracterizam os primeiros papéis – os psicossomáticos. O teor afetivo-emocional preponderante que acompanha a repetição constante da dialética fome/saciedade imprimirá uma forma de inter-relação básica, sobre a qual se formará um padrão relacional que tenderá a manifestar-se em suas vinculações posteriores.

Numa progressão, a criança vai experimentando papéis sociais, e com a faculdade da representação simbólica em evolução, paralelamente, os papéis psicodramáticos (ou imaginados) ganham espaço.

Uma pessoa "vai sendo" (*status nascendi*) o que faz; como é recebida, como percebe e como responde, real e afetivamente. Ou como reage, numa sucessão mais variada ou fixada, conforme "joga", como mais uma das peças daquele sistema familiar e posteriormente do social. Caso viva modelos de respostas, aprenderá a responder a situações-estímulo. Num clima hostil em que prevalecem as reações, guardará um modelo de reações a respostas.

Tensões predominantes tendem a minimizar a funcionalidade de papéis. Ambientes mais descontraídos tendem a deixar mais livre o desempenho de papéis, sem preocupação com as críticas e/ou represálias. Assim os papéis[9] podem mostrar-se mais plenos e operantes. A "bolha emocional" que nos envolve e protege tende a aproximar-se da pele corporal em proporção direta com estados mais relaxados. Nesse caso os papéis saem do corpo e da

---

9. Veja o gráfico de papéis no próximo capítulo.

80   MARIA APARECIDA JUNQUEIRA ZAMPIERI

"bolha", e movimentam-se livremente como braços dançantes flexíveis com os contrapapéis.

Se o clima emocional esfria e/ou hostiliza, a bolha protetora cresce e engloba os "braços-papéis", que ficam protegidos e guardados. Porém ficam inoperantes ou pouco funcionais, não "alcançando" os contrapapéis para formar vínculos. A "bolha" emocional esticada e expandida funciona como uma couraça na qual os estímulos "batem" e saltam de volta. O resultado não configura uma resposta adequada mas uma reação.

As "bolhas esticadas" nos adultos que cercam a criança atuam como espelhos inibidores contra o desenvolvimento de papéis para fora dela, isto é, com facilidade de vínculos no contexto social. Porém os "braços-papéis" podem crescer dentro das bolhas, vinculando-se com figuras imaginárias. Nesse caso configuram papéis psicodramáticos em lugar de papéis sociais.

Fonseca e a comunicação humana

Profundo conhecedor de Moreno, José Fonseca Filho[10] tem desenvolvido estudos com enfoque sobre o homem e suas relações. Evidenciou como sua comunicação com o mundo mantém um paralelo com a evolução na Matriz de Identidade. Veja no final do capítulo anterior um quadro comparando várias concepções do desenvolvimento.

A partir da indiferenciação esse autor destaca as fases da simbiose, reconhecimento do EU, reconhecimento do TU, comunicação em corredor, pré-inversão de papéis, triangulação, circularização, inversão de papéis e encontro.

Da simbiose à comunicação

A comunicação requer ao menos dois pólos. Intensas ocorrências sucedem até que a criança possa se reconhecer separada

---

10. Fonseca, doutor em medicina pela USP, desempenhou um papel fundamental na estruturação da Federação Brasileira de Psicodrama. Editor da International Association of Group Psychotherapy há vários anos, faz jus ao mérito por sua contribuição teórica e didática ao psicodrama.

CODEPENDÊNCIA: O TRANSTORNO E A INTERVENÇÃO EM REDE   81

da mãe, ao mesmo tempo que vai percebendo-a como TU, rompendo a simbiose. A mãe-duplo[11] vai transladando para uma função de espelho auxiliando a "separação". A pré-inversão caracteriza um arremedo, que funciona como uma preparação que viabiliza um treinamento para os papéis que a criança poderá assumir, desde os mais simples. Assim já se faz um pólo – pré-requisito para a emissão-recepção que se alterna na comunicação. A "relação em corredor" caracteriza uma comunicação primitiva iniciada com o cuidador. Consegue relacionar-se apenas com uma pessoa por vez, seja alguém da casa sejam outras pessoas. É como se estivesse fora de seu campo visual e emocional tudo o que se passa ao redor. Porém, com a aquisição da percepção a distância, ganhará condições de observar que seus TUS relacionam-se, entrando assim na triangulação.

Da pré-inversão de papéis às dificuldades da triangulação

A triangulação só pode ocorrer pela maturação neurológica que vai permitindo uma percepção de profundidade e distância e, com isso, a inclusão de outras pessoas para além de sua comunicação em corredor.

A entrada à relação triangular é pautada pela percepção da sua não-exclusividade na vida da mãe. Como a criança vive ainda só o presente, pode sentir-se excluída para sempre do foco do corredor. É uma crise primordial, cuja boa resolução será base para outras frustrações pela vida. Sentimentos de perda, raiva e suas expressões poderão ceder espaço à tranqüilidade e ao conforto se puder perceber que a perda da atenção do outro não é para sempre. É nessa fase que a noção temporal se desenvolve, e se os adultos lidarem com tranqüilidade a criança será beneficiada.

Contrapondo-se ao início da vida, quando era apreendido prioritariamente o teor afetivo da relação direta com a mãe, agora a sensibilidade abarca o que permeia o ambiente em geral; seja

---

11. Moreno denominou *duplo* a técnica em que o ego-auxiliar age e fala como se fosse o protagonista que, por algum motivo, não consegue fazê-lo.

82   MARIA APARECIDA JUNQUEIRA ZAMPIERI

ameno ou tenso, receptivo ou hostil. Já se encontra presente um dos dilemas humanos, as paradoxais necessidades de diferenciar-se e de pertencer. É comum que a mãe, o pai e os irmãos reexperimentem também os ciúmes da triangulação. Ela, como cada qual, também deixa de ser foco desde os corredores que não a incluem. Repetitivas vivências inadequadas à resolução dessa etapa poderão articular vínculos prejudicados.

Para o terapeuta familiar da Escola de Roma, Andolfi (1989), a relação triangular entre os pais e a criança é a relação estrutural que ajuda a determinar a autonomia individual em cada membro da família. É de extrema importância essa fase, pois constitui o ponto de referência externa, sem a qual não é possível ocorrer diferenciação e liberdade de função. Nas referências de risco, pautam-se padrões distorcidos de inter-relações. A meu ver, um padrão distorcido de inter-relação quanto ao tônus pode configurar-se como hipo ou hiperautonomia. Instalando-se uma tendência à hiperautonomia, a pessoa teria intensa e inadequada necessidade de controle tão característica do codependente. Sua tendência natural seria buscar complementares hipoautônomos; dependentes constituem bons exemplos deste tônus relacional.

Circularização e jogos de inversão

É no convívio que a criança amplia sua comunicação socializando-se, ou circularizando. Nessa etapa pode-se observar nitidamente que escolhas sociométricas já estão presentes. A criança interage com as escolhas mútuas ou incongruentes. Nessa fase consegue mais do que assumir papéis. Consegue também, quando seu desenvolvimento for saudável, inverter papéis, ganhando pontos de vista que lhe permitem sair do puro egocentrismo.

A criança torna-se mais flexível pelo *role-playing* no exercício da inversão dos papéis sociais e pelo pleno uso da imaginação nos papéis imaginários de suas brincadeiras. Fonseca ensina que o papel nasce como fantasia-imaginação, para depois existir como fantasia-ação no exercício dos papéis psicodramáticos. A liberdade para ir e vir, brincar e voltar, consolida um fator de saúde;

CODEPENDÊNCIA: Ó TRANSTORNO E A INTERVENÇÃO EM REDE   83

brincar é um exercício importante para o desenvolvimento humano. Refletirá mais tarde na flexibilidade e na capacidade de enriquecimento dos seus futuros papéis no convívio produtivo social. Vivências rígidas, insatisfatórias e altamente conturbadas nessas etapas preliminares da vida podem resultar num posterior uso do imaginário para fugir ou estereotipar papéis, com um progressivo empobrecimento do EU, que pode ser percebido como uma constante sensação de incompletude. Nessa condição poderiam encaixar-se os neuróticos, os co-dependentes e um sintoma geral do sujeito que busca psicoterapia.

Pelo contrário, um desenvolvimento saudável produzirá na pessoa uma sensação de poder recriar, ressignificar e dar características pessoais aos seus papéis assumidos no convívio social. Com a Matriz de Identidade completa, o sujeito tende a declinar sua dependência e ampliar os horizontes abarcando novos contextos. Moreno diz que o EU emerge dos papéis. O indivíduo está para desenvolver seus cachos de papéis, imprimindo-lhes caráter próprio ou *role creating*.

Inversão, encontro e crescimento mútuo

Ao contrário de um mero jogo de troca de papéis, a inversão requer maturidade para promover uma percepção das motivações internas, dúvidas, críticas e receios, de alguém que possa, simultaneamente, colocar-se no seu lugar. É, portanto, um pré-requisito para viver o encontro. De acordo com Fonseca, o encontro se caracteriza por uma compreensão mútua e profunda, uma troca enriquecedora de gente para gente. É desprovido de medo, dissecado pela inversão. Proporciona a revitalização pós-encontro, em que cada qual se sente valorizado e ganhador.

Contribuição de Tiba e o looping de ampliação para o sistema social

Tiba complementa a teoria de Fonseca inserindo um *looping* entre a circularização e a inversão de papéis. Ele localiza a pré-adolescência como um processo semelhante ao que já foi trilhado no contexto familiar, porém agora experimentado em um contexto mais amplo. Após a circularização vive-se uma reindiferenciação, ressimbiose, rereconhecimento do EU e do TU, recomunicação em corredor, retriangulação e recircularização. Vai do amigo predileto à turma. É um processo intenso, iniciado pela confusão com as rápidas mudanças corporais, psicológicas e mentais. Quanto mais tranqüila a experiência da infância, menos conturbada será a adolescência. Fase de crise natural, a adolescência tende a resolver-se com a evolução de uma família do ciclo infantil para uma família com adolescentes a adultos. Por sua característica de acentuadas mudanças, mostra-se também um bom momento para reorganizar furos de desenvolvimento de etapas anteriores, bastante adequado para uma psicoterapia.

Retoma-se, então, o processo anterior e, se conseguir fazer inversão de papéis, poderá viver a alegria do encontro.

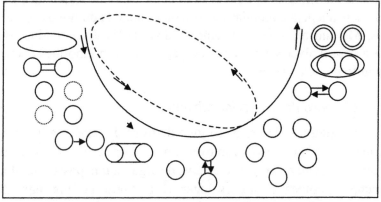

Figura 9   Esquema de desenvolvimento da comunicação de Fonseca, mostrando o *looping* apontado por Tiba, de forma que teríamos após a indiferenciação, fases de simbiose, reconhecimento do EU e do TU, pré-inversão de papéis, comunicação em corredor, triangulação, circularização, reindiferenciação, ressimbiose, rereconhecimento do EU e do TU, repré-inversão de papéis, recomunicação em corredor, retriangulação, recircularização, inversão de papéis, encontro e revitalização pós-encontro. O primeiro movimento até a circularização se dá principalmente na família. O retrilhar abrange um contexto ampliado e a figura do amigo ganha lugar na ressimbiose e nas demais etapas.

Preconizando a saúde como requisito para o encontro, Moreno propôs a inversão de papéis como técnica adequada para favorecer a brecha entre a fantasia e a realidade na relação. Ainda na mocidade escreveu o poema do encontro, incitando o "olho no olho, cara a cara. Arrancarei os teus olhos e os colocarei no lugar dos meus. E tu me arrancarás os meus olhos e os colocarás no lugar dos teus [...] assim tu me olharás com os meus olhos e eu te olharei com os teus".

A triangulação na construção de papéis e padrões

Perazzo expõe que o homem, segundo a concepção moreniana, pode ser observado sob três aspectos: como ser individual (uno), como ser relacional (sociométrico) e como ser pragmático (voltado para a ação). Em sua dimensão individual o homem conta com sua espontaneidade para exercitar sua criatividade, na dimensão social conta com a tele para amalgamar seu *status* no sistema como ser ativo (ou passivo) e sujeito de sua forma de viver e se relacionar. Age via papéis. No seu interagir desde pequeno vai aprendendo como e quem é.

A relação triangular entre os pais e a criança fornece um parâmetro para ela determinar sua autonomia individual. Ao observar a relação TU–ELE, a criança ganha uma perspectiva que lhe dá a certeza de que seu TU é efetivamente outra pessoa, portanto ela própria compõe um ser individualizado.

Uma pessoa aprende como ela é observando como o ELE interage com seu TU; comparando como seu TU reage com ela (EU). Aprende o que é admissível na relação alternando estar na relação com cada outro (TU e ELE) e observando a relação do TU com ELE (e cada TU para cada ELE). As interações nos triângulos vão consolidando a base de uma unidade na rede sistêmica. Em cada vértice que a pessoa se coloca em cada modalidade de relação, pode descobrir novas facetas suas; cada modalidade de relação permite a cada pessoa testar novas partes de si mesma. Assim, vai-se diferenciando gradativamente. Para encontrar a própria identidade, o espaço pessoal, é necessário definir-se pelas trocas com outras pessoas.

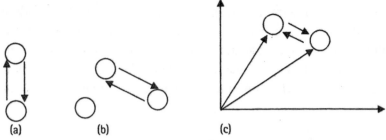

Figura 10 Referenciais em movimento a cada novo exercício de triangulação. Passagem de uma relação EU-TU (a) para um triângulo em que o EU observa a relação do seu TU com o OUTRO (b). Encontrar-se no vértice de um triângulo (c) permite ao EU dimensionar qualitativa (características da relação) e quantitativamente (proximidade/distância), por comparação, a relação afetiva entre ele próprio e seu TU.

Quanto mais deslocar-se de um lugar para outro, ora participando (EU-TU) ora afastando-se (TU-ELE; o EU fica fora), ao pertencer a diferentes subsistemas, ou ao adquirir novas funções, tanto mais descobre potenciais próprios e, portanto, mais fica individuado.

Por outro lado, para cada nova experiência triangular a criança estará passando da direta vivência EU-TU da relação papel-contrapapel, para uma posição de aprendiz, pela percepção da relação papel-contrapapel, ao observar o TU com o ELE. Irá construindo, assim, padrões e papéis nas suas dimensões ativa e cognitiva[12]. Ou seja, aprende a atuar nesse papel, a conhecer e reconhecê-lo.

Codteste e as dimensões cognitiva e ativa de um papel

À luz deste referencial, é possível que haja um padrão de MI que, combinado a uma matriz genética, poderia propiciar o desenvolvimento do papel de codependente.

---

12. Moreno (1993) criou o QC, isto é, quociente cultural, averiguado mediante a aplicação de testes de papéis, com duas conotações: teste de ação (desempenho de papéis) e teste de cognição (reconhecimento de papéis). Contempla assim as dimensões fundamentais, ativa e cognitiva, de cada papel. Segundo esse autor, o QC é diretamente proporcional à adaptabilidade de um sujeito ao seu meio.

CODEPENDÊNCIA: O TRANSTORNO E A INTERVENÇÃO EM REDE 87

Tentando encontrar respostas a questões como essa e averiguar se haveria de fato um padrão relacional, característico em familiares de dependentes, realizamos uma fase de pré-teste. Compôs-se inicialmente de uma série de sociodramas[13] em instituições e, mais tarde, encontros que denominamos *grupos de famílias*, na clínica-escola Ciclo de Mutação[14]. Nos sociodramas da codependência, em uma instituição para alcoólatras e drogaditos, com internos e seus familiares, constatamos ser muito mais fácil aos internos que aos familiares reconhecer (aspecto cognitivo consciente) características (sentimentos demonstrados e comportamentos) típicas desempenhadas nos relacionamentos, sobretudo (mas não exclusivamente) em relação ao dependente. Evidenciava-se que o aspecto cognitivo consciente encontrava-se desconectado dos sentimentos e das atuações no ambiente, sugerindo a configuração de porosidades nos Modelos do Núcleo do EU e uma pobre autopercepção. Com base nessas investigações, criamos o Codteste, um inventário para averiguar uma pontuação de um suposto padrão de codependência. O teste não tinha a intenção de culpabilizar, mas de melhorar a dimensão cognitiva da codependência em pessoas que apresentassem esse padrão impregnando seus papéis pessoais e profissionais. Acreditamos que a conscientização poderia ser um primeiro passo para a desconstrução desse padrão.

Dado que o desempenho de papéis encontra-se vinculado ao Núcleo do EU, tratar um papel implica reorganizar aspectos internos, o que por sua vez repercutirá em todos os outros papéis, presentes e futuros. Por outro lado, nossos estudos têm-nos sinalizado que padrões de codependência extrapolam lares com dependentes químicos. O estudo sobre um caso de Transtorno da Conduta (Capítulo 6) é um exemplo, em que constatamos a presença de pa-

---

13. Sociodrama é uma atividade grupal dirigida por um psicodramatista que favorece a abertura ao grupo de aspectos da sua própria realidade. Essa experiência encontra-se descrita no Capítulo 8, em "Relato de uma experiência sociodramática com familiares e drogaditos".

14. Ciclo de Mutação é uma clínica-escola em S. J. do Rio Preto, que se dedica à pesquisa com famílias e ao ensino em psicodrama; é vinculada à Federação Brasileira de Psicodrama.

88 MARIA APARECIDA JUNQUEIRA ZAMPIERI

drões de co-dependência em adultos (a mãe), em concomitância com algum transtorno em crianças.

Levantamos a hipótese de que adultos com padrões de codependência podem complementar com a geração seguinte outros transtornos, além do abuso de substâncias. Supomos também que lares com doença crônica (não apenas abuso de substâncias) podem abrigar um clima emocional favorável à co-construção de padrões de codependência em filhos. Que se tornarão adultos e, talvez, pais, com possibilidade de co-construir uma herança, às vezes tomada por "sina" da família. Por co-construção aqui queremos significar uma cristalização progressiva de circuitos relacionais, o que depende de como cada sujeito percebe e lida com as respostas dos outros a ele, e de como cada outro lida com como ele lida com eles. Dessa forma entendemos que um trabalho preventivo deve ser feito, a começar pela percepção e desconstrução desse padrão, em especial para casais. É o que temos feito com grupos de famílias, espaço aberto à comunidade, visando à pesquisa e à profilaxia. Nesses encontros os presentes respondem ao Codteste e depois fazemos intervenções dramáticas respeitando a demanda. Acreditamos que o teste pode melhorar a dimensão cognitiva de seus papéis e as dramatizações, rematrizar a dimensão ativa das relações, pois, como afirma Moreno, uma nova cena liberta a anterior.

Codependência e cibernética: sistema familiar

Nascida na era da máquina inteligente, a cibernética é definida[15] como estudo e técnica do funcionamento e controle das conexões nervosas tanto nos organismos vivos, como de máquinas de calcular e dos comandos eletromagnéticos em autômatos, cérebros eletrônicos ou aparelhos teleguiados. Revolucionou o raciocínio e a compreensão de sistemas, promovendo o advento da explicação circular que admite a complexidade relacional, em detrimento da causalidade linear e simplificadora de causa e efeito. Influenciou

---

15. De acordo com os dicionários de Aurélio e de Michaelis.

CODEPENDÊNCIA: O TRANSTORNO E A INTERVENÇÃO EM REDE 89

muitas áreas das ciências naturais; na psicologia, favoreceu o desenvolvimento da teoria sistêmica de terapia famíliar.

A partir dos anos oitenta, um novo enfoque distingue os fundamentos iniciais da cibernética e justifica a referência adotada por Heinz von Foester como Cibernética de Segunda Ordem, também denominada Cibernética dos Sistemas Observantes. À semelhança dos complexos circuitos das máquinas, na terapia a família ganhou um enfoque como organismo vivo cuja compreensão deve admitir múltiplas e complexas relações retroalimentadas e auto-reguladoras. A Primeira Cibernética, que considerava o observador à parte do sistema observado, dedicou-se a estudar a homeostase, a auto-regulação, a correção de desvio e a retroalimentação negativa como uma busca da manutenção do equilíbrio do sistema familiar (morfostase).

A Cibernética de Segunda Ordem admitiu o observador como parte influenciável e influente no próprio sistema observado e dedicou-se à ampliação dos desvios reguladores das transações da família, por retroalimentação positiva. Estudou como inserir nos circuitos auto-reguladores do equilíbrio da família novos desvios (*shunt*[16]) que promovessem crises como processos sistêmicos de mudança. Propôs a ampliação de relações alternativas e de visões do sistema, abarcando a importância da oscilação pendular entre equilíbrio/desequilíbrio para o crescimento e a busca da morfogênese para quebrar a homeostase.

O sistema familiar

Uma definição cibernética de um sistema familiar enfatiza a auto-regulação, "ativada pelo erro e que se regula por meio de laços de *feedback* positivo e negativo a fim de manter seu equilíbrio" (Peggy Papp, 1992, p. 21). A teoria geral dos sistemas tem a

---

16. Em aparelhos medidores de corrente elétrica, utiliza-se *shunt* para aumentar o seu fundo de escala, proporcionando a possibilidade de outras medições no mesmo aparelho. Assim percebo a entrada do terapeuta no sistema familiar. Entrando adequadamente, pode viabilizar novos percursos de energia, novos circuitos transacionais entre os membros do grupo.

característica de totalidade. Os subsistemas ou as partes se inter-relacionam, mas não se somam, ou seja, o todo é maior que as partes. Em uma família composta por pai, mãe e um filho, por exemplo, existem quatro entidades: sistema família nuclear e os subsistemas conjugal, parental paterno e parental materno. Além disto esse sistema nuclear encontra-se contextualizado como parte da família ampliada que faz parte de um supra-sistema

A inter-relação de causa e efeito não é linear. A causalidade é circular; a alteração de um elemento ou de um subsistema ressoará em todo o sistema que poderá ou tenderá a sofrer alterações, o que justifica a validade de intervenções familiares com ausentes. Justifica também as pressões mútuas inter e intra-sistêmicas, tanto para produzir mudanças como muitas vezes para evitá-las, como tende a ocorrer em sistemas rígidos.

Pierre Lévy (1993) aponta a natureza epistemológica ou cognitiva da terapia familiar em que promove modificações: "o grupo transforma a representação da realidade que ele tinha construído", e adquire uma capacidade de abstração, de avaliar, por exemplo, seu modo de comunicação: "[...] as possibilidades de aprendizado e de interpretação do sistema familiar como tal são abertas, suas reações não estarão mais limitadas a umas poucas respostas estereotipadas" (op. cit., p. 140).

Embora a teoria dos sistemas represente o suporte comum à terapia de família, o próprio sistema familiar vem sendo definido e tratado de diferentes maneiras, por diversas abordagens clínicas. Papp discute como as definições dos vários terapeutas mantêm uma estreita relação com seu enfoque do problema e com sua proposta de intervenção. Minuchin e Fishman definem estruturalmente um sistema, sua proposta visa a mudanças nas fronteiras e na organização hierárquica. Murray Bowen (apud Miermont e cols. 1994) define transgeracionalmente um sistema, fundamentado em triângulos e graus de diferenciação que caracterizam seu campo de intervenção. Nagy pesquisa as lealdades em três ou mais gerações. Palazzoli e colaboradores buscam paradoxos sistêmicos, porém guardam em comum a recusa de olhar linearmente as

CODEPENDÊNCIA: O TRANSTORNO E A INTERVENÇÃO EM REDE 91

relações individuais como causa e efeito e preferindo observar a totalidade, a organização e a padronização. Cada evento ou comportamento está ligado a muitos outros. Pela repetição vão formando padrões característicos constantes que funcionam para equilibrar ou auto-regular o sistema. Fomentam sensações de reconhecimento ou pertencimento aos membros daquela família e permitem-lhe evoluir de um ciclo para outro. Os comportamentos nos jogos relacionais estabelecem e mantêm os padrões. Estes têm uma importante função reguladora do equilíbrio ou da homeostase da família. Os sintomas podem estar entre os comportamentos que vão constituir padrões que têm a função de manter o equilíbrio da família. O terapeuta deve, então, observar qual a utilidade ou a função do comportamento sintomático para o equilíbrio familiar. De que maneira a função de uma parte do comportamento (papel-função) complementa a função de outra parte do comportamento a fim de resguardar o equilíbrio daquele sistema. As inter-relações são mútuas em complexos circuitos circulares que se fecham, interconectados por *input* e *output*.

Manter a neutralidade em uma intervenção requer que o terapeuta leve em conta que cada um entre todos os membros da família tem uma verdade.

Algumas escolas de terapia familiar

Paralelamente à evolução da cibernética, escolas de terapia familiar proliferaram e originaram diversos grupos de estudo. Alguns se tornaram referências. Em Palo Alto, na Califórnia, a Escola Estratégica representada por Jay Haley, Paul Watzlawick e Fisch realizou estudos a partir de famílias esquizofrênicas nos anos sessenta. Também surgiu nessa década a Escola Estrutural de Salvador Minuchin e Carl Witaker. A partir dos conceitos da nova cibernética e com preceitos construtivistas, já nos anos oitenta estudaram intervenções geradoras de crises propondo tarefas como intervenção para mudança de padrões nas transações na família.

Escola de Milão

Em Milão, a psicanalista infantil Mara Selvini Pallazolli trabalhava com crianças anoréxicas. Em parceria com Giuliana Prata, Gianfranco Cecchin e Luigi Boscolo, no início dos anos setenta, tentou fazer psicoterapia psicanalítica envolvendo famílias. Até chegarem a um modelo sistêmico fizeram várias mudanças conceituais (Palazzoli, 1998 e Boscolo, 1993). Encantaram-se com as idéias do grupo de Palo Alto – Watzlawick, Beavin, Jackson – e transladaram do conceito de energia para o de rede de comunicação e jogos transacionais na família. Assim, fundamentados na Escola Estratégica introduziram a circularidade, a hipótese, a neutralidade trabalhando com tarefas paradoxais. Apesar de nascer em Palo Alto, a idéia do paradoxo ficou conhecida como originária do grupo de Milão (Cecchin, 1997), que já não estava satisfeito com os resultados desta aplicação, buscando mudanças conceituais. Conheceram um novo pensar filosófico com Bateson, em sua obra *Passos para uma ecologia da mente*, também usado em Palo Alto. Exploraram as idéias do poder e do "estar junto para dar sentido à relação". Para Bateson o poder é construído, criado num contexto e mantido por posições assumidas por todos: precisou sua estrutura semiótica, "os níveis hierárquicos que ele ativa, assim como as condições que podem fazê-lo explodir" (Miermont e cols., 1994, p. 346). Deixaram a idéia do controle mútuo, "não estou com você para controlá-lo, para ser mais forte que você... estou com você nada mais do que para encontrar um sentido em nossa relação" (Cecchin, 1997, p. 11). Descobriram que os jogos atribuídos à família dependiam do tipo de olhar, da pergunta que o terapeuta fazia; portanto, que os achados dependem do descobridor e da pergunta que faça. Constataram que a psicoterapia constituía-se um co-construir a realidade da família. Passaram a fazer exercícios para manter o raciocínio circular. Voltando a atenção ao terapeuta descobriram que ele sempre vai à sessão com uma hipótese ou a cria na relação com a família. A hipótese sustenta o diálogo, é um meio de criar uma ressonância no sistema, não importa sua veracidade ou seu valor como explicação. Perce-

CODEPENDÊNCIA: O TRANSTORNO E A INTERVENÇÃO EM REDE 93

beram que a neutralidade do terapeuta é a forma de ele ocupar-se procurando os encaixes e os padrões em vez dos "porquês". Buscando fundamentações sobre a descrição da organização biológica, encontraram-nas em Maturana e Varela, concluindo que as explicações que se atribuem aos encaixes relacionais são meras construções do observador. A curiosidade sobre as conexões entre os sujeitos, quando ali permanecem mesmo insatisfeitos, pode ser útil como uma forma de o terapeuta entrar no sistema.

Duas formas básicas de entrar no sistema podem ser utilizadas: conversando ou atuando. Conversando, é possível desbloquear as construções lógicas que mantêm o sistema paralisado; podem ser úteis as conversas circulares, as perguntas de futuro, as perguntas "se".

Como "ator participante" da história terapêutica, o terapeuta utiliza o papel que emerge no contexto interativo para agir, fazer prescrições ou até mesmo tornar-se um moralizador ou um controlador social. Cecchin alerta o terapeuta que, para fazer isto permanecendo leal à epistemologia sistêmica, precisa manter em mente dois princípios básicos: primeiro, quais relações formadoras levam-no à sua construção de moralista, controlador social e outros papéis – se originaram em suas relações da história pessoal ou orientação teórica. Caso a leitura do terapeuta apóie-se na sua cultura, diferente da do cliente, deve esclarecer este aspecto à família. Por exemplo, não posso deixar de observar que as posições assumidas por vocês têm origem cultural; mesmo assim, devo permanecer fiel à minha hipótese terapêutica e propor que durante as quatro próximas sessões vocês experimentem posições diferentes. O segundo princípio imprescindível é a clareza de sua posição de co-construtor na relação terapêutica.

Resvalos (Cecchin, 1997) podem precipitar o terapeuta aos riscos de manipular se acreditar muito na ação, ser irresponsável se deixar o sistema solto, ser revolucionário se acreditar fortemente no aspecto opressivo do sistema, ser um engenheiro social se acreditar com paixão nos aspectos de controle da terapia. A reflexão deve ser constante. Para tornar-se terapêutica é necessário que

94 MARIA APARECIDA JUNQUEIRA ZAMPIERI

o terapeuta tome uma posição e, em seguida, amplie as visões sobre esta posição, contextualizando-a.

Cecchin autodefine-se, em 1997, como terapeuta construtivista e recomenda a irreverência da dúvida contra verdades concretizadas, a sensibilidade pós-moderna de que o contexto relacional determina possibilidades e limites, e a irreverência de o terapeuta assumir a responsabilidade sobre seus atos e sua opiniões, usando suas tendências e seus preconceitos como instrumentos (assumidos) de entrar ou reconstruir sua posição na relação terapêutica. Prescreve ao terapeuta a prática contínua da percepção de que a própria maneira de fazer terapia é perecível e mutável.

Escola de Roma

Sob a direção de Maurizio Andolfi (1989), toda uma equipe desenvolveu no Instituto de Terapia Familiar de Roma um sistema baseado nos ensinamentos de Salvador Minuchin (Escola Estrutural de Terapia Familiar) sobre leitura e intervenção no sistema familiar. Minuchin salienta a importância de se observar as ações aqui e agora, enfatizando a qualidade das fronteiras. Determina o padrão de interação no cenário terapêutico, buscando as áreas de possível disfunção do sistema para, por meio da interação terapeuta-família, criar um novo sistema terapêutico. Seu enfoque está nas transações disfuncionais e na estrutura familiar. O terapeuta insere crises desestabilizando o sistema para tirá-lo da homeostase disfuncional proporcionando novas organizações, por intervenções no *setting* terapêutico e por meio de tarefas entre as sessões.

Partindo desse modelo e utilizando um postulado do terapeuta sistêmico transgeracional Bowen (1995) e de seus colaboradores, Witake e Malone, Andolfi (1989) focaliza o indivíduo e seu processo de diferenciação. Investigando a função de cada membro como ponto de ligação com o sistema familiar, no livro *Por trás da máscara familiar*, aborda os "sistemas familiares rígidos". Propõe a redefinição da relação terapêutica do problema, encorajando a novas experiências individuais e interpessoais. Guia-se pelos sinais de perturbação da comunicação, promove ações desestruturantes e reestruturantes, paradoxais e metafóricas, no *setting* terapêutico e por tarefas. Salienta a necessidade de diferenciação como processo de crescimento, sem perda do pertencimento. Esse processo requer que a família passe por fases de desorganização, na medida em que o equilíbrio de um estágio é rompido em preparação para outro adequado.

Nas famílias codependentes, qualquer mudança nas relações é percebida como ameaçadora. Assim, a rigidez do esquema interacional tende a cristalizar os papéis e a desestimular qualquer entrada ou saída, por apresentar baixíssima tolerância à desorganização necessária ao crescimento e à diferenciação. A patologia do sujeito dependente serve para manter o equilíbrio desse sistema. As adaptações que a família aparentemente faz ante a patologia, representam mudanças superficiais que nem modificam e tampouco questionam seu funcionamento, garantindo assim a imobilidade de seus membros.

Para Andolfi (1983), mudanças intra-sistêmicas (nascimento de um filho, divórcio, menopausa etc.) ou inter-sistêmicas (geográfica, no emprego, crise de valores e outras) abalam e requerem readaptações, oferecendo oportunidade de crescimento. Se a família não suporta mudanças, pode reagir elegendo um de seus membros para transmitir o estresse por uma sintomatologia – o alcoolismo ou a drogadição – que será o elemento regulador homeostático. Ele cristaliza progressivamente uma patologia-função que visa manter a saúde-função nos outros membros do sistema.

Revela aquele autor dois significados no comportamento sintomático. Primeiro ele mantém o funcionamento de coesão; segundo, sinaliza a dor do conflito entre as tendências opostas da necessidade de crescer e a de não causar um desequilíbrio no sistema, que naquela família rígida romperia com a frágil resistência a frustrações. Portanto, funciona como metáfora da instabilidade e fragilidade do sistema.

Podemos assim afirmar que o codependente funciona como metáfora da fragilidade do sistema de sua família de origem. O dependente, uma metáfora da fragilidade da família atual. Codependente é o elemento programado para ser cuidador e mantenedor de outras relações fechadas. Os membros dessa família mantêm funções rígidas e limitantes, os esquemas inter-relacionais são pobres, estereotipados e redundantes, numa eterna relação de codependência.

Transições desenvolvimentais e heranças transgeracionais como estressores na família

A Escola Transgeracional de Terapia Familiar, representada por Murray Bowen, Ivan Boszormeny–Negy e Mônica McGoldrick (1995), conservou conceitos psicanalíticos. Bowen realizou estudos transgeracionais sobre esquizofrenia com famílias cujos relacionamentos eram restritos, fechados a recursos externos e papéis estereotipados. Para ele, a família é um sistema emocional de relacionamento, visto como um fenômeno com raízes biopsicológicas. Um processo de transmissão multigeracional influi na escolha do parceiro, o que é muito importante para a compreensão da formação dos sistemas da codependência.

Nagy e Spark trabalham em co-terapia no Instituto Psiquiátrico de Pensilvânia do Este e, junto com Geraldine Spark, da Associação Psicanalítica de Filadélfia, sofreram influências de Martin Buber, assim como de Moreno, do psicodrama. Para eles, a saúde da família depende do balanço das atitudes intergeracionais de lealdade e de justiça contabilizadas no "grande livro" (Borzomenyi-Nagy, 73. In: Miermont, 1994). Enfatizam a influência da herança representada pelos padrões relacionais, mitos, segredos e legados familiares como importantes estressores que tendem a enclausurar os indivíduos do sistema em lealdades invisíveis que os mantêm fixos em triangulações. No processo terapêutico, propõe-se a promoção de mudanças por meio da conscientização e contabilização simbólica, em favor da individualização e da liberdade, contra a subordinação nas relações familiares. Admitem o sistema emocional e definem como triângulo o sistema de três pessoas, enquanto molécula, cujos padrões relacionais tendem a repetir-se nas relações, em proporção inversa ao desenvolvimento do *self*. Quanto mais desenvolvido ele for, menos tenderá a repetir padrões das relações, menos estará fusionado. A intervenção terapêutica busca a diferenciação do *self*, em oposição aos conflitos de lealdade e parentalização.

É interessante promover essa busca na família codependente. Nesse sistema de desempenho rígido de papéis, com emprego maximizado de energia pelas triangulações e demais fatores estressantes, as transições tornam-se insuportáveis, pois não há reservas suficientes para agüentar a demanda nas desorganizações naturais das mudanças, nos ciclos de vida.

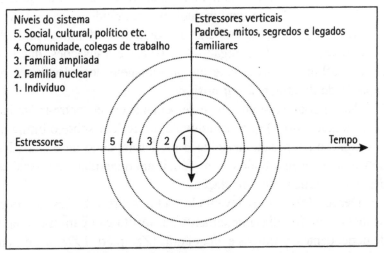

Figura 11 Estressores horizontais (eixo x) e verticais (eixo y) influentes na ansiedade da família, conforme gráfico de McGoldrick (1995, p. 12). Acrescento um eixo z compreendendo os fatores espontaneidade (no aspecto individual) e tele (no aspecto relacional) do sistema (indivíduo ou grupo) naquele instante t. Penso que estes fatores, cunhados por Moreno, constituem variáveis influentes no estado de estresse e nas condições de enfrentamento do sistema. Podemos fazer prevenção quebrando padrões, mitos, segredos e estimulando os fatores tele e espontaneidade.

O gráfico apresentado por McGoldrick e colegas (1995) ilustra os fluxos horizontal e vertical de estressores que influem na ansiedade da família (Figura 4). Entre os horizontais, incluem estressores desenvolvimentais, como as transições de ciclos de vida, e aqueles imprevisíveis, como efeito de acidentes, morte prematura e doença. Mas o foco de ansiedade do codependente localiza-se

98 MARIA APARECIDA JUNQUEIRA ZAMPIERI

entre os estressores verticais, produzidos por padrões, mitos, segredos e legados familiares. Portador dessa carga, legada e fixada em sua Matriz de Identidade, esse personagem pode tornar-se um codependente estressado e ansioso – principalmente pelo mecanismo de triangulação emocional, fator que influi em proporção inversa à espontaneidade do sujeito.

A transição tende a ocorrer naquele codependente, a cada mudança que produz, normalmente, um aumento considerável de ansiedade no sistema, acumulando pela convergência de ambas as naturezas de estressores de maneira mais difícil ou disfuncional.

O contexto da sua família nuclear, em grande parte com déficit socioeconômico, superpõe-se ao contexto da família ampliada e ao contexto social, carregado de alianças e transações, que tendem a influir negativamente na auto-imagem do indivíduo e na capacidade de atingir a *self position*.

Assim pode-se supor que esse personagem encontre-se muitas vezes tencionado. O que, sem dúvida, irá refletir sobre o limite de si mesmo e sobre sua capacidade de desempenho de papéis. Papéis pouco desenvolvidos, com déficit em quantidade e intensidade. Pouca riqueza de vinculações.

Desde 1997 temos levantado dados sobre relações de codependência na família, inicialmente em instituição para tratamento de dependentes químicos e alcoólatras (Zampieri, 1998, a e b), em que reunimos internos e familiares[17], depois em atividades sociodramáticas e palestras que denominamos grupos de famílias. Criamos sucessivos inventários sobre as características de codependentes levantadas no trabalho inicial na instituição e hoje, ainda em estudo, as apresentamos no próximo capítulo.

---

17. Essa experiência encontra-se descrita no Capítulo 8.

_4_

Transtornos e contextos: critérios para diagnóstico da codependência

Transtornos de identidade ou de personalidade

Diversos conceitos norteadores fundamentam o desenvolvimento humano, suas distorções e seus transtornos afetivos. Entre as abordagens que evidenciam o ambiente estão a teoria sistêmica que, em suas várias vertentes, leva em conta as relações circulares entre o indivíduo e o meio; e o psicodrama, que considera o complexo contexto afetivo relacional como Matriz de Identidade – tida como primeiro núcleo relacional. Essas teorias vêm sendo representadas por reconhecidos autores. Salvador Minuchin da Escola Estruturalista, Jay Haley da Corrente Estratégica, e Murray Bowenm, Ivan Nagy e Mônica McGoldrick da Escola Transgeracional são representantes da teoria sistêmica de terapia familiar. Jacob Levy Moreno foi o criador da teoria psicodramática, experimentada e descrita no século XX, até 1974, ano de sua morte – que vem sendo complementada e assumindo um perfil que poderia ser tomado por neopsicodrama. Atualmente apenas no Brasil são mais de cinqüenta autores – cujos pioneiros foram Fonseca, Tiba, Perazzo – e toda uma geração nova que vem se destacando dentro e fora da América.

Outras abordagens também levam em conta o ambiente. Entre diferentes enfoques, Millon (in Beck, 1993) oferece uma abordagem sociocomportamental de tratamento para transtornos de personalidade. Assim como Moreno definiu a realidade social

100 MARIA APARECIDA JUNQUEIRA ZAMPIERI

como uma composição de uma parte observável e outra subjacente sociométrica – e para mensurá-la criou o teste sociométrico –, também os terapeutas cognitivo-comportamentais trabalham nos níveis duais. Buscam a estrutura do sintoma nos problemas manifestos e no esquema subjacente ou nas estruturas inferidas.

A vertente cognitiva supõe que importantes estruturas cognitivas organizam-se hierarquicamente, de forma que variadas dificuldades poderiam ser influenciadas por mudanças em um ou poucos esquemas. Esquemas são as estruturas que organizam o comportamento e a experiência. Os conteúdos dos esquemas são compostos por crenças e/ou regras básicas que determinam o conteúdo do pensamento, do comportamento e do afeto. São estruturas nucleares; porém, ao contrário do que supõe a psicanálise, são consideradas conscientes e é no plano consciente que se propõem estratégias de intervenção. A Escola Estruturalista de terapia familiar fundamenta-se nessa linha conceitual, e sua intervenção, bastante diretiva, propõe alterações nà estrutura do sistema entre as tarefas de desenvolvimento, como saída para a homeostase patológica. Sentimentos e conduta disfuncionais são produzidos por esquemas viciosos, e o trabalho conjunto do terapeuta e cliente(s) estimula a ampliação da consciência sobre a estrutura nuclear que os mantêm.

O DSM-IV orienta a observação do contexto, propõe eixos de avaliação, visando promover a aplicação do modelo biopsicossocial ao avaliar-se uma pessoa. Tentando facilitar e sistematizar a observação que, a um só tempo, considere a complexidade humana e organize a comunicação de informações clínicas, englobou-as em: transtornos clínicos ou da personalidade (eixos I e II), condições médicas gerais (eixo III), condições psicossociais e ambientais (eixo IV) e funcionamento global do indivíduo (eixo V). Assim, agrupou as disfunções mentais em dois eixos, separando os ditos transtornos da personalidade no eixo II (onde também englobou o retardo mental).

O termo *transtorno* é "usado para indicar a existência de um conjunto de sintomas ou comportamentos clinicamente reconhecí-

CODEPENDÊNCIA: O TRANSTORNO E A INTERVENÇÃO EM REDE   101

veis associados, na maioria dos casos, a sofrimento e interferência com funções pessoais" (CID-10, p. 5).

A CID conceitua o transtorno de personalidade, identificando-o quanto ao tempo e ao modo de aparecimento: "eles são condições de desenvolvimento, as quais aparecem na infância ou adolescência e continuam pela vida adulta" (op. cit., p. 196), como um resultado tanto de fatores constitucionais quanto da experiência social e não são decorrências de doença cerebral. Diferem das alterações adquiridas na vida adulta, em função de estresse prolongado ou grave, extrema privação ou sério transtorno psiquiátrico. Abrangem padrões de comportamento duráveis e profundamente arraigados que se manifestam "como respostas inflexíveis a uma ampla série de situações pessoais e sociais". Os padrões de comportamento e respostas de um indivíduo com transtorno de personalidade mostram-se diferentes daqueles do indivíduo médio de sua cultura; apresentam-se como padrões estáveis que abrangem múltiplos domínios de comportamento e funcionamento psicológico. As subdivisões levam em conta agrupamentos de traços e manifestações comportamentais mais assíduas e predominantes, considerando todos os aspectos do funcionamento pessoal, estilo de vida e de relacionamento com os outros e consigo mesmo; com base em tantas fontes quanto for possível. Classificados de F60 a F62, os transtornos de personalidade e de comportamento em adultos abrangem transtornos específicos de personalidade, transtornos mistos de personalidade e outros, além de alterações permanentes de personalidade.

Critérios diagnósticos na CID-10

A Classificação de Transtornos Mentais e de Comportamento da CID-10 apresenta uma listagem de categorias distribuídas em dez famílias decimais, todas encabeçadas por dígitos redondos, com exceção da última. Assim, há a F00-F09 dos transtornos mentais orgânicos, incluindo sintomáticos; a F10-F19, dos transtornos mentais e de comportamentos decorrentes do uso de substância psicoativa; a F20-F29, da esquizofrenia, transtornos esqui-

102 MARIA APARECIDA JUNQUEIRA ZAMPIERI

zotípicos e delirantes; a F30-F39, dos transtornos de humor (afetivos); a F40-F49, dos transtornos neuróticos, relacionados ao estresse e somatoformes; a F50-F59, das síndromes comportamentais associadas a perturbações fisiológicas e fatores físicos; a F60-F69, dos transtornos de personalidade e de comportamentos em adultos; a F70-F79, do retardo mental; a F80-89, dos transtornos do desenvolvimento psicológico; a F90-F98, dos transtornos emocionais e de comportamento, que costuma ter início na infância e adolescência; e a F99, do transtorno mental não especificado.

Embora os transtornos específicos de personalidade tendam a aparecer no final da infância ou adolescência, é improvável que o diagnóstico seja apropriado antes dos dezesseis ou dezessete anos de idade; supõem quase sempre uma considerável ruptura pessoal e social. As diretrizes diagnósticas incluem critérios como padrões permanentes de atitudes e condutas desarmônicas que envolvem várias áreas do funcionamento (afetividade, controle de impulso, excitabilidade, modos de percepção e de pensamento e estilo de relacionamento). O padrão é invasivo e claramente mal adaptativo; tais manifestações aparecem durante a infância ou adolescência e perduram pela vida adulta. O transtorno leva à considerável angústia pessoal, o que pode ser apenas tardiamente percebido. Ele pode, porém, *não necessariamente* estar associado a problemas significativos no desempenho ocupacional e social.

Tais critérios, quando acrescidos de pelo menos três traços ou comportamentos específicos, podem caracterizar os subtipos da F60: transtornos de personalidade paranóide, esquizóide, anti-social, emocionalmente instável (tipo impulsivo ou tipo *borderline*), histriônica, anancástica, ansiosa (de evitação) dependente, além de outros transtornos de personalidade específicos e transtorno de personalidade não especificado.

A F61 abrange transtornos de personalidade mistos e outros. O subtipo transtornos mistos de personalidade apresenta vários sintomas dos transtornos em F60, porém sem um conjunto predominante de um diagnóstico mais específico. No subtipo alterações inoportunas de personalidade, tais sintomas estão presentes,

CODEPENDÊNCIA: O TRANSTORNO E A INTERVENÇÃO EM REDE 103

porém são secundários, coexistindo com outro transtorno afetivo ou de ansiedade.

Alterações permanentes de personalidade, não atribuíveis a lesão ou doença cerebral (F62), admitem um subtipo (F62.0) para alterações após experiência catastrófica como tortura, cativeiro prolongado, exposição prolongada a situações de ameaça de vida, ou não prolongada em que é iminente a probabilidade de ameaça à vida. Os transtornos de hábitos e impulsos (F63) incluem jogo, impulsos incendiários, cleptomania, tricotilomania e outros transtornos de hábitos e impulsos ou transtornos de hábitos ou impulsos não especificados que envolvem um período prodrômico tenso, seguido de alívio no momento do ato.

Da F64 à F66 há envolvimento de transtornos de identidade, de preferência, ou associados ao desenvolvimento e à orientação sexuais.

Outros transtornos de personalidade e de comportamento em adultos encontram-se especificados em F68, como o prolongamento ou a manutenção de sintomas físicos pós-doença (ganhos secundários) ou, mesmo, a produção intencional de sintomas ou incapacidades físicas ou psicológicas. O código F68.8 é indicado para qualquer outro transtorno de personalidade e comportamento em adultos que não se ajuste a nenhum dos títulos precedentes. Aqui poderia ser classificado um sujeito codependente. Diferente do F69, quando não se conhecem suficientes informações para proceder-se a um diagnóstico.

Grupos sindrômicos segundo Fonseca

Fundamentado em Moreno, Kemberg, Kohut e Fiorini e nas suas próprias observações, José Fonseca reconhece quatro agrupamentos por predominância de traços, características e psicodinâmicas, estreitamente relacionados com a forma como a criança percorreu sua Matriz de Identidade: os normóticos, os neuróticos, os psicóticos e os portadores de distúrbios de identidade. Os normóticos, maioria dos humanos, teriam vivido "com mais harmonia a matriz de identidade, resultando em adultos também mais

104 MARIA APARECIDA JUNQUEIRA ZAMPIERI

equilibrados quanto à sua psicodinâmica" (Fonseca, 2000). Corresponde ao sujeito que não apresenta sintomas clínicos; quando busca psicoterapia, é por motivos existenciais, situacionais ou relacionais.

O neurótico é o normótico descompensado; tende a apresentar sintomas caracterizados pelos principais traços de personalidade em desequilíbrio. Assim podem encontrar-se fóbicos, obsessivos, histéricos, ou combinações desses traços descompensados. Tratar, nesse caso, corresponde a reequilibrar, pois a busca pela psicoterapia é motivada pelo sofrimento clínico, causado pela descompensação.

Embora seja comum classificar-se como psicóticos os indivíduos que apresentam surtos ou quadros alucinatórios e/ou delirantes, o mencionado autor alerta para atentar-se à análise do período intersurto. Enquanto os quadros psicóticos agudos configuram picos de uma dinâmica psicótica, um estado psicótico é estruturado e crônico, apresentando específicos elementos diagnósticos. Em geral são levados ao tratamento por outras pessoas; será sempre um tratamento combinado com ênfase, e muitas vezes exclusivamente com prescrição medicamentosa.

Quanto ao último grupo, Fonseca prefere a expressão distúrbios de identidade a transtornos de personalidade. Leva em conta o conceito de identidade como processo de interação e percepção em que o sujeito ganha consciência de si e do outro pelas relações vinculares na Matriz de Identidade. Esse autor justifica sua opção como sinalizador de que as manifestações incluídas por tais agrupamentos de distúrbios iniciam-se nessa etapa da vida, ao longo da fase do reconhecimento do eu e do espelho. O equilíbrio/desequilíbrio entre os pólos de cada um dos principais vínculos – na dança entre sucessivos movimentos de relação e separação, prazer e dor, amor e rejeição, e a qualidade com que ocorrem – tem valor de espelho que se traduz na auto-estima e auto-imagem na construção da identidade.

A demonstração explícita do amor é alimento fundamental ao crescimento e às conexões neuronais sadias, assim como o olhar

CODEPENDÊNCIA: O TRANSTORNO E A INTERVENÇÃO EM REDE   105

direto nos olhos e o uso de todas as demais formas de contato via órgãos do sentido, degustação, toque pele-pele e pele ambiente/temperatura, voz-ouvidos. Acredito que as agitações modulares, transmitidas no ar pelos tons emitidos, criam vibrações mecânicas no espaço vital, ouvidas e captadas pelo corpo sólido e líquido de que somos constituídos. Ouvidas e sentidas, tais ondas mecânicas[1] contribuem para o clima emocional em que se desenvolvem a criança e os adultos em constante evolução.

Auto-estima e tolerância à frustração correspondem a uma evolução saudável. Efeitos negativos de déficits podem contribuir para os patológicos distúrbios de identidade. Sentir-se em geral amado, compreendido e aceito pode ser fator altamente influente, senão determinante em relação à saúde psíquica. Amor, compreensão e aceitação favorecem limpidez ou bom delineamento de identidade. Hostilidade e distorção de imagem favorecem a doença da "dúvida sobre si mesmo" (Fonseca, 2000), que leva à oscilação entre grandiosidade e desvalorização extrema. Como se, devido à falta de espelhos nítidos na primeira infância que lhes mostrassem a própria imagem e valor, ficassem vagando a procurar nos aplausos dos outros, pelo resto da vida, respostas a estas dúvidas. Servem-se dos outros em vez de desvincular-se; sofrem e fazem sofrer em suas dificuldades relacionais, nos vários segmentos e contextos. Esta é a doença que caracteriza também o codependente. Tema central desta obra, constatamos em revisão bibliográfica que a codependência tem sido definida mais freqüentemente como uma condição emocional, psicológica e comportamental, como um padrão relacional e como um transtorno da não-identificação do *self*.

---

1. A propagação sonora se faz muito mais rápida quanto mais denso é o meio; não é pois de estranhar se tão rápido se fizer sentir a sucata do clima emocional por um feto, do ambiente externo. Sem entrar no mérito de proteções na placenta a dejetos bioquímicos da mãe, a sonorização (as ondas mecânicas em geral) inclui, além do corpo materno, um círculo mais amplo do ambiente. Pode, pois, influir desde antes do nascimento.

Seria a codependência um distúrbio de identidade?

Como os processos de personalidade são formados e como operam a serviço da adaptação?

Na cadeia transgeracional, passamos de dependentes a cuidadores ao longo do desenvolvimento. Bermudez fala de programação genética interna, típica do comportamento expectativo das fases iniciais da vida em que impera uma dependência natural de cuidadores, que por sua vez agem sob a égide de uma também programação genética que prevê padrões adaptativos em "fases de cuidador". Terapeutas cognitivos consideram que protótipos de padrões de nossa personalidade poderiam derivar de herança filogenética, pela qual aquelas estratégias geneticamente determinadas mais favorecedoras da sobrevivência e procriação estariam potencialmente presentes por seleção natural. Poderíamos observar numa forma exagerada derivados dessas estratégias primitivas, tanto em síndromes sintomáticas como da depressão e ansiedade, quanto em transtornos de personalidade.

Na construção de padrões da personalidade ressurge um fator filogenético de estratégias, geneticamente programadas, vencedoras na seleção natural, que, na evolução do homem, garantiram a sobrevivência e a reprodução. "A avaliação das exigências específicas em uma situação precede e aciona uma estratégia adaptativa (ou desadaptativa)" (Beck, 1993, p. 17). É possível que certas demandas na família possam acionar estratégias típicas, que, uma vez fixadas, vão construindo síndromes sintomáticas envolvendo o sistema ou subsistemas.

Um padrão de codependência no viés das relações vinculares da Matriz de Identidade é um conjunto de manifestações que se iniciam ao longo da fase do reconhecimento do eu e do espelho. O equilíbrio/desequilíbrio entre os pólos de cada um dos principais vínculos co-constrói com seu valor de espelho, que se traduz na auto-estima e auto-imagem na construção da identidade – uma identidade moldada a papéis-função e balizada na roda de *input* e *output* trocados no seio da família de origem.

CODEPENDÊNCIA: O TRANSTORNO E A INTERVENÇÃO EM REDE   107

Considerando o sujeito que apresente persistente modelo relacional em codependência como um distúrbio de identidade, como poderia ser identificado?

Tomando por referência os critérios da CID-10, traçamos uma análise comparativa, avaliando item por item, conforme se segue:

Critérios para identificação de um distúrbio de identidade (ou transtorno de personalidade)

a) Atitudes e condutas marcadamente desarmônicas em várias áreas do funcionamento. Um sujeito codependente apresenta muitas vezes comprometimento na afetividade; confunde amor com possessão e necessidade de controle; tem enorme dificuldade em demonstrar afeto conjugal, filial ou paternal. Sua excitabilidade é inflamável sempre que percebe (adequada ou inadequadamente) o outro saindo de seu controle, não consegue controlar seus impulsos de atacar cegamente. Seu estilo de relacionamento fica comprometido. Oscila de vítima e fragilidade extremas a controle e atitudes de algoz na família, no trabalho e em outros contextos.

b) O padrão anormal de comportamento é permanente, de longa duração e não limitado a episódios de doença mental. Também esse aspecto é contemplado, pois raramente se deixa o padrão relacional codependente; a tendência é a repetição, mesmo em novas relações. A quebra desse padrão pode ser conseguida com intervenção psicoterápica, porém quase nunca de forma espontânea.

c) O padrão anormal de comportamento é invasivo e claramente mal adaptativo para uma ampla série de situações pessoais e sociais. Passa por situações vexatórias freqüentes, com impulsivos ataques sobre o outro, independentemente de local e platéia, expondo-se e expondo o outro, mesmo quando "não pretendia agir assim" e que se arrependa em seguida. Reconhece como invasivo o impulso incontrolável de hostilidade ou provocação, mesmo que o outro não estivesse realmente em uma situação de risco (de recaída à droga, por exemplo) ou de traição. A tendência

108 MARIA APARECIDA JUNQUEIRA ZAMPIERI

ao controle não se limita exclusivamente a uma pessoa, extrapola o grupo familiar.

d) Tais manifestações sempre aparecem durante a infância ou adolescência e continuam pela vida adulta. As manifestações não são identificadas com conotação negativa na infância. Relações com padrão de codependência na infância "merecem" elogios e atenção indireta (atenção de soslaio), mais parecem caricaturas como pequenos adultos confiáveis e cuidadores. Mais e mais cristalizam acirrado e tirano controle e dependência de dependentes que lhes permitam complementação (estar merecedores).

e) O transtorno leva à angústia pessoal considerável, mas isso pode mostrar-se apenas tardiamente em seu curso. A angústia pessoal encontra-se associada a esse padrão relacional; porém, ela tende a ser identificada em nome de outrem, como se também para tornar-se evidente (sentida) dependesse de outra pessoa (o culpado ou a culpada). Às vezes apenas em um segundo ou terceiro casamento a pessoa começa a questionar sobre suas dificuldades e seus sentimentos pessoais. Mesmo que não se case, tende a demorar a perceber, quando percebe. Grande angústia é associada ao seu quadro geral e, em especial, à compulsão por cuidar de/controlar pessoas, mais aparente, caso perca o controle sobre dependentes disponíveis. A angústia pode ser mais facilmente reconhecida por outra pessoa.

f) O transtorno é usual, mas não invariavelmente associado a problemas significativos no desempenho ocupacional e social. O padrão relacional tende a repetir-se em todos os contextos. Pode ser complementado tanto no grupo familiar como no ocupacional e social. Muitas vezes incentivado no início e tido como útil, passa a ser rechaçado, quando vai-se mostrando inconveniente, monopolizador e evidenciando seu desproporcional controle. Não tende a prejudicar o desempenho pessoal – que tende à eficiência –, mas torna-se altamente nocivo à produção grupal. Movimentos e pressões mútuas em ambiente profissional codependente tendem a circuitos nocivos à produção. A necessidade de *status* de herói pode levar a manobras favorecedoras ao desenvolvimento de vilões (ou folgados – devedores de favores), ao ocultamento de falhas que se acumulam e contribuem para à rotulação de alguns e

CODEPENDÊNCIA: O TRANSTORNO E A INTERVENÇÃO EM REDE   109

a desarmonização de produção. Torna-se plenamente prudente e justificável a intervenção em empresas visando à desconstrução de padrões de codependência.

Não se restringe a atingir uma pessoa: a gravidade da codependência reside na sua manifestação relacional – nas pressões e contrapressões de angústia e nos prejuízos pessoais e sociais que estagnam o desenvolvimento humano do grupo. *Os transtornos de personalidade e deformidades de personalidade tendem a ser duradouros. No caso do distúrbio de identidade codependente aqui proposto, alguns critérios adicionais poderiam ser identificados. A partir de pré-testes com famílias de internos em instituição para alcoólatras e drogaditos, e em centros de saúde públicos, elaboramos um inventário, ainda em estudo, o qual temos utilizado sistematicamente em trabalhos com grupos de família. Os itens mais freqüentemente assinalados encontram-se descritos a seguir, com a presença persistente dos quatro primeiros, e ao menos três entre os demais.*

- Tendência excessiva (ou necessidade) de cuidar de/controlar outrem.
- Tolerância elástica em dar outra chance ao outro, acompanhada ou não de mágoa e/ou raiva.
- Atração por (sucessivos) pares emocionalmente instáveis ou dependentes químicos, assumindo e acobertando o déficit de responsabilidade do complementar.
- Tendência a não enxergar indícios evidentes de transgressão a limites; ou grande dificuldade de impor e de respeitar limites.
- Tendência a assumir a maior parte da responsabilidade – e dificuldade de sair de tais relacionamentos – em diferentes contextos.
- Tendência a guardar rancores e a sentir como traição ações que, por vezes, eram neutras (persecutoriedade).
- Sentimento de estar sempre sendo lesado(a) nos direitos pessoais, mesmo que às vezes descubra que não era realmente assim como lhe pareceu.

- Oscilação freqüente entre desvalia e sentir-se herói.
- Sentimento de autopiedade.
- Dificuldade de expressar sentimentos e de demonstrar afetos.
- Dificuldade de receber afetos, mesmo sentindo falta e necessidade de recebê-los.
- Dificuldade no relacionamento sexual, ou queixas de falta (ou negligência) por outrem.
- Hipersensibilidade a críticas.
- Oscilações bruscas e constantes entre vítima e algoz de seu(s) dependente(s).

Além disto, poderíamos fazer um adendo especificando em qual(is) manifestação(ões) da codependência o sujeito em questão estaria perfilando. Para tanto poderíamos levar em conta as especificações tratadas no Capítulo 5:

Diagnóstico diferencial

O distúrbio de identidade codependente apresenta-se semelhante ao transtorno histriônico quanto aos critérios: a – quanto à autodramatização; c – quanto à afetividade superficial; d – quanto à busca contínua de apreciação por outros; e e – quanto à sedução. Porém na codependência o critério "necessidade de exercer controle sobre outrem" (a dependência de ao menos um dependente) é primordial, o que não aparece no histriônico. Aspectos associados ao transtorno histriônico, como "egocentrismo, auto-indulgência, ânsia contínua de apreciação, sentimentos que são facilmente feridos e comportamento manipulativo persistente para alcançar as próprias necessidades" (CID-10, p. 201), também se referem ao codependente. Também se assemelha ao critério g – para o transtorno de personalidade anancástica, quanto à insistência não razoável para que os outros se submetam à sua maneira de realizar tarefas, ou à relutância em permitir que outros o façam; aos critérios a e c para personalidade ansiosa, sentimentos persistentes e invasivos de tensão e apreensão, e preocupação em ser criticado ou rejeitado. Difere, porém, quanto aos demais critérios para estes transtornos. Assemelha-se ao critério e para o transtorno dependente, preocupações com medo de ser abandonado por uma pessoa por quem tem relacionamento íntimo. Contudo, enquanto nesse transtorno o medo associa-se com comportamento de submissão, na codependência associa-se com o complementar comportamento de controle. Como interfaces de um mesmo mal, na relação de codependência, esperamos conseguir validar o complementar (estimulador-estimulado em circularidade de *input-output*) de vínculos codependentes, legitimando na literatura oficial – onde já se admite transtorno de personalidade dependente – o reconhecimento de uma complementar dependência da dependência, como um distúrbio de identidade ou transtorno de personalidade codependente, igualmente necessitado de tratamento e cuidados.

Podem hoje ser diagnosticados como F60.8 *Outros transtornos de personalidade*, ou em F61 *Transtorno de personalidade, mistos e outros* – classificação planejada para transtornos e anormalidades "freqüentemente importunas, mas que não demonstram os padrões específicos de sintomas que caracterizam os transtornos descritos em F60", "com assiduidade mais difíceis de diagnosticar do que os daquela categoria". Porém acredito que a nocividade do padrão relacional e a configuração de critérios para diagnóstico podem justificar uma classificação própria – que podem manter alerta o profissional e preencher uma lacuna importante na literatura.

A F68.8 *Transtornos específicos de personalidade e comportamento em adultos*, que inclui transtorno de relacionamento, que não pode ser classificado nos precedentes, e por vezes a F69 *Transtorno não especificado de personalidade e comportamento em adulto* – código usado como último recurso, quando se admite a presença de um transtorno de personalidade e comportamento, mas faltam informações suficientes para o diagnóstico em uma categoria específica – poderiam atualmente ser utilizados para sujeitos com padrão de codependência. Porém, a repetida incidência de critérios como os propostos para sua identificação poderia justificar uma classificação específica.

Também a F63 *Transtornos de hábitos e impulsos* refere-se a comportamentos ou ações repetidos mesmo com prejuízo aos interesses do paciente e de outras pessoas, porém por convenção não inclui o uso excessivo de álcool. Pela mesma convenção o atual transtorno merece configuração à parte.

Poderíamos entender também este padrão como secundário a outro transtorno que, prioritariamente, seria suficiente enquanto especificação diagnóstica. No entanto, o valor deste padrão como um típico perpetuador de patologias ou dificultador de mudanças parece ainda justificar a importância de sua classificação à parte, que deve ser contemplada na intervenção tratamentosa. Por isto, deveria ser explicitada no diagnóstico.

Comorbidade
Transtornos concomitantes com padrões de codependência

Apresentamos aqui uma análise de alguns transtornos segundo a CID-10 (1993) e o DSM-IV (1995) que, em nossa hipótese, apresentam-se concomitantes em famílias com padrões de codependência. A eleição de tais transtornos fundamentou-se ora em observações clínicas, ora em descrições do transtorno na referida bibliografia. Bibliografia complementar foi utilizada e, longe de qualquer pretensão por apresentar verdades absolutas, esperamos funcionar como um estímulo a novas pesquisas. A própria CID e o DSM não se propõem a suprir necessidades de pesquisas e consideram suas descrições como "simplesmente um conjunto de sintomas e comentários sobre os quais houve uma concordância por parte de um grande número de conselheiros e consultores em muitos diferentes países como sendo razoável para definir os limites de categorias na classificação de transtornos mentais" (CID-10, 1993, p. 2).

O termo *transtorno* foi utilizado tal como propõe a referência, "para indicar a existência de um conjunto de sintomas ou comportamentos clinicamente reconhecível associado, na maioria dos casos, a sofrimento e interferência com funções pessoais" (CID-10, 1993, p. 5).

CODEPENDÊNCIA: O TRANSTORNO E A INTERVENÇÃO EM REDE   113

O termo *psicogênese* também contempla a referência e está empregado onde consideramos "eventos de vida ou dificuldades óbvios como tendo um importante papel na gênese do transtorno" (id., ibid.).

Um novo eixo à classificação das doenças

Um aspecto relevante refere-se a estágios anteriores ao surgimento de sintomas mais típicos de esquizofrenia e outros quadros, estados prodrômicos e não padronizados especificamente para aquele quadro, que às vezes precedem a doença, por semanas ou meses. Não reúnem informações identificáveis típicas para a doença em questão, por isto não se encontram classificados como pertinentes ao quadro. Porém são mencionados na CID genericamente como estados prodrômicos e a referência considera insuficiente a informação disponível para justificar a inclusão de um estado prodrômico como contribuinte para esse diagnóstico. A bibliografia enfoca uma gama de comportamentos-padrão desenvolvidos pelo doente, ao classificar a doença. Porém, um olhar sistêmico abrange as inter-relações na família – ou companheiros de convivência próxima – que, por sua vez, trocam influências e pressões com sistemas contextuais mais amplos. Não focamos apenas o sujeito e seus comportamentos, mas as relações e as funções requeridas para garantir um equilíbrio homeostático ao sistema. Alertamos que em tal situação podemos encontrar complementaridades geradoras de padrões de codependência. Podem compor uma gama de comportamentos não padronizados por si, que no entanto assumem modelagens que atendam a funções exigidas ou esperadas para garantir o equilíbrio do sistema. Poderiam não ser classificáveis isoladamente, enquanto ação. Talvez pudessem, porém, apresentar denominador comum enquanto função. Acreditamos que um novo eixo, que contemple uma visão ampliadora, merece ser acrescentado às classificações existentes. Este eixo pode dar espaço a uma análise sistêmica envolvendo *papéis-função* que a doença em questão poderia estar assumindo na família ou equivalente, bem como sua *relevância ao equilíbrio do sistema*.

Nosso objetivo não se prende a classificar, mas a alertar e instigar a prevenção na instituição familiar, profissional e social. Com base na CID-10, assinalamos algumas doenças em que uma complementaridade-função requer, ou pode inconscientemente favorecer, o surgimento e/ou a cronificação de doenças, desde que garanta o menor consumo de energia do sistema, em seu equilíbrio. Além do mais, o que se segue está sendo objeto de estudo, portanto inteiramente sujeito a críticas e contribuições. Pesquisas de campo estão sendo efetuadas e devem ser apresentadas posteriormente. Mesmo assim talvez possam contribuir estimulando estudos paralelos, razão pela qual se encontram aqui.

Algumas classes de doenças e padrões de codependência

Família 0-F9
Transtornos mentais orgânicos, incluindo sintomáticos

Os transtornos contidos nesta série apresentam uma "etiologia demonstrável de doença ou lesão cerebral, ou outra afecção que teve uma etiologia cerebral" (CID-10, p. 44). A afecção pode ser direta ou indireta; mas exclui-se aquele transtorno causado por álcool e drogas, tratados no próximo bloco. Incluem perturbações de funções cognitivas (memória, inteligência e aprendizagem) ou sensórias (consciência e atenção), e síndromes com alteração da percepção (alucinações), do humor e da emoção (depressão, ansiedade, elação), do conteúdo do pensamento (delírios) ou padrão global de comportamento e de personalidade; todas, porém, calcadas em evidências crescentes "que uma variedade de doenças cerebrais e sistêmicas tem relação causal com a ocorrência de tais síndromes" (op. cit.).

Embora teoricamente possam instalar-se em qualquer idade, costumam ocorrer na vida adulta e na velhice. Os quatro primeiros tipos classificados incluem uma demência, síndrome de uma doença cerebral crônica ou progressiva, com múltiplas perturbações, incluindo memória, pensamento, orientação, compreensão, cálculo, capacidade de aprendizagem, linguagem e julgamento, comumente acompanhadas ou precedidas por deterioração

CODEPENDÊNCIA: O TRANSTORNO E A INTERVENÇÃO EM REDE   115

no controle emocional, comportamento social ou motivação. Esta síndrome pode ocorrer na doença de Alzheimer F00, na demência vascular F01 (resultado em geral de pequenos enfartos cumulativos do cérebro decorrentes de doenças vasculares, entre elas a cerebrovascular hipertensiva) ou em outras condições que, primária ou secundariamente, afetam o cérebro.

Na demência, que pode ser progressiva ou de início agudo, ocorre um apreciável declínio no funcionamento intelectual que usualmente interfere nas atividades pessoais do dia-a-dia. O paciente requer cuidados com higiene pessoal, alimentação, atividades fisiológicas e de toalete. A CID-10 vincula a manifestação do declínio intelectual ao meio sociocultural onde vive o paciente. A avaliação para demência requer cuidado, podendo às vezes confundir-se com fatores motivacionais ou emocionais, em especial a depressão. Na demência a pessoa pode apresentar labilidade emocional com humor depressivo transitório, riso ou choro explosivo, possíveis delírios e muitas vezes alteração evidente de personalidade, com apatia, desinibição ou acentuação de traços prévios como egocentrismo, irritabilidade e atitudes paranóides.

O paciente requer ainda uma demanda de cuidados que interfere na dinâmica familiar e, dependendo da flexibilidade, cultura e das idades relativas entre os membros da família, tanto pode ser recebido e tratado com adaptações positivas como favorecer inadequadas inversões hierárquicas com prejuízos a alguns membros do grupo familiar.

Família 10-F19
Transtornos mentais e de comportamento decorrentes do uso de substâncias psicoativas

Famílias com transtornos mentais por uso de álcool, opióides, canabióides e dos demais psicoativos freqüentemente apresentam padrões de codependência. Tanto podem ocorrer no hólon adulto da família como entre os filhos, ou nas várias gerações em cadeia, o que é mais comum de encontrar. Filhos pequenos nestes sistemas tendem a ser parentalizados, a colaborar muito cedo com

116 MARIA APARECIDA JUNQUEIRA ZAMPIERI

tarefas nem sempre adequadas à sua idade, a temer possíveis conseqüências de suas ações, a controlar-se e a controlar os outros a fim de evitar confrontos e/ou possíveis agressões, a manter relacionamentos enrijecidos e pobres desenvolvendo uma auto-estima rebaixada. Enfim, algum ou alguns membros da família tendem a aprender a correlacionar-se em complementaridade co-dependente e acabam apresentando uma tendência a vincular-se mais facilmente com quem necessite de cuidados e/ou aceite ser controlado. Encontram dificuldades ou mostram-se desinteressados em inter-relações claras e espontâneas, ou com contrapapéis em que se esperam respostas diferentes das que aprenderam e acabam por repetir, na próxima geração, padrões relacionais semelhantes aos que viveram em sua família de origem.

Quando o cônjuge não desenvolve dependência a álcool ou outra dependência, um dos filhos tenderá a ocupar o lugar daquele que gera preocupação. Nesse caso pode desenvolver um Transtorno da Conduta, como no caso do garoto F. bastante discutido neste volume[2], ou qualquer transtorno que demande ocupação sistemática ao cuidador. O DSM considera um histórico de Transtorno da Conduta no decorrer da infância ou adolescência e/ou transtorno de personalidade anti-social em adulto, como fatores de risco ao desenvolvimento de transtornos relacionados a substâncias.

Carter e McGoldrick, bem como outros autores, são unânimes em defender influências disfuncionais em famílias alcoólicas. Pela decorrente e excessiva rigidez ou difusão das fronteiras, ocorrem inversões e inadequações de papéis. Dependendo de o sistema estar numa fase seca ou alcoolizada, há também a ativação e a modificação de triangulações disfuncionais. Alcoolismo na família, em qualquer geração, complica a tarefa de diferenciação para todos os membros da família. Se esta se encontra em estágio avançado de reorganização em torno do álcool, tendem a prevalecer o rompimento e o isolamento da família ampliada e do meio. O alcoolismo quase sempre é um segredo, "como são a vio-

---

2. Veja Capítulo 6.

CODEPENDÊNCIA: O TRANSTORNO E A INTERVENÇÃO EM REDE 117

lência, o incesto e outras complicações potenciais do alcoolismo" (Carter, 1995). Desenvolve-se uma capacidade de sobrevivência dentro deste sistema sem, no entanto, desenvolver-se uma capacidade para separar-se dele de maneira saudável. Quando crianças, funcionaram exagerada ou insuficientemente, desenvolvendo um padrão de super ou sub-responsabilidade com a família. Quando adultos, podem experimentar isolamento emocional, medo da intimidade e tendência à passividade em lugar de lutar por interesse próprio. Carter e McGoldrick (1995) identificam três tipos de solução mais freqüentemente encontrados no processo de diferenciação em jovens adultos com alcoolismo na família de origem: uma pseudodiferenciação pela assunção e repetição do papel de alcoolista, a possibilidade de ele ou ela tornar-se codependente e perpetuador de um dependente conjugal alcoólatra, ou o rompimento emocional com a família. O que pode configurar uma disfunção de aproximação emocional e funcionalidade relacional, seja uma inadequação por excessiva aproximação emocional quer como dependente (sub-responsabilidade) ou como codependentɛ (super-responsabilidade), ou uma inadequação por déficit de aproximação emocional, como a resolução pelo rompimento emocional e isolamento.

Tarefas envolvidas no processo terapêutico

Como o abuso do álcool distorce o afeto e o pensamento, e promove uma posição de falsa diferenciação, com uma imagem do eu de pseudo-independência, é importante que o jovem adulto adito encontre-se em abstinência durante o tratamento. Nesta fase o tratamento objetiva estimular a capacidade de realização das tarefas intrínsecas à diferenciação, como a escolha do parceiro e da ocupação, e a solidificação do senso de identidade. O foco primário de tratamento envolve a família de origem com orientação e a restauração ou o desenvolvimento da capacidade de negociar adequadamente os estágios evolutivos na família.

O desenvolvimento humano ocorrido em sistemas com F10-F19 da CID-10 tende a construir expectativa interna de code-

118 MARIA APARECIDA JUNQUEIRA ZAMPIERI

pendência em membros da família de origem, com forte possibilidade de virem a constituir-se em matriz co-dependente nas próximas gerações. Nas gerações abaixo transtornos semelhantes, doenças psicossomáticas ou transtornos de personalidade terão maior probabilidade de ocorrência do que em lares onde não prevaleçam inter-relações de codependência. Mesmo considerando-se fatores genéticos, isto é, gêmeos filhos de sujeitos com F10-F19 criados separados de seus pais biológicos, aquele criado em uma família que apresente inter-relações de codependência terá maior probabilidade de desenvolver o transtorno que aquele criado em outra família com outros padrões de inter-relação.

Fatores genéticos mostram-se também muito significativos. O DSM-IV apresenta resultados de padrão familial aos transtornos relacionados ao álcool, em que estudos de adoções revelam um risco de três a quatro vezes maior de desenvolver dependência a álcool entre filhos biológicos de dependentes do álcool criados com pais adotivos sem o transtorno, que filhos biológicos de não dependentes criados com pais não dependentes. Entretanto, o DSM-IV enfatiza também que "fatores genéticos explicam apenas uma parte do risco para Dependência do Álcool, sendo que uma parte significativa do risco provém de fatores ambientais e relacionais..." (p. 197).

Família 20-F29
Esquizofrenia, transtornos esquizotípicos e delirantes

A esquizofrenia, transtorno mais importante deste grupo, encontra-se agrupada em um controvertido grupo. A CID-10 admite a possibilidade de relacionamento genético entre o esquizotípico (F21) e o esquizofrênico. Pondera, porém, que a maioria dos transtornos delirantes – heterogêneos e mal compreendidos – provavelmente não é relacionada à esquizofrenia. Encontram-se classificados conforme a duração típica: como subclasses de transtornos delirantes persistentes (F22) ou dentro de transtornos psicóticos agudos e transitórios (F23). A bibliografia ressalta influências ambientais ou estressoras nos transtornos agudos e transitórios, mais

CODEPENDÊNCIA: O TRANSTORNO E A INTERVENÇÃO EM REDE 119

comuns em países em desenvolvimento. Ressalta também a natureza controversa dos transtornos esquizoafetivos (F25), mantidos neste grupo em caráter provisório.

A convivência prolongada com pacientes deste grupo pode, tanto quanto no grupo anterior, desenvolver em alguns membros da família responsabilidade precoce com inversão hierárquica, segredos, ambigüidade e culpa, fatores propícios à codependência. Depende, no entanto, do ciclo de vida na família na época em que ocorre o transtorno, das idades relativas e respectivas demandas e, em especial, de como a família lida com a situação e distribui funções, razão que reforça a importância da orientação e/ou do acompanhamento familiar, postura adotada por vários hospitais psiquiátricos. Espera-se que no ciclo mais tardio de vida dos progenitores os filhos cuidem dos pais idosos. Porém, se ao fazê-lo deslocam sua função na família atual, delegando-a sistematicamente a outrem, com idade para ser cuidado e não cuidador, pode estar-se reforçando relações inadequadas e formando expectativas internas de futuras relações que requerem conviveres dependentes.

É fundamental a abertura para conversas claras sobre a doença, os medos de contágio e a herança genética. Os acréscimos de estressores verticais, sobretudo os segredos relacionados ou inerentes à doença, podem incluir a presença de disfunção familiar na área da autonomia, da inclusão e da auto-expressão. Podem favorecer a alienação da pessoa sintomática e a demanda de áreas sensíveis ou ameaçadoras aos valores da família, ou de alguns de seus membros, o que pode gerar fortes movimentos oscilatórios entre a necessidade básica de pertencimento e medos-fantasma de estigma social.

Família 30-F39
Transtornos do humor (afetivos)

Este bloco define desde o episódio maníaco F30, transtorno afetivo bipolar F31, episódio depressivo F32, transtorno depressivo recorrente F33, os transtornos persistentes do humor ou afetivos F34, a outros transtornos do humor F38, todos com seus subgrupos, e o transtorno do humor não especificado, classificado como F39. A perturbação do humor é a principal perturbação que levou a esta classificação. Foram agrupados de forma que se distingam episódios únicos de múltiplos, ou de bipolares, visando-se à praticidade de diferentes encaminhamentos. Tal como no grupo anterior, não se tem total compreensão e aprovação unânime quanto à relação entre etiologia, processos bioquímicos, sintomas, resposta a tratamento e evolução. Muitas vezes deflagrados em condições estressoras e geralmente recorrentes, os transtornos do humor podem ou não ser acompanhados de ansiedade. Não raro concorrem com interferência no nível de atividade global de vida pessoal, afetam a dinâmica familiar e são por ela afetados.

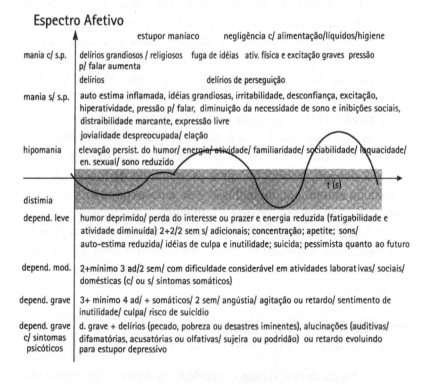

Apresentamos no gráfico variações do humor num espectro afetivo, representado pelo eixo vertical: a seta ascendente cresce em humor exaltado até o extremo "mania" com sintomas psicó-

CODEPENDÊNCIA: O TRANSTORNO E A INTERVENÇÃO EM REDE   121

ticos. A graduação corresponde a um aumento, em proporção direta, com a quantidade e a velocidade nas atividades física e mental e, em proporção inversa, com o autocontrole e o senso crítico. A seta descendente cresce em humor deprimido até o extremo "depressão grave". Nos extremos superior e inferior há presença de sintomas psicóticos. A depressão pode ocorrer com ou sem ansiedade associada. A diferença entre leve, moderado e grave varia conforme o número, o tipo e a gravidade dos sintomas. A maioria destes episódios tende a ser recorrente, freqüentemente deflagrados em eventos ou situações de intenso estresse. Porém, as mesmas condições podem não deflagrar episódios em outras pessoas.

A *faixa cinza* conteria a variação "normal" de humor.

Pessoas com distimia mostram-se freqüentemente ranzinzas e irritadiças, apresentam humor oscilante quase sempre abaixo do eixo de humor, porém não perfazem suficientes itens para depressão. De maneira análoga, pessoas hipomaníacas estão quase sempre oscilando "acima" do eixo, mostram energia acentuada, com atividade motora, fala e agitação acima da média, porém sem sintomas psicóticos. Em ambos os casos, seus comportamentos não destoam grotescamente dos demais. Em geral, são tidos como muito ativos ou agitados na hipomania e ranzinzas, sem graça e desmancha-prazeres na distimia. Poucas vezes procuram tratamento por estes motivos. Já o ciclotímico tende a oscilações de maior amplitude, alternando acima e abaixo do eixo, com períodos que podem variar de horas a dias ou semanas. Exibem sintomas insuficientes para mania ou depressão, porém mais acentuados que nos dois anteriores.

Configura-se uma depressão, mesmo leve, apenas em presença de dois de três típicos sintomas: humor deprimido, perda de interesse e prazer, e energia reduzida não responsivos às circunstâncias, com cansaço marcante após esforço leve e atividade reduzida. O pontilhado verde poderia configurar depressão leve, com a presença de dois destes sintomas básicos, acrescidos de mais dois entre os sintomas adicionais: concentração e atenção, auto-estima e autoconfiança, e apetite diminuídos, sono perturbado, idéias ou atos autolesivos ou suicidas, idéias de culpa e inutilidade, e visões desoladas e pessimistas do futuro. Na moderada, além de dois sintomas básicos, pelo menos mais três adicionais devem configurar-se, enquanto na grave os sintomas são proeminentes e quase sempre com os somáticos presentes – seja com ou sem sintomas psicóticos. Um período sintomático mínimo de duas semanas é requerido para configurar qualquer modalidade de depressão.

A pessoa em episódio depressivo leve estará angustiada, mas provavelmente não irá interromper suas atividades profissionais ou sociais. Com episódio moderado terá grande dificuldade em continuar suas atividades, e em episódio grave é bem improvável que ela consiga continuar, exceto com muita limitação, com suas atividades sociais, profissionais ou domésticas.

Na depressão leve ou na moderada, a CID-10 admite configurada uma síndrome somática apenas se, além dos critérios para o episódio, estiverem presentes no mínimo quatro dos seguintes sintomas: perda de interesse ou prazer, falta de reatividade emocional antes presente ante situações semelhantes, depressão pior pela manhã, acordar ao menos duas horas mais cedo que o habitual, retardo ou agitação psicomotora, perda marcante de apetite, de peso e da libido.

A classificação por grau de gravidade, seja acima ou abaixo da faixa de "normalidade", é avaliada em cada episódio. A primeira crise configura um episódio. Se deflagrar-se um segundo, configurar-se-á um episódio recorrente, em que num diagnóstico especifica-se sempre a gravidade do atual. Caso ocorra ao menos uma inversão gráfica, o quadro configurar-se-á bipolar.

Não é incomum a depressão acompanhada por hiperatividade e pressão para falar, durante dias ou semanas; ou a ocorrência de variações compondo ciclos de dias ou horas. Configura-se um episódio misto, desde que se mostrem proeminentes os dois conjuntos de sintomas típicos, da mania e da depressão.

A F34 classifica transtornos persistentes do humor englobando a ciclotimia, com numerosos períodos de depressão e elação leves em curso crônico; e a distimia, com depressão leve por meses com dias ou semanas em bom estado de humor.

CODEPENDÊNCIA: O TRANSTORNO E A INTERVENÇÃO EM REDE   123

A convivência com os transtornos depressivo e/ou maníacos tende a ocorrer carregadas de culpa por familiares, especialmente quando não dispõem de orientação. Quando o paciente é um dos progenitores, não é incomum a parentalização. Nos quadros agudos, filhos podem desenvolver fantasias e medos; o segredo ganha espaço, com toda a gama de possíveis decorrências aos membros da família.

São de inestimável importância a detecção e o tratamento de quadros crônicos, também com orientação familiar. Quando não identificado, o paciente pode ser tomado por adjetivos negativos e os demais, muitas vezes como causadores de sua instabilidade. Na orientação, é necessário ajudar os progenitores a funcionarem como hólon executivo e decisório, mantendo esta caracterização mesmo quando o subgrupo filial auxilie nas tarefas diárias. Tal configuração e libertação de culpas inexistentes, medos e segredos constituem medidas preventivas à codependência e à carga de estresse associada a este padrão de relacionamento e às típicas expectativas internas.

Pode ser mais uma vez utilizado como exemplo o caso do garoto F. descrito no Capítulo 6, em que a mãe depressiva deflagrava novo episódio a cada vez que F. apresentava significativo avanço "saindo" do Transtorno de Conduta.

F40-F48
Transtornos neuróticos, relacionados ao estresse e somatoformes

Transtornos fóbicos-ansiosos F40; outros transtornos ansiosos F41; TOC F42; reação a estresse grave transtornos de ajustamento F43; transtornos dissociativos ou conversivos F44; transtornos somatoformes F45; e outros transtornos neuróticos F48 compõem esta família.

A ansiedade caracteriza-se tanto por sintomas físicos quanto psicológicos. Na maioria das vezes é o mal-estar que leva uma pessoa a buscar ajuda médica. Três tipos de problema físico relacionados à ansiedade são tensão motora, como incapacidade de relaxar, dores de cabeça e fadiga; hiperatividade autonômica, que

124 MARIA APARECIDA JUNQUEIRA ZAMPIERI

inclui palpitações, sudorese, falta de ar, tonteira, alterações gastrintestinais; e hipervigilância, relativa a irritabilidade e insônia. Entre os sintomas psicológicos, mais especificados adiante, destacam-se a excessiva preocupação com problemas do dia-a-dia e a sensação constante de alerta ou perigo iminente. É o grau de exagero que vai diferenciar um quadro normal de ansiedade de uma situação patológica.

A CID-10 reconhece o extenso uso do termo *conversão*, aplicado a casos em que o afeto desprazeroso produzido por conflitos e problemas que o paciente não pode resolver é de alguma forma transformado nos sintomas.

Famílias com dependência química podem favorecer, além de estressores horizontais e verticais (veja o gráfico na página 118), aqueles relacionados à séria ameaça à segurança física ou psíquica. Transtornos fóbicos-ansiosos (F41) podem ter correlação com situações familiares remotas comuns, enquanto *status nascendi*, à consolidação de padrões codependentes. Abuso na infância pode, por exemplo, concorrer com ambas as condições, de adultos codependentes e fóbicos-ansiosos, pois que a "ansiedade fóbica é subjetiva, psicológica e comportalmente indistinguível de outros tipos de ansiedade", variando do desconforto ao terror.

Da mesma forma, o transtorno obsessivo compulsivo (F42) pode concorrer com depressão e com padrões de codependência. Em especial, a classe F43, reação a estresse grave, pode ser precipitada por estressores psicossociais, facilmente presentes em famílias codependentes. Apenas este fator não é necessário nem suficiente para explicar a precipitação e a forma do transtorno, pois outros sujeitos nas mesmas condições não o deflagram nem toda família codependente o apresenta. Porém, não se pode desprezar a importância da prevenção familiar, pois tanto em crianças como em adolescentes ou adultos "o evento estressante ou contínuo desprazer de circunstância é fator causal primário e determinante e o transtorno não teria ocorrido sem seu impacto" (CID-10, p. 143).

CODEPENDÊNCIA: O TRANSTORNO E A INTERVENÇÃO EM REDE   125

A reação aguda a estresse (F43.0) dura horas ou dias. Surge em resposta a excepcional estresse físico e/ou mental envolvendo séria ameaça à segurança ou integridade física do paciente ou da pessoa amada, condição favorecida por aquelas circunstâncias. Também se presume que os transtornos dissociativos ou conversivos, que envolvem perda da integração normal entre as memórias do passado, consciência de identidade e controle e sensações corporais, são psicogênicos em origem, intimamente ligados a eventos traumáticos, problemas insolúveis ou intoleráveis ou relacionamentos perturbados. Pudemos observar uma irmã, aos dezoito anos, após uma cirurgia decorrente de acidente automobilístico, que apresentou transtorno dissociativo, com total perda de controle sobre coordenação motora. Permaneceu em torno de quarenta dias neste estado, totalmente dependente, desde banho de leito a refeições. Nesse caso, tão subitamente como surgiu, o estado cessou em intervenção única com hipnose.

A CID reporta, no entanto, que estados mais crônicos de paralisias ou anestesias podem desenvolver-se mais devagar quando associados a problemas insolúveis ou dificuldades interpessoais. Em todos estes casos, devem ter uma estreita relação com os recursos que o paciente teria para lidar com tais situações e com possíveis ganhos secundários. Todavia, muitas vezes, apresentam notável negação de problemas e dificuldades que podem ser óbvios aos demais. Ainda que negada pelo sujeito, a evidência de causação psicológica associável temporalmente a acontecimentos e fatores estressantes ou relacionamentos perturbados é primordial para perfazer o diagnóstico. A histeria de conversão, a reação de conversão e a psicose histérica estão incluídas neste transtorno. Toda a família F44, de transtornos dissociativos, relaciona-se com estressores agudos ou crônicos.

Os transtornos de somatização (F45), muito mais comuns em mulheres do que em homens, incluem queixas sexuais e menstruais. Sensações gastrintestinais e cutâneas são as mais comuns. Em geral relatam uma longa história de sintomas físicos, múltiplos recorrentes ou mutáveis, muitas vezes acompanhados de de-

126 MARIA APARECIDA JUNQUEIRA ZAMPIERI

pressão e ansiedade. Tendem à cronicidade – o diagnóstico requer ao menos dois anos de sintomas múltiplos sem explicação física que os justifiquem – e a estar associados a rompimento social e familiar.

F50-F59
Síndromes comportamentais associadas a transtornos fisiológicos e fatores físicos

Parte dos transtornos incluídos neste bloco é estudada por terapeutas de família e psicossomáticos. São F50 transtornos alimentares; F51 transtornos não orgânicos do sono; disfunção sexual não causada por transtorno ou doença orgânica; F53 transtornos mentais e de comportamento associado ao puerpério; F55 abuso de substâncias que não produzem dependência, e F59 síndromes comportamentais associadas a transtornos fisiológicos e fatores físicos, não especificados.

Transtornos de sono não orgânico tendem a ocorrer em relações de codependência; em especial ao menos em dos membros da família – cuidador – quando um dos membros encontra-se em fase ativa de dependência. No próprio dependente podem relatar uso de álcool ou outras drogas numa tentativa de enfrentar a tensão diante da insônia.

A insônia apenas é configurada se a perturbação ocorrer ao menos três vezes na semana por ao menos um mês, sendo acompanhada de preocupação "excessiva" sobre suas conseqüências – o que pode ser uma das armas acusatórias no exercício do controle típico de codependentes. A necessidade de controle sobre outro pode funcionar como estímulo à manutenção de transtorno do sono (como de outras perturbações), como elemento de poder sobre o "controlado", configurando um ganho secundário. Assim, enquanto a insônia repetida pode fechar um círculo vicioso por levar a um aumento do medo de falta de sono, em relações de codependência podemos encontrar um circuito retroalimentador insônia–poder de acusação–insônia. Quando fatores psicológicos desempenham significativo papel alterador do ciclo sono-vigília, quase todos os dias por ao menos um mês pode configurar-se um transtorno deste ciclo.

Disfunção sexual é encontrada com freqüência em relações típicas, objeto de nosso estudo. O uso continuado do álcool ou outras drogas interfere na atividade sexual e pode levar à impotência, mas não entra nesta categoria da CID por sua relação com uso de substância.

O parceiro sexual pode, no entanto, apresentar disfunções classificadas entre os transtornos mentais e de comportamento. Perda de desejo sexual; aversão sexual e falta de prazer ou falha de resposta genital; ou disfunção orgásmica podem acompanhar relações codependentes sobretudo em cônjuges de alcoólatras em fases ativas. Ojeriza, dispareunia[3], vaginismo, desvalia, medo e raiva são freqüentemente reportados em levantamentos que fizemos em grupos de auto-ajuda e em grupos de famílias, e reconhecidos por esposas em terapia de casal nestas condições. Um cheiro típico acompanha o alcoólatra e seus pertences, mesmo em flutuante abstinência. Temos lançado mão de rituais de nova relação, em que estimulamos a identificação de odores nos travesseiros, no colchão, no vestuário e objetos de uso pessoal do alcoólatra. Desafiamos o casal a cheirar e identificar diferenças relevantes; este passo é utilizado como preparação para um marco – quando fazem uma substituição ou purificação (limpeza, lavagem, pintura) destes objetos e culminam, celebrando, como escolherem, uma nova fase.

A CID apresenta uma diferença de gênero quanto a influências sobre a manutenção do apetite sexual, em que no homem uma falha de uma resposta sexual específica (como ejaculação ou ereção) parece influenciar menos seu apetite sexual que na mulher. Por outro lado, a mulher parece lançar mão da simulação de prazer – muitas vezes para agradar o parceiro – mais que o homem. Na gangorra vítima-algoz típica em casais em que há alcoolismo, muitas vezes uma forma de codependência sexual faz-se presente. Neste caso o sexo é moeda corrente, um mecanismo reparatório, um preço (embora seja comum haver estupro) para evitar outras

---

3. Cópula dolorosa para a mulher.

128 MARIA APARECIDA JUNQUEIRA ZAMPIERI

agressões. Não se é feliz, porém não se separa sexualmente; configura-se uma necessidade mútua e retroalimentada.

Nem sempre a disfunção sexual acompanha parceiros de dependentes. Temos exemplos de casais cuja esposa de alcoólatra solicita abertura ao exercício sexual extraconjugal por insatisfação com a *performance* ou com a freqüência do parceiro e vice-versa. Isto também ocorre em outras situações, independentemente de alcoolismo. Uma reeducação sexual é estimulada, muitas vezes com auxílio de bibliografia e filmes educativos, com uma proposta de novas formas de agrado e carícias mútuas. É possível negociar o que se quer fazer quando a impotência persiste, mesmo durante o encaminhamento paralelo da urologia, da ginecologia e de especialistas sexólogos.

No entanto, às vezes surge o medo de o cônjuge perder a libido com a abstinência. Num casal em tratamento atual, a esposa teme que seu parceiro não mais a procure caso pare de beber, pois é galanteador e gentil apenas quando está "alto".

É freqüente o abuso de substâncias que não produzem dependência, por familiares codependentes. Ao longo de intervenções, às vezes, admitem esta prática, alegando uma busca de alívio, outras vezes, como uma forma de exercer controle (despertar sentimentos de pena ou culpa) sobre os demais do grupo, como um ganho secundário.

A F54 e a F59 classificam especificamente a presença de fatores psicológicos e de comportamento como influências em transtornos físicos ou disfunções fisiológicas. São categorizados com os códigos associados. Por exemplo, para uma colite ulcerativa psicogênica, utilizamos F54 mais K51; para asma, F54 mais J45.

Codependência e sintomas psicossomáticos

Com uma amostra de 50 sujeitos – 92% mulheres e 8% homens – convidados aleatoriamente em um centro de saúde público, efetuamos um estudo correlacional entre codependência e sintomas sem explicação laboratorial e freqüência de consultas (Zampieri, 2004). Com idade média de 34,64 anos, tinham entre 13 e 78 anos; 72% eram casados ou amigados, 6% separados,

18% solteiros e 4% viúvos. O nível de instrução variou entre apenas saber assinar o nome (4%) ao nível superior (4%). A maioria (54%) não completou o ensino fundamental e 22% terminaram o ensino médio. A renda familiar foi configurada em faixas: até três salários mínimos (68%), entre três e sete salários (24%) e acima de sete salários (8%). 72,73% das pessoas do grupo de estudo tinham companheiros etilistas. Dessas, ao menos um dos pais era alcoólatra em 84,13% dos casos.

Dessa amostra, 24 apresentaram padrão de codependência e os demais, 26, constituíram o grupo controle. Os dados foram manipulados pelo qui-quadrado, pelo teste de Fischer e Kruskal-Wallis, considerando-se significantes as diferenças com valor-p menor que 0,05.

Nos resultados com diferença significante entre os grupos, há evidência de que sujeitos com codependência tendem a apresentar mais queixas, mais sintomas e maior freqüência de consultas que aqueles sem codependência. Enquanto 73% do grupo controle estava assintomático, comparecendo ao centro de saúde para consultas de rotina e serviço odontológico, apenas 17,39% do grupo com codependência apresentava essa condição segundo levantamento de prontuários. Preponderaram cefaléia, palpitação e tontura no grupo de codependentes, enquanto nenhum sintoma prevaleceu no grupo controle com diferença significante. Além disso, no grupo sem codependência 56% fizeram uma consulta ou menos ao ano, contra apenas 9,1% do grupo em estudo. A situação se inverteu para a maior freqüência de consulta. Nos últimos quatro anos, 77,35% do grupo experimental se consultou entre duas a dez vezes ao ano, contra 28% do controle. Freqüências acima de dez ao ano foram menores em ambos os grupos. Mesmo assim, 22,75% do grupo com codependência o fizeram, contra 4% do grupo controle.

Esses resultados corroboram a hipótese do encargo que representa esse transtorno à própria saúde pública e alertam para a importância da prevenção.

Orientação à família e aderência ao tratamento

Mais importante que estabelecer uma classificação é orientar sistematicamente o paciente e sua família, com informações que os auxiliem em sua organização para enfrentar o que for necessário na enfermidade, sem segredos, fantasias ou falsas expectativas. Ao detectar-se uma doença, muitos medos podem difundir-se, outros membros da família podem acreditar que também podem adoecer, a incompreensão e a culpa podem levar ao isolamento e à fixação em estruturas disfuncionais. Quando compreendem o que se passa, podem colaborar mais eficazmente com o tratamento, em especial quando ele envolve medicamentos. Muitas famílias, temendo uma dependência química de remédios ou "do psicólogo", pressionam o paciente a abandonar o tratamento.

É fundamental que conheçam a duração mínima do tratamento e compreendam a diferença entre o que é corte (do tratamento) seguido de recaída e o que é dependência do tratamento. Em um episódio depressivo, por exemplo, se o sujeito melhorou em quatro meses e parou com os medicamentos, ao recair, pode interpretar erroneamente que havia criado uma dependência. Se forem informados quanto à duração mínima, poderão alertar o familiar a continuar com os remédios e só interromper quando for orientado. Não contribuirão com pressões para "largar os remédios", ficam mais funcionais se compreendem que a pessoa não está com má vontade, mais livre de culpas ou rejeição. O terapeuta tem um importante papel "educativo" que repercute na adesão ao tratamento. É claro que existem outras variáveis que favorecem boicotes e a manutenção de doenças, porém conversar claramente no consultório pode funcionar como um modelo de relacionamento a ser "ressonado" em outras situações naquela família.

Doenças, acidentes e outras ocorrências impredizíveis, bem como as crises naturais de transição, compõem o eixo horizontal de estressores na família. Exigem flexibilidade para uma demanda de tarefas típicas à adaptação. Porém, podem acentuar-se pelo acréscimo de estressores verticais, constituídos por mitos, pa-

CODEPENDÊNCIA: O TRANSTORNO E A INTERVENÇÃO EM REDE 131

drões, segredos, rótulos, triângulos, legados familiares (veja Figura 11). O grau de ansiedade gerada na convergência de ambos os estressores, horizontal e vertical, "será o determinante-chave de quão bem a família irá manejar suas transições ao longo da vida" (Carter e McGoldrick, 1995, p. 12).

Uma clara orientação pode contribuir preventivamente evitando o acúmulo de segredos, diminuindo a tensão do grupo familiar, que terá assim seus papéis mais disponibilizados. Observe na Figura 12^4 como a tensão minimizada libera a funcionalidade no exercício de papéis em uma pessoa. O círculo pontilhado, tal como uma bolha protetora, representa uma expansão no limite do si mesmo psíquico, por medo, susto, tensão ou estresse. Sob tensão, o sujeito tende a enrijecer, seus papéis tornam-se "recolhidos" e pouco atuantes. Quando relaxado, a bolha protetora pode recuar, ficando mais próxima "da pele". Os papéis, como braços livres, têm maior possibilidade de atuação. Veja ainda na Figura 13^5 como os membros de uma família fixada em padrões rígidos ficam pouco disponibilizados para exercer papéis. Por não poder "soltar seus braços" sempre presos aos demais, pouco sobra para intercâmbios extragrupo. E, se o grupo estiver sempre tensionado e os papéis "engolidos", aquelas atuações possíveis serão pobres e estereotipadas. Por isso é tão importante diminuir o estresse vertical. Aqueles de ordem horizontal não podem ser evitados, fazem parte da vida, são naturais. Podem-se evitar certas doenças; porém, quando ocorrem é preciso adaptar-se. Contudo é principalmente nos estressores verticais que o terapeuta atua, e uma boa orientação sobre o funcionamento da doença, quando surge, pode evitar acréscimo de estresse.

Naquelas famílias em que se apresenta um padrão de codependência, temos também conversado claramente sobre características dos intercâmbios que demonstram na sessão. São orientados para

---

4. A Figura 12, no Capítulo 6, foi criada por Bermudez e adaptada aqui para demonstrar efeitos de relações em codependência.

5. Na Figura 13 simbolizamos famílias com padrões cristalizados, mostrando a minimização de papéis funcionais. Veja no Capítulo 6.

perceber a si e aos demais. Temos utilizado um inventário que denominamos Codteste em que se auxiliam nas respostas. O objetivo não é rotular mas desmistificar e evitar segredos, perceber que não são únicos no mundo a viver dificuldades. Acabam identificando legados, recordando segredos, interferindo no estresse vertical. Poder comunicar-se com chance de ser compreendido pode alterar alguma coisa no *modus operandi* do grupo.

_5_

Manifestações da codependência

Estudar o homem em situações sociais requer que se observem seus múltiplos determinantes numa comunidade, na instituição, ou na família. As comunidades surgem pelo fato de vivermos juntos em "competição cooperativa" (Pierson, 1974, in Campos, 2002) tanto entre sujeitos semelhantes quanto diferentes. Nas suas dimensões individual e social o homem pode viver necessidades aparentemente contraditórias, pois precisa ao mesmo tempo sentir-se único e pertencente a um grupo. Em grupos que administram e aceitam as diferenças e estimulam a autonomia, pode ser menos angustiante o processo de individuação. Os que se mostram mais rígidos contra mudanças, naturais em todo processo de crescimento, tendem a tolher a autonomia de sujeitos ou de subgrupos, estereotipando o pertencimento pela dependência.

Interações aprisionantes são visíveis em facções diversas e flagrantes mesmo dentro de instituições para tratamento de saúde. Dificultam atingir a maturidade emocional e a posição de sujeito da própria história. Iniciativas centradas na Itália e em Cuba refletem uma preocupação com a estrutura asilar predominante em instituições públicas e privadas, em especial para o doente mental. São reconhecidas a importância da busca por autonomia e a falência do modelo assistencial atual. Nota-se, entretanto, "uma grande resistência por parte das grandes instituições asilares e de alguns setores da sociedade, à efetivação dessas mudanças" (Campos e colaboradores, p. 120).

134 MARIA APARECIDA JUNQUEIRA ZAMPIERI

Relações codependentes parecem pressupor um grande medo de extinção, de perda da identidade ou do controle, de perda do pertencimento a um sistema ou subsistema, quer pelo grupo, quer por sujeitos envolvidos. A codependência pode manifestar-se no indivíduo como transtorno de personalidade ou como patologia da relação em um sistema. Descrevemo-la como transtorno para diagnóstico individual para averiguar, entre os membros de uma família de risco[1], que sujeito(s) funciona(m) segundo esse padrão. Como patologia de um grupo, merecem destaque aqui alguns subtipos, ou algumas situações.

Codependência inter-sistemas

Por princípio, toda forma de codependência ocorre intersistemas. Do micro ao macro formam-se sistemas sucessivos contidos em outros mais amplos. Quer na dimensão familiar desde os *hólons* à família nuclear, à família ampliada – quer na dimensão social, em que se podem assinalar desde pequenos grupos ao universo humano. Suponho que a própria construção de um padrão de codependência deva ocorrer transgeracionalmente; portanto, um sistema constituído por uma família nuclear em questão está em forte relação de influência com a família ampliada, seja no espaço emocional, ou no temporal. A fim de enfatizar o foco em evidência que se pretende estudar ou em que se deseja intervir, apresentamos as manifestações que se seguem.

Codependência conjugal

Caracteriza-se por uma tendência à manutenção ou à repetição de composição de casal, com sujeitos que persistem no jogo dependente–codependente. Embora se queixem bastante, mostram muita dificuldade em separar-se. Complementam-se, um com extremada necessidade de controle e o outro à mercê, porém sempre

---

1. Ainda em fase de pesquisa, em nossa hipótese famílias com alcoolismo, drogadição ou doença crônica podem estar associadas a padrões de codependência.

CODEPENDÊNCIA: O TRANSTORNO E A INTERVENÇÃO EM REDE 135

"aprontando", como parte do jogo vítima-algoz em alternância de papéis, marcada por bruscas e freqüentes oscilações de humor. Veja os gráficos sobre "papéis assumidos pelo codependente" e a complementaridade que denominamos "bengalas e carrancas". Temo-nos dedicado atualmente a estudar possíveis correlações entre a codependência e alguns transtornos na geração seguinte. Na codependência conjugal muitas vezes os filhos não encontram espaço; nesse caso, é possível que sejam cuidados por outrem, invertam estruturalmente sua posição (funcionando como pais dos pais), ou se mostrem transparentes, anulando-se.

Codependência familiar

Típica em famílias rígidas e fechadas a trocas com os sistemas mais amplos, é bastante descrita nesta obra. Caracteriza-se por grande resistência às tarefas naturais de transição e dificuldade de enfrentar mudanças. Tendem a manter pobre número de papéis atuantes (baixo quociente cultural – o QC moreniano[2]) e ligações internas fortes nas relações papel-contrapapel (veja a Figura 13). Em determinadas condições, não apenas alcoolismo e drogadição estão ou estiveram presentes, mas também doenças crônicas, e em proporção direta estressores verticais tendem a mantê-las.

Codependência grupal

Quero aqui enfatizar uma interação caracterizada por relações semelhantes às da codependência familiar, porém extrapolando mais nitidamente a família. O grupo tende a manter fortes influências de pressão (*input*) sobre seus membros, que se mostram frá-

---

2. J. L. Moreno preconiza que a adaptabilidade a uma sociedade guarda proporção direta ao que denominou *quociente cultural*. Para mensurar tal informação criou os testes de papéis (teste de percepção e de reconhecimento de papéis). Um sujeito capaz de reconhecer e/ou desempenhar um maior número de papéis comuns ao seu contexto tende a estar mais adaptado e menos isolado, independentemente de seu QI.

geis a mudanças (*output*), e dessa forma garantem o pertencimento e mantêm o grupo responsável por eles. Facilmente observada nas interações entre todos os co-mantenedores da dependência química, diretos e indiretos, sejam fornecedores, amigos, parentes e colegas (de profissão e de vício). No entanto, não se restringe exclusivamente a tais situações, podendo também configurar os grupos rígidos e fechados a trocas com os sistemas em que se encontra inserto. Nesse caso, pode englobar grupos étnicos, vivendo fora de seu contexto de origem, em que a codependência pode ter a finalidade de manter vivo o grupo em sua cultura.

Codependência social

Talvez devesse dizer dependência socioinstitucional, porém pretendo reforçar aqui uma codependência intersistemas, observada em relações político-sociais, envolvendo subgrupos ditos dependentes nos quais, muitas vezes, investe-se para emancipação e contra-investe-se por receio da perda de controle. Veja o exemplo sobre emancipação de assentados descrito neste mesmo capítulo. Acredito englobar-se aqui, também, uma situação institucionalizada, passível de ser observada muitas vezes em usuários da saúde pública e de outros serviços em caráter social, nos casos em que se queixa bastante, utiliza-se muito, oferece-se um pouco menos (ou bem menos) que o necessário e mantém sempre uma crescente demanda. Torna-se por vezes impossível definir quem depende de quem.

Codependência institucional

Refiro-me a uma fatia grupal específica, realidade freqüentemente encontrada na instituição e no meio empresarial em geral, caracterizada por relações complementares entre os dependentes (químicos, alcoólatras) e os colegas, além dos fornecedores. Tanto na relação vertical quanto na horizontal, as relações de ocultamento de faltas, falhas, queda de produção e/ou do estado em que

CODEPENDÊNCIA: O TRANSTORNO E A INTERVENÇÃO EM REDE   137

se encontra o dependente, por mais que tenham sido movidas por compaixão ao sujeito e à sua família (por receio que ele perca o emprego), podem estar produzindo um dano maior, por reforço ou conivência – seja como for, funcionando como mantenedor da dependência. É de extrema importância que a instituição e a empresa em geral se organizem como grupo para lidar com essa difícil e endêmica questão. Requer um enfrentamento conjunto que ajude a quebrar a relação de codependência e a restabelecer a saúde. Para tanto pode ser utilizada uma intervenção em rede, descrita mais adiante.

Codependência sexual

Encontrada em relações complementares que tendem a manter reféns parceiros que, mesmo não se encontrando felizes em seu estilo de relacionamento sexual, não conseguem separar-se ou libertar o par para viver outro relacionamento mais saudável ou gratificante. Não conversam de forma clara e direta sobre seus comportamentos, medos e tabus. Alimentam, assim, um relacionamento insatisfatório e doentio, em que um alimenta a dependência sexual do outro.

Considero útil, no entanto, destacar uma situação generalizada, cultural, que tende a ser mantida por pressões intersistêmicas, diferente de situações que envolvem disfunções sexuais. Embora pareça mais óbvia a necessidade de intervenção para as disfunções sexuais, que atinge em torno de 1% da população, o maior risco recai sobre a codependência sexual sociocultural.

Codependência sexual sociocultural e profilaxia

Estou nomeando esta forma de codependência a fim de evidenciar sua gravidade. Refiro-me aos casos em que os parceiros, mesmo temendo contrair doenças sexualmente transmissíveis e/ou estando insatisfeitos com seu relacionamento sexual, fingem, omitem e/ou consentem em continuar se relacionando.

138   MARIA APARECIDA JUNQUEIRA ZAMPIERI

A conivência na codependência sexual cultural é preocupante, pois tende a "calar" parceiros ante riscos, muitas vezes, evidentes. As tentativas de comunicação são desconfirmadas ou distorcidas, favorecendo a uma anuência irresponsável. No entanto, existe em larga escala e já não se pode omiti-la perante os índices crescentes de HIV em mulheres casadas. Em sociodramas que realizamos com adultos desde a década de 1980, mulheres de caminhoneiros relataram que, quando tentavam exigir que seus maridos usassem camisinha, eram acusadas de traição. Em quase todos os relatos haviam desistido dos cuidados, ainda que soubessem do risco que corriam. Até mesmo contaram sobre casos muito próximos, de casais conhecidos em que "a mulher contraiu o vírus do marido". Também conheciam a situação oposta, uma colega que já morreu "que era danada, traía mesmo". Contaram isto com risos. Questionadas quanto ao sentimento presente, responderam: "Vingança, os homens mereciam mesmo isso". Para elas essa vingança protagonizada pela colega parecia representar sua própria impotência diante do silêncio, das doenças que tratavam e voltavam, sem a participação do parceiro.

Fatores biológicos e intrapsíquicos à parte, é na pressão intra e intersistêmica que se acomoda essa modalidade de codependência sexual, socialmente admitida e culturalmente estimulada, e em que se justificam intervenções profiláticas em larga escala. Desastrosas são as conseqüências. Entre elas, a síndrome da imunodeficiência adquirida requer precaução acima de quaisquer desculpas e de uma cultura que tende a perpetuar a conivência e o risco consentido. A terapeuta de família Ana Maria F. Zampieri (2002), em sua pesquisa de doutorado, mostra claramente que, em diferentes grupos de casais comuns, de diversos níveis socioeconômicos e escolaridade, em ambos os sexos, existem negações e displicência quanto a cuidados preventivos. Comprova também a eficácia do sociodrama construtivista como instrumento de intervenção, para alteração do comportamento de risco.

Esse pode constituir-se um bom modelo de profilaxia realista, que oferece oportunidade de rompimento com as lealdades, os mitos, preconceitos e padrões socioculturais que autorizam o com-

CODEPENDÊNCIA: O TRANSTORNO E A INTERVENÇÃO EM REDE   139

portamento de risco entre parceiros pela ignorância irresponsável. Os sociodramas proporcionam à pessoa vivenciar no palco, no "como se" uma realidade suplementar que pode antecipar o futuro, fazer *role-playing* treinando enfrentamentos de situações difíceis como a quebra do silêncio e possíveis conseqüências que os presentes fantasiam ou temem. Porém a proposta da Ana é fazer o sociodrama com a participação dos casais, que podem enfrentar com ajuda profissional *in loco* uma quebra de tabus, tirar dúvidas, saindo da atividade com uma comunicação já iniciada.

Os transtornos sexuais

Os transtornos sexuais resultam da combinação de fatores psicossociais, culturais e orgânicos (Abdo, 1997).

As disfunções sexuais foram negligenciadas até meados do século XX; conceitos mais abrangentes de limite entre normalidade e patologia sexual ganharam interesse após as pesquisas de Krinsey (Abdo, 1997), com a constatação das diferentes práticas sexuais entre os americanos. Tanto o Manual de Diagnóstico e Estatística dos Distúrbios Mentais, o DSM, da Associação Psiquiátrica Americana, quanto a CID, da Organização Mundial de Saúde, fizeram várias alterações na classificação nas sucessivas edições. Mesmo assim, apenas a 10ª edição da Classificação Internacional das Doenças, a CID-10, lançada em 1993 (1996 no Brasil) apresenta o impulso sexual excessivo. Classificado na 5ª família, como F.52.7, inclui a ninfomania e a satiríase, na 9ª família, F.98.8.

Outros transtornos emocionais e de comportamento específicos com início usual na infância e adolescência, que incluem masturbação excessiva, além dos transtornos de preferência sexual que incluem parafilias, também foram apresentados. O DSM-IV, lançado em 1994, não faz referência à masturbação excessiva (F.98.8 da CID) e ao impulso sexual excessivo (F52.7 da CID), embora ambas as especificações classifiquem parafilias ou transtornos de preferência sexual.

Quanto aos aspectos etiológicos e clínicos dos transtornos sexuais, resultam da combinação de fatores psicossociais e culturais, de conflitos superficiais como a ansiedade acerca da sexuali-

140 MARIA APARECIDA JUNQUEIRA ZAMPIERI

dade e de conflitos profundos como conflitos pré-edipianos e repressão sexual precoce.

Fatores orgânicos na literatura aparecem mais relacionados às disfunções de déficit, mesmo assim há quem defenda a predisposição biológica para as parafilias ou para o transtorno de preferências sexuais, com base em anormalidades freqüentes ao eletroencefalograma e níveis hormonais alterados que pessoas acometidas podem apresentar.

Estimou-se que 1% da população apresente parafilia, caracterizada como uma atividade compulsiva, assim repetitiva e impossível de controlar. Inclui fantasias ou práticas sexuais incomuns ou bizarras, sendo incrementada por estresse, ansiedade ou depressão. O transtorno parafílico mais freqüente é a pedofilia, tão discutido atualmente, com os escândalos deflagrados no meio religioso.

Em geral, o tratamento inclui psicoterapia individual ou em grupo, seja orientada ao *insight* seja comportamental, visando interromper o padrão apresentado, e associação com drogas, nos casos de hipersexualidade (inibidoras da produção de gonadotrofina) e de comorbidade, com drogas adequadas ao distúrbio psiquiátrico associado, o que é muito importante ser investigado.

É importante levantar ainda com o paciente, com o parceiro e com ambos presentes se o paciente já faz uso de medicamentos, sua história sexual, seus antecedentes (se houve ou não), o tempo de evolução do transtorno, se há ou não variação de sintomas como parceiros, masturbação, seu desenvolvimento infantil.

Nos próximos capítulos apresentamos estudos relativos a algumas manifestações da codependência e a evolução de intervenções com enfoques do psicodrama e da teoria sistêmica. O caso do garoto F. ilustra um efeito na geração dos filhos, de uma mãe com distúrbio de identidade codependente, concomitante com depressão. Ilustrações sobre a codependência social ou socioinstitucional são acompanhadas de uma sistematização, de modo que possa auxiliar outros profissionais em intervenções que visam à individuação e à autonomia no contexto social.

_6_

Transtornos e codependência

No capítulo anterior discorremos sobre diferentes manifestações da co-dependência, bem como sobre alguns transtornos, conforme a Classificação Internacional de Doenças. Neste capítulo exemplificamos algumas manifestações de co-dependência familiar, grupal e social. O primeiro é um estudo de caso em que, na família nuclear, houve depressão em concomitância na mãe e Transtorno da Conduta no filho. Salientamos pressões intra e extrafamília, que podem funcionar como armadilhas na busca de um equilíbrio ao sistema. Ilustramos ainda uma intervenção com casos de pânico e, no próximo capítulo, a co-dependência social.

Transtorno da Conduta

O Transtorno da Conduta encontra-se classificado no DSM-IV, como um dos "Transtornos geralmente diagnosticados pela primeira vez na infância ou adolescência", entre os "Transtornos de déficit de atenção e comportamento disruptivo".

Segundo o DSM-IV a característica essencial do Transtorno da Conduta é um padrão repetitivo e persistente de comportamento no qual são violados os direitos básicos dos outros ou as normas ou regras sociais importantes apropriadas àquela idade. Quatro agrupamentos principais de conduta com início na infância ou na adolescência podem ser observados: a) conduta agressiva que causa ou ameaça danos físicos a outras pessoas ou animais; b) con-

142   MARIA APARECIDA JUNQUEIRA ZAMPIERI

duta não agressiva que causa perdas ou danos a propriedades; c) defraudações ou furtos; e d) sérias violações de regras.

Para perfazer o diagnóstico, necessariamente três ou mais desses agrupamentos de conduta devem estar presentes ao menos no último ano (doze meses), com ao menos um no último semestre, com prejuízo clinicamente significativo no funcionamento social, acadêmico ou ocupacional e não apenas em um ambiente. É importante colher dados de várias fontes, pois a pessoa tende a negar ou minimizar os fatos.

Os comportamentos agressivos apresentados podem ocorrer por iniciativa ou por reação; podem se dar em forma de intimidação, provocação ou ameaça. O indivíduo pode iniciar lutas corporais com ou sem o uso de armas ou objeto; pode ser fisicamente cruel com pessoas ou animais; roubar ou até forçar alguém a manter atividade sexual.

Um aspecto característico desse transtorno é a destruição da propriedade alheia; é comum a defraudação ou o furto; mentir ou romper promessas freqüentemente, seja para obter bens ou favores, seja para evitar débitos ou obrigações.

Transcrevemos a seguir os três critérios diagnósticos para Transtorno da Conduta segundo o DSM-IV (1995), com início na infância ou na adolescência.

I. Um padrão repetitivo e persistente de comportamento no qual são violados os direitos básicos dos outros ou as normas ou regras sociais importantes apropriadas à idade, manifestado pela presença de três (ou mais) dos seguintes critérios nos últimos doze meses, com pelo menos um critério presente nos últimos seis meses:

Agressão a pessoas e animais
(1)   freqüentemente provoca, ameaça ou intimida outros;
(2)   muitas vezes inicia lutas corporais;
(3)   utilizou uma arma capaz de causar sério dano físico a outros (por exemplo, bastão, tijolo, garrafa quebrada, faca, arma de fogo);
(4)   foi fisicamente cruel com pessoas;

CODEPENDÊNCIA: O TRANSTORNO E A INTERVENÇÃO EM REDE   143

(5) roubou com confronto com a vítima (por exemplo, bater carteira, arrancar bolsa, extorquir, assaltar à mão armada);
(6) forçou alguém a ter atividade sexual consigo.

Destruição de propriedade
(7) envolveu-se deliberadamente na provocação de incêndio com a intenção de causar sérios danos;
(8) destruiu deliberadamente a propriedade alheia (diferente de provocação de incêndio).

Defraudação ou furto
(9) arrombou residência, prédio ou automóvel alheios;
(10) mente com freqüência para obter bens ou favores ou para evitar obrigações legais (isto é, ludibria outras pessoas);
(11) roubou objetos de valor sem confronto com a vítima (por exemplo, furto em lojas, mas sem arrombamento e invasão; falsificação).

Sérias violações de regras
(12) freqüentemente permanece na rua à noite, apesar de proibições dos pais, iniciando antes dos treze anos de idade;
(13) fugiu de casa à noite pelo menos duas vezes, enquanto vivia na casa dos pais ou em lar adotivo (ou uma vez, sem retornar por um extenso período);
(14) freqüentemente gazeteia a escola, iniciando antes dos treze anos de idade.

II. A perturbação no comportamento causa prejuízo clinicamente significativo, no funcionamento social, acadêmico e ocupacional.

III. Se o indivíduo tem dezoito anos ou mais, e não são satisfeitos os critérios para o transtorno da personalidade anti-social.

O Transtorno da Conduta será considerado leve se poucos problemas de conduta, caso existam, além dos exigidos para fazer o diagnóstico causam apenas pequeno dano aos outros. Pode ser

144 MARIA APARECIDA JUNQUEIRA ZAMPIERI

categorizado, também, como moderado ou como severo. Neste último caso, a classificação estará satisfeita se os problemas de conduta causarem dano considerável a outros, ou se apresenta muitos problemas além dos que perfazem o diagnóstico.

Na CID-10, esse transtorno encontra-se classificado entre os transtornos da infância e adolescência F90-F98. Inclui níveis excessivos de brigas ou intimidação, crueldade com animais ou pessoas; destruição grave de propriedades; comportamento incendiário; roubo, mentiras repetidas; cabular aulas ou fugir de casa; esparsos ataques de birra freqüentes e graves; comportamento provocador e desobediência grave e persistente. Se marcante, qualquer uma dessas categorias é suficiente para o diagnóstico, porém atos anti-sociais isolados não perfazem o diagnóstico. É possível incluir as especificações de restrição ao contexto familiar F90.0; não socializado F90.1; socializado F90.2 ou transtorno desafiador de oposição F90.3. No presente estudo, há um exemplo do transtorno socializado, em que se perfazem os critérios básicos e é incluída a presença de amizades adequadas e duradouras com crianças de idade apropriada. Embora essa especificação possa incluir o tipo grupal de delinqüência ou transgressões no contexto de gangue, exclui atividade de gangue sem transtorno psiquiátrico manifesto. Embora a conduta possa ser aprovada pelos companheiros de grupo e regulada pela subcultura, o DSM-IV salienta que comportamentos que justifiquem adaptação ou reação imediata não configuram esse transtorno. Aplica-se "apenas quando o comportamento em questão é sintomático de uma disfunção básica interior do indivíduo, e não uma mera reação ao contexto social imediato" (op. cit., p. 86).

Transtornos e a hipótese geta moreniana

Observam-se aqui influências que podem agir sobre alguns transtornos à luz da premissa "geta" moreniana. Além de considerar a influência de fatores genéticos (g) e ambientais (a), outros fatores foram levantados por Moreno em relação à personalidade. Criou novos conceitos, denominando *fator espontaneidade* (e) à

CODEPENDÊNCIA: O TRANSTORNO E A INTERVENÇÃO EM REDE 145

condição ou flexibilidade necessárias para um indivíduo interagir adequadamente com as situações de vida, e *fator tele* (t) à condição necessária às relações vinculares e produtivas com indivíduos ou coisas. Não há relação télica sem espontaneidade, seu *locus*; uma relação télica equivaleria a um encontro de espontaneidades, viabilizando uma "articulação criativa entre parceiros de um mesmo ato" (Aguiar, in Lima, 1999, p. 15). A espontaneidade tem potencial situacional de resolutividade, desenvolvimento ou criação para o indivíduo no seu meio, enquanto o fator tele tem potencial relacional de co-resolutividade, co-desenvolvimento ou co-criação para dois indivíduos na relação papel–contrapapel. Na descrição moreniana a percepção estaria na raiz de uma relação que ele categorizou como mais clara quanto mais saudável a tele, ou mais transferenciada[1] quanto mais comprometida. Tais fatores aliados à carga genética e ao que o próprio meio proporciona ao sujeito, facilitando ou dificultando seu desenvolvimento saudável, compõem, para o pai do psicodrama, os principais ingredientes responsáveis pelas diferenças individuais. Para ele os fatores geta atuam de maneira conjugada, em contínuas e complexas relações de influência mútua, com as quais cada indivíduo "vai sendo", vai definindo-se como pessoa.

A partir de estudos com gêmeos e adoções apresentados pelo DSM-IV, estima-se que o Transtorno da Conduta tem componentes tanto genéticos quanto ambientais. O risco é maior em crianças que têm irmãos com o transtorno, ou cujos pais, biológicos ou adotivos, apresentam o transtorno da personalidade anti-social. Também aparece com maior freqüência entre filhos biológicos de pais dependentes de álcool ou com transtornos do humor, esquizofrenia ou com histórico de déficit de atenção/hiperatividade ou Transtorno da Conduta. O DSM-IV e a CID não apresentam estudos detectando qual a importância isolada da influência genética ou ambiental naqueles transtornos. A literatura fundamenta evidên-

---

1. Cresce o número de autores que discordam dessa correlação entre tele e transferência moreniana como conceitos antagônicos, posição que também adotamos neste estudo. (N. da A.)

146 MARIA APARECIDA JUNQUEIRA ZAMPIERI

cias de fatores genéticos ao referir-se ao histórico de pais que apresentaram déficit de atenção ou Transtorno da Conduta, quadros já ausentes na relação dos pais com seus filhos, já que esses transtornos não se configuram na idade adulta na maioria das vezes. Acredita-se que o fator ambiente terá sua grande parcela de influência sistêmica na formação bioquímica e nos padrões internalizados de comportamento. Estudos recentes em neurodesenvolvimento comprovam a influência dos primeiros contatos e toda sorte de estimulação no desenvolvimento cerebral em neonatos, como fatores determinantes nos "caminhos das conexões sinápticas" e na sintetização de neurotransmissores. O que efetivamente estende a placenta biológica para além do parto, como matriz biopsicossocial. Tais estudos têm justificado treinamento perinatal não apenas para casais mas para a equipe da saúde[2], como prevenção precoce à saúde mental. Estima-se que mães "mal gestadas" encontram maior dificuldade na gravidez e declinada capacidade de transmitir organização e confiança ao bebê. Pode-se levantar a hipótese de que pais com histórico de comprometimentos socioemocionais e mentais na infância podem viver ressonâncias ante determinados comportamentos apresentados pelos filhos. Tais ressonâncias poderiam favorecer triangulações[3] tais que uma má resolução de conflitos da vivência de uma pessoa com sua família de origem pode ser acionada por situações da sua relação com a geração sucessora (com os filhos). O efeito não genético poderia ser visto como uma herança comportamental (não biológica). Essa forma de ressonância (que envolve um "reconhecer-se espelhado" no comportamento do filho) tende a paralisar ou a tornar disfuncional a atuação de uma pessoa no seu papel de pai (ou mãe). Poderíamos dizer que o comportamento indesejado (semelhante ao qual ele próprio já apresentou de forma negativa), ao ser observa-

---

2. O Hospital Universitário Materno Infantil Presidente Vargas, RS, é exemplo de prevenção precoce à saúde mental.

3. Triangulação refere-se aqui a uma disfunção numa relação atual, mobilizada transferencialmente por encontrar eco ou ressonância com relações do passado; tal conceito é bastante utilizado em terapia familiar.

CODEPENDÊNCIA: O TRANSTORNO E A INTERVENÇÃO EM REDE   147

do no filho, tenderia a tensionar o pai (ou a mãe), inflando o "limite do si mesmo" (Rojas-Bermudez, 1980). O efeito seria um retraimento ou enrijecimento no papel de pai que atuaria de forma disfuncional ou não espontânea. Esse pai estaria, assim, impedido de vincular-se[4], fazer sentir seu afeto ou mesmo corrigir adequadamente seu filho. Tal estado de tensão teria maior influência sobre indivíduos com menor grau de espontaneidade[5], em função do seu menor grau de liberdade disponível para o desempenho de papéis. Moreno diz que espontaneidade gera espontaneidade. Temos aqui, em antítese, rigidez empobrecendo a espontaneidade. Dessa forma, o padrão herdado gera estresse nas intergerações, geração acima e geração abaixo, ou seja, atua como estressor vertical "de mão dupla". Entre os fatores tensionantes ou estressores verticais (McGoldrick e cols., 1995), incluem-se, além dos padrões, os mitos, segredos e legados familiares, que tolhem a espontaneidade e bloqueiam a tele-relação, como *looping* de influências circulares.

Além dos fatores espontaneidade e tele, a transferência e triangulações, promovidas por estressores verticais, devem contribuir com a herança genética na construção da psicopatologia. Como relações sistêmicas circulares e tridimensionais que se expressam, quer positiva, neutra ou negativamente, propiciando um espaço relacional mais continente e encorajador ou mais hostil e punitivo. Admitindo-se que "a área entre organismos é controlada pelo fator tele" (Moreno, 1993, p. 102), então, tal fator deve abarcar todas as dimensões; deve-se alertar o terapeuta para o histórico relacional familiar do sujeito. O indivíduo com Transtorno da Conduta pode estar percebendo, de forma distorcida, o ambiente e reagindo, influenciado por crenças internas, a estímulos percebidos inadequadamente. Além do que, se o grau de espontaneidade é diretamente proporcional à saúde, conforme afirma Moreno, espera-se então que um indivíduo com Transtorno da Conduta apresente pobres e estereotipadas respostas.

---

4. Lembrando que o berço da tele, fator relacional, é a espontaneidade.

5. Em *Sociodrama construtivista da codependência* (1998) apresentamos exemplos sobre tele e espontaneidade na construção do papel de codependente na família.

Por outro lado, analisando a descrição sobre o curso dessa patologia observa-se que o Transtorno da Conduta (DSM IV) caracteriza-se como uma condição em transição, pois quer tenha-se iniciado na infância (5-6 anos) ou na adolescência (o início após os dezesseis anos é raro), na maioria dos indivíduos ele apresenta remissão na idade adulta, ou, como é o caso de uma fração considerável, evolui para transtorno da personalidade anti-social. A remissão é mais propensa a ser conseguida entre aqueles casos mais leves que tiveram início apenas na adolescência; o início precoce tende a evoluir com mais freqüência para adultos com transtorno da personalidade anti-social e transtornos relacionados a substâncias. Porém, independentemente da idade que começou, os indivíduos com esses transtornos estão em risco de desenvolver, posteriormente, os transtornos do humor, ou da ansiedade, ou somatoformes, ou transtornos relacionados a substâncias. Por um lado, tais fatos parecem consolidar a importância de fatores genéticos. No entanto, consolidam nossa hipótese sobre uma Matriz de Identidade codependente na gênese do Transtorno da Conduta, pois sejam quais forem efetivamente os componentes originadores do Transtorno da Conduta, parecem encontrar-se também presentes no indivíduo com transtornos relacionados a substâncias. O que pode configurar mais um passo em relação a estudos (Beattie, Olievenstein e outros, in Zampieri, 1998a) sobre padrões de comportamento na família de dependentes químicos em que se justifica a necessidade da intervenção sistêmica.

Dados sobre a prevalência do Transtorno da Conduta apontam para o aumento nas últimas décadas, com maior incidência nos contextos urbanos sobre os rurais, o que pode ser significativo para reforçar a importância do meio sobre a incidência desse transtorno. O DSM-IV apresenta dados que configuram uma maior prevalência para homens (6%-16%) abaixo de dezoito anos que para mulheres (2%-9%). Esse efeito seria genético ou ambiental? O DSM-IV chama atenção sobre a necessidade de levar-se em conta o contexto, ao perfilar-se o diagnóstico, pois seria inválido ao ser defrontado com perigos reais como guerra ou ambientes de

CODEPENDÊNCIA: O TRANSTORNO E A INTERVENÇÃO EM REDE 149

alta criminalidade, também quando o comportamento caracteriza uma necessidade de enfrentamento a riscos sociais, ou ainda quando o comportamento é estimulado culturalmente ou visto como protetor. Aplica-se "apenas quando o comportamento em questão é sintomático de uma disfunção básica interior do indivíduo e não uma mera reação ao contexto social imediato" (op. cit., p. 86). Portanto, com respaldo nos fatores geta da hipótese moreniana, pode-se afirmar que determinado genótipo transparecerá em fenótipo com Transtorno da Conduta apenas se determinadas condições (espontaneidade, tele e ambiente) combinarem-se adequadamente.

Transtorno da conduta e desempenho de papéis: um pseudopapel como defesa ao agredido-agressor

Desde o útero-palco, o homem jamais deixa de expressar-se por meio de papéis. Em sociedade, as pessoas assumem funções circunstancialmente determinadas por sua inserção, as quais decorrem da congruência ou incongruência de fatores internos como gene, tele e espontaneidade, com fatores ambientais socioeconômicos, que se influenciam por afetos e pressões intersistêmicas. Na sua classe social, no seu átomo social, o humano tece sua rede sociométrica pela interação, em que põe em prática suas funções delegadas e as assumidas.

As funções nem sempre visíveis ou conscientes podem ser relacionadas a papéis oficiais e oficiosos. Assim as pessoas podem ser identificadas por seus papéis profissionais (como policial, médico); eleitas ou determinadas por sua classe social (como patrão ou empregado); ou assumidas por meio de atitudes ou ações (como repressor, negociador, líder); por papéis afetivos (amiga, amante, inimigo); familiares (pai, avó, bode expiatório da família); institucionais (diretor, deputado, reformador) e outros (Gonçalves, 1988). Moreno define o papel imprimindo-lhe seu caráter circunstancial e ato-relacional como "forma de funcionamento que o indivíduo assume no momento específico em que reage a uma situação específica, na qual outras pessoas ou objetos estão envolvidos" (Moreno, 1987).

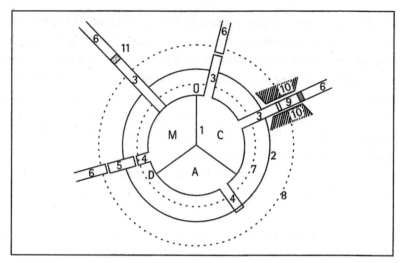

Figura 12 Adaptação do esquema de papéis de J. G. Rojas-Bermudez (1980): 1 – EU; 2 – Limite do si mesmo; 3 – Papel; 4 – Papel pouco desenvolvido, com fraca possibilidade de vinculação; 5 – Objeto intermediário; 6 – Papel complementar, na codependência, mantenedor de relações rígidas; 7 – Contrações do si mesmo em situações muito relaxadas; 8 – Expansão do si mesmo em situações bastante tensas, muito freqüente na relação de dependência; 9 – Pseudopapel tal como o papel de ajudador típico do codependente, que camufla o exercício do controle. Caso a prótese seja uma extensão do eu-papel, pode expressar-se por bengalas ou carrancas, como no caso do Transtorno da Conduta. Caso configure uma extensão do contrapapel, denominado falso duplo; 10 – Condições que mantêm o pseudopapel, palco da codependência; 11 – Vínculo.

À medida que o indivíduo evolui, segundo a Matriz de Identidade, gradualmente desenvolve unidades de ação e de funções relacionais que se expressam por papéis psicossomáticos, sociais e psicodramáticos. A cada papel, supõe-se a complementação via contrapapel, compondo uma célula relacional que permite ao indivíduo expressar-se, ser identificado e apontado como ser atuante.

Quando a pessoa percebe o seu contrapapel de forma clara, télica, faz comunicações interacionais. Quando ela não está livre para perceber objetivamente o outro, acaba por transferenciar, superpondo ao outro, personagens do seu mundo psicodramático. Dessa maneira fica impossibilitada de "responder" na interação e

CODEPENDÊNCIA: O TRANSTORNO E A INTERVENÇÃO EM REDE   151

acaba por emitir "reações" na relação com o outro. Em uma relação EU-TU inadequada, acaba por praticar uma relação EU-EU, porém jogando no TU os afetos que caberiam a uma faceta mal percebida e indesejada do EU. Nesse momento, vive um papel psicodramático em vez de um papel social. Nas suas escolhas, tenderá a buscar complementares que satisfaçam seus papéis psicodramáticos e reagirá a eles de forma enrijecida, configurando relações pobres e estereotipadas.

O limite individual e o espaço pessoal

O limite de si mesmo não coincide necessariamente com a pele que cobre e protege o corpo físico, e seu limite individual pode assumir dimensões que expressam um horizonte entre o intra e o interpsíquico. Esse horizonte (exemplificado na Figura 12 por círculos pontilhados) se expande em proporção direta com o campo ou clima emocional detectado pelo sujeito, funcionando como uma capa protetora. As tensões expansoras do "limite do si mesmo" podem ter origem interna ou externa. Quanto mais inflado o limite do si mesmo, mais "engolidos" e inoperantes ficam os papéis exercidos pela pessoa, apenas os papéis mais desenvolvidos (braços mais longos da figura) alcançam o meio ambiente e conseguem conectar-se aos contrapapéis no seu exercício.

Temos feito testes com alunos averiguando o limite imposto à aproximação de outra pessoa (ego-auxiliar) ora em campo relaxado, ora em campo tenso (tensão provocada por ruídos e falas ameaçadoras), nos quais é sempre interessante constatar a diferença de aproximação consentida entre as duas situações.

O desenvolvimento da espontaneidade favorece o trânsito saudável de conteúdos de um papel para outros, contribuindo para o máximo aproveitamento de conhecimentos da pessoa (formais e informais) e melhorando o potencial de atuação. Assim, ao atuar em um papel, um sujeito espontâneo pode estar "inteiramente" envolvido na relação com os contrapapéis em questão, propiciando o encontro. Pessoas bastante treinadas em um papel podem exercê-lo em campo tenso, mesmo quando todas as demais se encontram paralisadas.

Gráfico de papéis e átomo social rígido

O átomo social compõe-se de interações, que envolvem o sujeito e suas escolhas positivas, negativas ou neutras, com uma gama maior, quanto mais desenvolvidos estiverem seus papéis. Moreno mensurou qualitativa e quantitativamente os números de papéis percebidos e representados por um grande número de crianças, emitindo um porcentual que denominou "quociente cultural"[6]. Ele apontou o domínio de papéis como um dos fatores influentes nas relações interpessoais. Comparava o número de relações sociométricas com o grau de espontaneidade, adotando-os como parâmetros de saúde.

Se uma pessoa encontra-se tensa ou relaxada, numa proporção inversa, o limite do si mesmo infla ou se contrai. É uma função protetora que se expressa por mecanismos de defesa. Assim, demonstra-se como tendemos a estereotipar ou perder papéis em situações cruciais. É possível observar nesse mesmo esquema como diminui a nossa capacidade de vinculação em tais situações.

Por outro lado, a vinculação é necessária para o desenvolvimento dos papéis que torna também mais compreensível, porque o codependente, tencionado na relação com o "imprevisível comportamento" do dependente, torna-se uma pessoa bastante estereotipada e pobre em relacionamentos. E, por sua vez, porque a família tende a manter-se estranhamente unida por sua "desgraça"; ainda que se afastem, continuam "prisioneiros do problema". Com papéis rigidamente assumidos, incapazes de novas respostas às repetidas situações, fracas vinculações e papéis pouco desenvolvidos, o seu "dependente" pode sempre prever seus comportamentos. O que facilita bastante ao sujeito com Transtorno da Conduta mentir acertadamente ao seu codependente.

---

6. Moreno relacionou o quociente cultural ao "grau de diferenciação que certa cultura alcançou dentro de um indivíduo e sua interpretação dessa cultura" (Moreno, 1984, p. 215). (N. da A.)

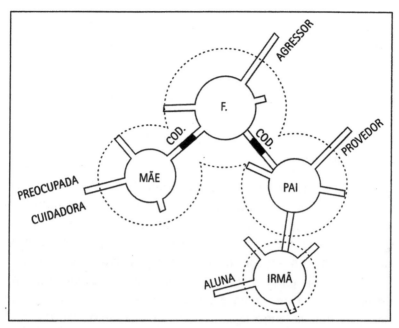

Figura 13 Relação entre sujeitos de um sistema rígido: o "limite do si mesmo", inflado em situações de estresse, tende a manter funções estereotipadas e mais limitadas. Manter a união pode ser uma saída para o sistema garantir maior número de papéis atuantes, vinculando-os ao contexto. Os vínculos com o contexto são importantes retroalimentadores da sensação de pertencimento. Os limites individuais tocam-se ou "emendam", produzindo uma falsa proteção como uma capa protetora que garante a guarda de segredos e legados familiares, o que, por sua vez, tende a aumentar o estresse do sistema, fechando um círculo vicioso de codependência.

Como "aprendeu" um padrão relacional que tende a reproduzir, acaba por escolher os contrapapéis que "se encaixem" nessa rígida forma, rejeitando possíveis complementares mais saudáveis. Em contrapartida, como tende a perceber transferencialmente seu interlocutor, o codependente "reage" a ele, produzindo o afastamento daqueles cujas expectativas não se adeqüem a esse padrão relacional. Em momentos de escolha de parceiro um dependente e um codependente tendem a encontrar-se, tal como qualquer outro complementar.

154 MARIA APARECIDA JUNQUEIRA ZAMPIERI

Por estabelecer conexões rígidas de codependência, é possível inferirmos que um codependente não responde conforme realmente quer. Não se mostra como de fato é nem sabe como realmente é. Cada um precisa do outro. O palco da codependência é um contexto por excelência fechado e mantenedor de conservas.

Funcionalidade de papéis na família sob uma óptica sistêmica estruturalista

A família é concebida, pela denominada Escola Estruturalista de Terapia Familiar (Minuchin, 1990), como um conjunto, nem sempre visível, que se organiza pela delegação ou por exigências que levam seus membros a interagir de modo peculiar. Padrões sistematizam como e com quem cada um deverá se relacionar.

Essa escola tem em comum com o Psicodrama[7] um enquadramento que leva em conta a contextualização da família, as influências mútuas entre sistema familiar e o meio exterior, onde está inserta. E leva em conta também a ênfase na relação constante e dinâmica entre o indivíduo e o ambiente.

Minuchin (1990), representante dessa escola, discute a diferença entre a realidade dos membros isolados e a realidade da estrutura familiar, e configura como um dilema constante do ser humano a necessidade de individuação em oposição à necessidade de pertencimento (à família, ao grupo). A abordagem estrutural considera a família como um organismo que, quando funciona bem, é dito funcional; em caso contrário, disfuncional. Para ele, a família sofre contínuas transformações com o intuito de adaptar-se e reestruturar-se para garantir a sua funcionalidade. Nesse equilíbrio dinâmico a família apresenta uma estrutura na qual se destacam, a cada tempo, certos padrões relacionais, na medida em que atende à demanda.

---

7. Muito embora Moreno tenha deixado escritos sobre psicoterapia como o "Tratamento intermediário de um triângulo matrimonial e tratamento psicodramático de problemas conjugais" e o "Caso Bárbara" com casais e sobre inter-relação familiar, esse não foi seu objeto principal de estudos. Veja *Psicodrama*, J. L. Moreno, 1993, p. 289-300, 386-406. (N. da A.)

Entre os subsistemas, existem fronteiras com a finalidade de delimitá-los, de forma que não se percam nem se misturem. As fronteiras devem ter permeabilidade para que os elementos possam fazer contínuas trocas sem, no entanto, perder suas funções. Em uma família saudável, as fronteiras devem atuar de forma flexível, o suficiente para permitir alterações, quando se fizerem necessárias, porém firme para garantir a segurança aos membros da estrutura. Essa flexibilidade deve existir a ponto de permitir reestruturações.

Os membros de cada subsistema assumem papéis e têm funções delegadas. Por exemplo, no subsistema conjugal, espera-se que os elementos assumam os papéis de marido e mulher (esposo e esposa) e detenham funções sexual e de perpetuação da espécie. No subsistema fraternal, os elementos nos papéis de irmãos têm funções de colaboração, de competição. No subsistema parental, os membros devem assumir papéis de pai, mãe e filhos em relação a quem os pais devem desempenhar as funções de cuidadores com a nutrição, a educação e o afeto.

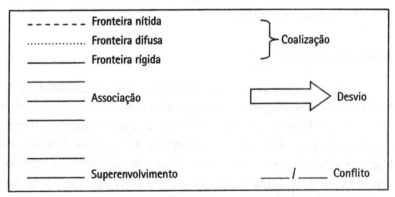

Figura 14 Fronteiras ou regras de um subsistema que definem quem participa, e como, na estrutura familiar, segundo Minuchin.

Os indivíduos são subsistemas na família. Também são subsistemas díades, que podem ser formados por geração, sexo, interesse ou função. Assim, cada pessoa pertence a mais de um subsistema ou hólon, com diferentes graus de poder, função e

156 MARIA APARECIDA JUNQUEIRA ZAMPIERI

complementaridade. Minuchin codifica as fronteiras entre os diferentes hólons, mapeando a estrutura familiar. O subsistema executivo é constituído pelo casal (ou filho parental, quando um dos filhos atua com a função de pai) e o fraternal, entre irmãos. As principais habilidades nos cônjuges (Minuchin, 1982) que mantêm fronteiras nítidas são de complementaridade e de acomodação mútua. Podem, assim, manter individuação e pertencimento e ao mesmo tempo proteger o subsistema de interferência das necessidades e exigências de outros sistemas. Relacionamentos adultos, com fronteiras nítidas, tendem a manter um território psicossocial próprio, no qual possam dar apoio emocional ao outro, sem no entanto insistir em aperfeiçoar ou salvar seus parceiros, impondo-lhes novos padrões funcionais, desqualificando-os ou estabelecendo padrões transacionais dependentes-protetores. Por exemplo, em uma família em que o pai faz confidências à filha sobre suas dificuldades conjugais caracteriza-se uma permeabilidade de fronteira disfuncional aberta ou fronteira difusa. Em outra família em que, por exemplo, os pais fazem segredo aos filhos sobre sua adoção há uma permeabilidade de fronteira disfuncional fechada ou fronteira rígida.

Moldando papéis-função

Fronteiras nítidas permitem funcionalidade adequada, sem interferência indevida, porém, com possibilidade de contato entre os subsistemas. Propiciam o desenvolvimento da família, a diferenciação e a *self position* de seus membros. Quando há conflitos na tríade pai-mãe-filhos, com o mecanismo de triangulação, um dos filhos funcionará como mediador do estresse. Se essa tríade torna-se rígida, pode haver, como função protetora para evitar conflitos, a estabilização de um sintoma, como os psicossomáticos. Assim, o hólon conjugal ou outro estarão ocupados, envolvidos com o problema, aliviando o estresse origem. Portanto esse é um mecanismo relacional moldador de papéis-função.

Fronteiras excessivamente rígidas ou difusas constituem extremos que, em um caso, dificultam a comunicação em detrimento da função protetora e, no outro, permitem o superenvolvimento, minimizando a diferenciação do sistema, sobrecarregando-o e levando-o ao empobrecimento de recursos necessários, às adaptações e mudanças normais da vida familiar. Produzem desligamento e emaranhamento, que ocorrem em diferentes fases da vida, na maioria das famílias; porém, quando operantes nos extremos, indicam áreas de possível patologia. Hólons ou famílias, emaranhadas, podem levar seus membros à renúncia de autonomia a fim de suprir o sentimento de pertencimento. A falta de diferenciação do subsistema desencoraja a exploração autônoma, a iniciativa, o domínio das situações que é a possível matriz da codependência. O desligamento pode levar a um sentido distorcido de independência, ao déficit de lealdade e de pertencimento, bem como de habilidade para solicitar apoio nos momentos de necessidade, possibilitando confusão na relação do indivíduo com o seu ambiente.

Tal como em qualquer sociedade a que o homem pertence, uma distribuição de funções também pode ser observada na família, a fim de atender a um objetivo interno de proteção de seus membros e a outro externo, de acomodação e transmissão da cultura. A função de transmissão da cultura, deixada muitas vezes para a mulher, tem um papel fundamental que deve ser reconhecido e refletido por ser a função mantenedora de mitos e tabus.

Assim, sob a forma de função delegada a seus membros (Minuchin, 1990), no processo inicial de socialização da criança, ocorrem a modelagem e a programação do comportamento que se firmará como expressão de sua identidade. É possível que haja uma linha mestra, ligando a função de codependente e o jogo familiar; entre a função do dependente ou do indivíduo com Transtorno da Conduta e o equilíbrio da família.

A própria família também pertence a um contexto sociocultural cuja continuidade depende dela. Do conjunto atuante das famílias de certa cultura, sua rigidez ou flexibilidade para troca com sistemas externos pode resultar numa cultura aberta ou fechada, isto é, que troca ou não com certas culturas absorvendo progressos. Há uma relação direta entre essas absorções de modificações, de dentro para fora e de fora para dentro de forma circular e sistêmica.

Famílias rígidas tendem a impor uma função fixa aos seus membros e não funcionam como matriz de desenvolvimento. Mantendo-os sem respeitar as exigências necessárias aos estágios de desenvolvimento, suas expectativas mútuas aprisionam (ou impulsionam) cada membro dentro da função que ele desempenha na hierarquia daquele sistema familiar. Essa hierarquia é importante bem como a organização clara dos subsistemas, aos quais pertence um indivíduo, mesmo exercendo funções distintas. Assim, ele pode exercer a função de esposo no hólon conjugal e a de pai no hólon parental. Quanto à qualidade do vínculo que estabelece com os demais membros, pode fazer fronteira rígida com um filho, por exemplo, e fronteira difusa com outro componente da família. A funcionalidade da relação pressupõe fronteiras nítidas. As difusas não mantêm os limites e originam disfunções, bem como as rígidas, que não permitem vinculação.

Nesse contexto teórico, os relacionamentos interpessoais podem caracterizar subsistemas com associação de dois ou mais membros; superenvolvimento, se dois ou mais membros aglutinam-se numa simbiose; ou coalizão, quando dois elementos juntam-se para afastar um terceiro. A intervenção na terapia familiar estruturalista levanta essas informações no diagnóstico, e o trabalho busca redimensioná-la, a fim de reorganizá-la segundo uma estruturação na qual cada membro possa desempenhar funções adequadas dentro de cada subsistema na hierarquia familiar. Para tanto é necessário olhar como eles se relacionam, produzindo um sintoma.

Minuchin evidencia a importância de se observar em ações "aqui e agora". Enfatiza a qualidade das fronteiras e determina o padrão de interação no cenário terapêutico, buscando as áreas de possível disfunção do sistema, para criar um novo sistema terapêutico por meio da interação terapeuta-família. Seu enfoque está nas transações disfuncionais e na estrutura familiar. O terapeuta insere crises que desestabilizam o sistema para tirá-lo da homeostase disfuncional. Cria assim oportunidades para novas organizações, por meio de intervenções no *setting* terapêutico e de tarefas entre as sessões.

CODEPENDÊNCIA: O TRANSTORNO E A INTERVENÇÃO EM REDE   159

Andolfi focaliza o indivíduo e seu processo de diferenciação, investigando a função de cada membro como ponto de ligação com o sistema familiar. Em *Por trás da máscara familiar*, aborda os sistemas familiares rígidos, propõe a redefinição da relação terapêutica do problema, encorajando a novas experiências individuais e interpessoais. Salienta a necessidade de diferenciação como processo de crescimento sem perda do pertencimento. Esse processo requer que a família passe por fases de desorganização, na medida em que o equilíbrio de um estágio é rompido em preparação para outro mais adequado.

Nas famílias codependentes, qualquer mudança nas relações é percebida como ameaçadora. Assim, a rigidez do esquema interacional tende a cristalizar os papéis e a desestimular qualquer entrada ou saída, por apresentar baixíssima tolerância à desorganização necessária ao crescimento e à diferenciação. A patologia do paciente identificado, seja o dependente, seja o doente tal como no indivíduo com Transtorno da Conduta, serve para manter o equilíbrio desse sistema.

Atribuições do comportamento sintomático

Andolfi grifa duas atribuições do comportamento sintomático. Ele mantêm o funcionamento da coesão e sinaliza a dor do conflito, entre as tendências opostas da necessidade de crescer e a de não desequilibrar. Por poder romper a frágil resistência às frustrações numa família rígida, esse fato funciona como metáfora da instabilidade e fragilidade do sistema.

Os membros desse tipo de família mantêm funções rígidas e limitantes, os esquemas inter-relacionais são pobres, estereotipados e redundantes, numa eterna relação de codependência. O que poderia constituir uma fase transitória e, em uma família flexível, orientar-se-ia para um novo patamar nos ciclos da vida familiar, nas rígidas, a designação de cada membro torna-se fixa.

Assim o filho parentalizado cuidador poderá fixar essa função e necessitar eternamente de um elemento "programado" para ser cuidado. Caso isso ocorra, constituirá nova família fechada a

160   MARIA APARECIDA JUNQUEIRA ZAMPIERI

qualquer experimentação e nova aprendizagem. Assim proponho aqui uma óptica sob a qual tanto o dependente como o indivíduo com Transtorno da Conduta "começam a ser preparados" na geração anterior, por meio da construção de papel de uma mãe (ou de um pai) codependente, que necessitará de um marido ou de um(a) filho(a) portador(a) de um transtorno ou de uma dependência, física ou psíquica.

Poderíamos, para ilustrar, dizer que um pai alcoólatra (ou portador de um doença crônica) e uma "mãe tranqüila" poderiam desenvolver um(a) filho(a) codependente que tenderia a casar-se e descobrir depois que o(a) esposo(a) está tornando-se alcoólatra, ou revelando-se uma pessoa violenta na relação com o(a) filho(a). Ou então ele(a) poderia não se tornar alcoólatra, porém um(a) filho(a) do casal desenvolveria uma doença física, ou dependência química, ou um transtorno psíquico. Mesmo assim não se pode afirmar que tais hipóteses ocorreriam, pois, como as relações interpessoais e interambientais são complexas e circulares, o desenvolvimento ou não daquela cadeia dependerá enormemente das condições de *output* e percepção de cada novo *input* do ambiente, com que cada sujeito envolvido consegue interagir.

Apresentação de um caso clínico

Por intimação da escola (particular), a família trouxe o filho F., de dez anos. As queixas referiam-se à desmedida agressividade, em especial na escola, com colegas, professores e coordenadora. Essa agressividade culminou com um tapa no rosto da professora de matemática. F. era inteligente, porém envolvia-se em toda briga com agressão física, provocação e intimidação constante; pegava ou danificava material de colegas, mentia sistematicamente na escola e em casa. De acordo com a diretora, F. dava golpes violentos, como uma tal "avoadeira" que derruba e machuca. A mãe manifestou medo diante da expressão de frieza que o filho apresentava ao mentir ou a finalmente admitir ter feito isto ou aquilo ou ter tirado algo de outrem. Aparentemente ele era também insensível ao sofrimento da mãe, quando saía e demorava a

CODEPENDÊNCIA: O TRANSTORNO E A INTERVENÇÃO EM REDE   161

voltar, mesmo quando ficou até tarde na rua. Parecia à mãe que, quando se mostrava arrependido, seu único objetivo era livrar-se de arcar com as conseqüências de seus atos. Para tanto mentia deslavadamente e mostrava-se bastante engenhoso nessa função.

A filha de doze anos, um primor, destacava-se como uma das melhores alunas da escola, era amada por todos, tinha muitos amigos. Apresentou sério problema renal na primeira infância, tendo sido internada várias vezes e sempre acompanhada de perto pela mãe. Todos se deslocavam para a cidade em que se tratava; ficou longe de casa por dias e dias seguidos, por vários anos. Hoje ainda faz controle a cada seis meses tendendo a espaçar-se. A mãe, altamente ansiosa, com 31 anos, a cada vez que era chamada à escola sentia calafrios, gaguejava e não sabia mais como agir. Diz que o marido já bateu muito no filho até algum tempo atrás, o que este confirma. Ambos trabalham numa universidade. Ele, apenas alguns meses mais novo que a esposa, único filho homem e caçula entre quatro, foi bastante protegido tanto pela mãe quanto pelas irmãs; enquanto, por outro lado, seu pai era violento. Ela perdeu o pai quando ainda namorava e por conta disso teve de interromper a faculdade, assim como sua irmã; sente imensa falta dele. Sempre muito tímida, não se sente à vontade em ambiente algum, não se entrosa com os amigos do marido; tem vida social restrita na cidade, mas mantém contatos com as famílias de origem que moram fora. Queixa-se de quanto o marido é calado em casa, enquanto com os amigos comunica-se bem. Por sua vez F. é fã de um primo um ano mais velho, alterando bastante seu comportamento diante dele ou dos tios, mesmo quando passa férias com eles; mesmo assim F. sempre acaba aprontando. Diz que, na escola, sente-se bem quando os amigos torcem por ele, ou mesmo contra ele, nos momentos das brigas. Sente-se importante ao ser chamado à coordenação da escola, porém tem raiva da coordenadora. Arrepende-se quando vê o desespero da mãe, e sente raiva quando o pai "santinho" bate nele ou o corrige. A irmã é uma tonta que se envergonha dele. Ela confirma a vergonha e diz que gostaria que ele agisse de forma diferente, em especial na escola e na rua.

162 MARIA APARECIDA JUNQUEIRA ZAMPIERI

Proponho intervenção familiar que envolva também a escola, em contatos por telefone com a coordenação e, mais tarde, com a direção da escola. F. e a irmã sempre estudaram ali, ele sempre deu trabalho com o comportamento, porém agora está inaceitável, rabisca o caderno dos colegas, fala palavrões, explode por nada e bate nas outras crianças. Outros pais querem tirar seus filhos, devido às atitudes de F.

Ao longo do tratamento de quase dois anos, em sessões quinzenais, houve momentos de sucesso e regressão, de aparente apoio e também de boicote da escola e de pressão por outros pais. A prática clínica foi fundamentada nos princípios da teoria sistêmica aliada a instrumentos e técnicas do psicodrama, bem como indicação de palestras e de leituras para os pais e para a escola. Tarefas foram solicitadas à família e à escola. No início do tratamento (T), solicitei uma avaliação psiquiátrica, não aceita pela família, que procurou um neurologista. Por insistência da família este solicitou exames, nos quais nada constava. Orientou-os, então, a continuar em psicoterapia sem prescrição medicamentosa. F. nem sempre esteve presente ou participativo nas sessões. O diagnóstico de Transtorno da Conduta não foi passado à família ou à escola, servindo à terapeuta como critério de avaliação do trabalho terapêutico. Foi reservado até mesmo em função da já existente presença de rótulo com o qual F. precisou lutar e fazer muito role-playing para o enfrentamento das pressões de acomodação homeostática e enquadramento na família e na escola. Porém as ações de F. foram abordadas e refletidas por ele e pela família. Tal como quando houve confirmação de fraude de letra na escola, numa agressão escrita na classe, quando mais uma vez F. foi considerado suspeito. A ameaça de expulsão esteve sempre presente, em especial em determinadas fases desses anos. Fui em busca de literatura, supervisão e troca de idéias com colegas quanto às vantagens de uma proposta de transferência; contudo, prevaleceu a alternativa de trabalhar o processo de mudança sem alteração de escola como hipótese de escolha.

Um movimento oscilatório pode hoje ser reconhecido pela família; repetia-se sempre que F. apresentava períodos sem queixas (ou com elogios) na escola, quando automaticamente a mãe entrava em pico de ansiedade e depressão. A mãe reconhece, também, ter levado um susto ao ser questionada até quando aquela criança, já pré-adolescente, teria de continuar sacrificando sua integridade e reputação a fim de escorar uma barreira entre seus pais. A mãe depõe sobre sua perplexidade e só não interrompe o processo terapêutico em função da ameaça da escola. Desafios, alianças, entradas e saídas no sistema familiar, bem como visitas domiciliares mesclaram-se com sessões com máscaras, imagens simbólicas, duplo ego, espelho, inversão de papéis, realidade suplementar. E muito *role-playing* para situações como conversas entre os membros dos hólons conjugal, fraternal, parental masculino e feminino, e, em especial, aquelas situações de enfrentamento na escola, nos momentos de pressão por comportamentos de acordo com o rótulo.

Tarefas de aproximação do pai com o filho foram executadas por treino de futebol, esporte pelo qual o filho é apaixonado e no qual o pai já atuava às vezes como técnico. Averiguando como isso ocorria até então, o pai conta que sempre teve muito receio de ser acusado de proteger o filho, razão pela qual acabava apoiando o time oposto e jamais olhava para o filho durante os jogos; se porventura observasse o filho, disfarçava. Nas tarefas, o pai passou a convidar sistematicamente o filho para treinar após o trabalho. Nessas ocasiões o pai tinha ainda de fazer "artes" como passar trote na mãe ou perseguir um gato, atirar uma pedra contra qualquer coisa. Que inventasse, desde que não prejudicasse ninguém, porém, ao mesmo tempo que proporcionasse uma cumplicidade entre ambos.

A essas foram somadas tarefas de aproximação do casal, numa progressão muito lenta. A mãe afirmava sentir-se muito culpada e extremamente preocupada sempre que se propunha a sair sem os filhos. No início, apenas davam uma volta no quarteirão, o tempo todo falando na solidão dos filhos. Começou a relatar por escrito suas tensões e seus medos particulares, entregando-os ao final das sessões com a família. No papel dizia acreditar que jamais poderia falar livremente sobre suas próprias feridas. Legitimei essa aliança, manejando a família de forma a introduzir pequenos momentos apenas com a mãe, acrescidos depois pela presença do seu marido. A princípio trabalhando em nível simbólico até trazer cenas reais ao palco psicodramático, o casal foi, pouco a pouco, alterando seu movimento; o marido surpreendentemente se expressa muito bem, tem boa percepção e tece observações. A depressão da mãe agudizou-se, quando F. mais uma vez identificava sua posição como "fora do buraco". Dessa vez, porém, F. não retornou ao habitual comportamento autodestrutivo, seu foco e sua auto-estima já apresentavam-se bem diferentes. Estavam em férias e nada parecia bom para ela. "Não entendo. F. está bem, não tenho do que me queixar; meu marido nunca foi tão atencioso, minha filha me contou em primeira mão ter ficado com um menino; está minha amiga. Mas estou péssima. Sinto minha cara fechada, nem eu me agüento; uma apatia total. Todos antecipam a alegria da nossa viagem; para falar a verdade, eu nem queria ir. Ao pensar na estrada só vejo acidentes. Só vou por causa deles, mas temo estragar sua alegria. Por mim, eles deveriam ir e me deixar sozinha, eu ia só dormir. Sinto raiva de estar assim, mas é algo que não posso controlar." Respondi que talvez fosse necessário retornarmos à antiga situação. Talvez fôssemos precisar da função de F. por mais algum tempo. Foi por esta ocasião que ela contou quanto ficara chocada, quando ouviu isto pela primeira vez. Disse em seguida que gostaria de tratar-se. Expliquei então ao casal sobre os sintomas de depressão segundo o DSM-IV; a mãe reconheceu-se em muitos deles, tanto agora como em outros momentos no passado. Foi encaminhada à psiquiatria e foram propostas tarefas de preparação para a viagem e depois para a temporada de férias. Entre as tarefas, ela foi ao médico e iniciou o medicamento; nas férias fez caminhadas freqüentes e na viagem conseguiu praticar os exercícios ensinados de enfrentamento à ansiedade. Segundo o marido, apenas no início da viagem estava ansiosa, melhorando mais e mais. Estavam na praia com outra família e, pela primeira vez, não ficaram em hotel. Ela fez com gosto tudo o que se propôs e, inédito, não houve incidentes com o filho, como sempre acontecia nas outras férias. Ou melhor, houve apenas um. Pela primeira vez, tomaram o partido do filho quando, logo no

CODEPENDÊNCIA: O TRANSTORNO E A INTERVENÇÃO EM REDE   165

primeiro dia de praia, ele foi acusado injustamente. Conforme ficou evidenciado, explicaram de vez aos companheiros de viagem que não aceitariam acusações injustas. Puderam conversar sinceramente sobre sua etnia; F. estava surpreso por estar descascando em função do sol. Falaram da pesquisa sobre a raça e sua origem nas linhagens materna e paterna, prescrita antes como tarefa para eles e para a escola (não aderida pela escola). Paralelamente às tarefas de aproximação do hólon parental, aos sinais de alteração de F., a irmã era questionada sobre vantagens que poderia usufruir com a "melhora" do irmão. Eram ambos os irmãos estimulados a descobrir formas de ajuda mútua. A irmã descobriu que poderia ganhar mais autonomia para sair com a cumplicidade de F. e era bom poder contar com "um irmão". Descobriu também que "um peso às suas costas era aliviado" na escola, quando não ficavam falando mal dele ou tecendo comparações entre ambos. Além disso, sentia-se mais próxima da mãe a ponto de contar-lhe quando "ficou com um menino".

Atualmente F. interessa-se por música, como o avô paterno; escolheu a guitarra, foi pesquisar professor e preço antes de falar com os pais. Sua irmã tem alguma cumplicidade, orgulha-se do irmão pela sua coragem e disposição. Em um passeio sem a mãe, F. foi o único de sua idade que ousou subir em uma grande pedra da qual o pé do morro parecia um abismo. Ele e o pai. Falou com ele, em terapia, que o primo tão admirado por F. é preguiçoso e contou a todos na praia os segredos que F. confiou a ele. Disse também que o primo não se compara ao irmão, que jamais gostaria que fosse seu irmão. F. ficou um pouco cabisbaixo, depois disse que precisa escolher melhor seus amigos. Quanto aos colegas da escola, também percebe que a torcida não é exatamente amiga ao incentivá-lo à briga, ele atua como um joguete dos demais. Em casa, perguntou aos pais após tantos exames que fez se afinal é ou não louco. Vai fazer 13 anos, está calmo e não raro mostra um bonito sorriso. O casal caminha diariamente; como diz agora a mãe, de preferência sem os filhos; saem para suas conversas particulares ou para passeios de adultos. Os filhos dizem que é legal. O pai foi promovido no trabalho, fala um pouco mais, declara mais sua

166   MARIA APARECIDA JUNQUEIRA ZAMPIERI

admiração pela esposa, que mudou seu corte de cabelo e o estilo de roupas.

No novo ano escolar, F. observou que os professores novos gostavam mais dele que os antigos, mostrou-se entusiasmado com o que ainda estava estudando, organizou seus horários. Os pais foram orientados a verificar a oportunidade de F. aprender, com profissionais, um esporte que exija coragem e, é claro, ensine a lidar com os riscos e cuidados. Em casa, F. tem exprimido espontânea e freqüentemente seu gosto pela organização. Quer ser o primeiro da sua nova classe de inglês. Opina em decisões como sobre a quitação da casa da família, presta-se a pequenos serviços como pagar contas no banco para o pai (começaram indo juntos). Obedece a regras e questiona, quando não são respeitadas. Recentemente chegaram atrasados poucos minutos na aula, ele e a irmã, por problemas no carro. Imediatamente o pai ligou para a escola a fim de justificar o atraso. A irmã, que encontrou sua professora indo à sala, teve permissão dela e entrou para a aula. F., porém, foi direto à secretaria solicitar permissão. A mãe não se conformou terem-lhe negado autorização para entrar; contudo, F. explicou à mãe que normas deveriam ser seguidas. Mas questionou a professora no dia seguinte, quando uma colega entrou com maior atraso. Esse fato mostra que F., embora não tivesse se mostrado efusivo na terapia, estava atento e respondendo às propostas feitas e reagindo adequadamente às situações do ambiente.

Descrição de algumas sessões com a família

A Sessão X

A mãe já havia estranhado muito na última sessão, quando perguntei até quando F. deveria sacrificar sua integridade, saúde e imagem a fim de manter o hólon conjugal numa homeostase seguramente afastada. Hoje ela chegou tão apavorada como no início: F. havia aprontado de novo na escola. Sentou-se longe dele: "Nestes dias F. tem estado tão calado quanto o pai. Ou agride ou se cala". Expliquei mais uma vez à mãe que, ou ela resolveria preo-

CODEPENDÊNCIA: O TRANSTORNO E A INTERVENÇÃO EM REDE 167

cupar-se com seus problemas pessoais e conjugais, ou teríamos de contratar F. para continuar fabricando problemas para ela. F. encontrava-se sentado ao lado da irmã, mergulhado em um mutismo cabisbaixo. Parecia alheio a tudo. Perguntei então o que ela havia decidido quanto aos próprios problemas. Ela apontou F. com o queixo e questionou como eu podia perguntar uma coisa dessas com o que já tinham para preocupar-se. Afirmei então, "pensando alto", estar entendendo que a família havia optado por contratar F. para fabricar problemas. Perguntei a F. quanto lhe estavam pagando pelo serviço. O garoto olhou e respondeu amuado e alto: "Nada!". Mostrei-me escandalizada com isto e compartilhei com F. como achava injusto ele trabalhar tão bem e não lhe pagarem devidamente. Sobretudo por esse trabalho lhe custar a própria imagem. Ele ficou olhando-me muito sério. Pedi licença a F. para buscar algo para usarem no trabalho de hoje. Ele confirmou com a cabeça. Os demais ficaram calados.

Voltei com uma grande caixa e pedi ajuda a F. que levantou desconfiado, porém curioso. Grandes e pequenas máscaras foram encostadas na borda do palco. Solicitei a cada um que, sem pegar nenhuma máscara, escolhesse a mais adequada a cada um. Solicitei também que imaginassem simbolicamente a disposição da família no palco, conforme acreditam mais próximo do real.

Depois, um a um solicitei que distribuíssem as máscaras a si e aos demais. Foram montando imagens da família, alterando-as sob as ópticas de cada um. L. colocou o pai e a mãe distantes, ela própria mais próxima do pai à sua frente e F. entre os pais de braços abertos. A mãe virada para ele, o pai virado para a frente bem como ela própria. Por sua vez, a mãe colocou-os todos juntos muito próximos, com máscaras "do bem". O pai colocou-se mais distante e bravo, a mãe com os braços nos ombros de F., o rosto voltado para ele (máscara tensa), a filha mais próxima dele.

F. foi o último. Escolheu máscara feia para o pai, patética para a mãe e brava para a irmã. Para si escolheu a máscara sem face (apenas meio balão sem furos). Colocou os demais no palco virados para a porta. Ficou fora. Solicitei que encontrasse seu lugar. Virou os demais estendendo o dedo em riste para ele, posi-

168   MARIA APARECIDA JUNQUEIRA ZAMPIERI

cionando-se do lado oposto, ostentando a sua máscara. Estava de costas. Entrei no seu lugar, pedindo-lhe que observasse de fora e modificasse o que achasse necessário (o que também fizera com as imagens dos demais, dando oportunidade de observar de fora cada um que quisesse, solicitando solilóquios e algumas inversões de papel). Voltou-se para a frente.

Perguntei o que seria necessário para ele ter uma face. Respondeu que não havia disponível nenhuma que servisse. Não quis desenhá-la, não saberia dizer como seria, talvez fosse inteiramente negra. Por fim pegou a de capeta e disse que ambas, a vazia e a de capeta, alternam. Pegou uma carranca também para a mãe alternar. Afastava-se e punha a de capeta. Aproximava-se e punha a sem face. A mãe, fez com que colocasse a brava, quando próxima, e a patética, quando longe. A irmã colocou uma com sorriso e outra com raiva. Disse que a primeira era ao precisar de algo e a outra, quando não precisava. O pai só carranca e longe. Depois o aproximava e colocava seus braços como garras ameaçadoras.

Solicitei então que, tendo em vista todas as imagens que viram e sentiram, mostrassem como gostariam que se tornasse a família. Experimentaram várias alterações de imagens e inversões de papel e acabaram por situar o pai e a mãe atrás, os filhos à frente; trocaram depois para colocarem-nos ao lado, pais lado a lado no centro, e retiraram as máscaras.

Pedi que mostrassem novamente uma das imagens do "atual" e se movimentassem em câmara lenta mostrando detalhes da "transformação" e sentindo o que pudessem com as alterações. Experimentaram nas várias versões (com a primeira imagem de cada um), com congelamentos e solilóquios. Elegeram então uma seqüência na qual F. partiu de sua imagem sem face, os demais afastados; fez com os demais o jogo aproximação/afastamento alternando as máscaras. Orientei para que reiniciassem e fossem até a última imagem "sentindo ao máximo" cada passo e cada posição. Refizeram, às vezes em silêncio, mas sempre devagar, às vezes parados; cada um, às vezes, parecia comandar o ritmo. Sons, gemidos, suspiros, e às vezes risos. Em alguns momentos,

CODEPENDÊNCIA: O TRANSTORNO E A INTERVENÇÃO EM REDE   169

experimentaram o som dos outros. Com os olhos fechados esses sons pareciam guturais (caminhar para dentro).

A mãe, ao alterar das imagens em que o filho estava entre eles, saiu para a frente e depois para o lado, aproximou-se do pai sem no entanto olhar para ele. Orientados, afastaram-se um pouco, olharam-se antes dos comentários, fechando a cena com uma imagem mais solta e natural.

Sugeri que escolhessem umas das imagens para fazer um retrato que pudesse servir de guia terapêutico para a família. Enfileiraram algumas máscaras no chão à guisa de seqüência e arrumaram-se, trocando idéias, com pais no centro e filhos um pouco à frente, um pouco ao lado; depois à frente sentados ("Como estão ficando altos!", disse a mãe). Cada um olhou de fora. Registrando seu "clique" na memória.

Muitos solilóquios haviam sido solicitados, com várias paradas para algumas inversões de papel para ampliar suas visões do campo relacional e do outro. Nos comentários, a mãe disse que jamais poderia ter imaginado que não estavam já "todos juntos". O pai confessou ter se sentido mal ao observar de fora e nas imagens como estava distante da família e compartilhou com o grupo a difícil obrigação de corrigir o filho. A filha falou para ele que, às vezes, ele era legal, mas nunca estava realmente próximo, porque ou "fazia palhaçada e gozações" ou estava mudo ou bravo; não dava para conversar com ele. A mãe concordou plenamente com a filha. Não gostava das suas brincadeiras, soavam falso, gostaria que conversassem como uma família normal. Ele era mais natural com os amigos que com a família. A irmã disse que atualmente a mãe se preocupa muito com o irmão e que, quando ela era pequena e estava doente, a mãe se preocupava só com ela. Quando pequena, ela gostava das atenções mas via muitas vezes o irmão "de lado". Nessas horas ela se chateava com o que via, mas mesmo assim gostava das atenções; então sentia-se melhor quando do ele fazia alguma coisa errada porque aí bem que merecia que ficassem bravos ou distantes. Mas na escola não gostava quando falavam dele; preferia que ele não provocasse as brigas e não fizesse as coisas erradas, que não comparassem os dois; sente raiva por ele não mudar o comportamento.

F. disse que foi bom sentir quando o colocaram próximo, foi o movimento melhor. Na imagem entre os pais com os braços abertos segurando-os sentiu-se cansado nos ombros, no corpo, com os braços doendo, não gostou. Disse ter apreciado a seqüência de sem face para com face, mas agora entende não saber de fato quem ele é, também não sabe por que faz isso (seu comportamento); de fato não gosta. Não gosta de ver a expressão da mãe, nem a brava, a ansiosa ou a "boba"; gosta quando ela olha "normal". Sente medo do pai, mas dá raiva; também dá raiva em outros lugares com outras pessoas. Sente-se bem quando fazem torcidas nas brigas, agora entende que nestas horas sente-se com rosto; não gosta depois, "mas aí já foi". Não gosta quando os pais vão à escola porque foram chamados; sente raiva da coordenadora e dos outros. Prefere quando está com a máscara "do ódio" do que a "sem nada", mas a última tem estado muito presente para ele. Não gosta de a mãe estar sempre "em cima" dele. Gostou quando o pai ficou mais perto. A mãe disse que F. adora o pai, sempre tenta aproximar-se dele mesmo quando apanhou e o pai "não dá lado para ele".

Esta sessão deu margem a outras transgeracionais dos pais com suas famílias de origem. As imagens foram reutilizadas, inserindo o pai no lugar de F. "escorando os pais distanciados". Este reconheceu-se ali, superprotegido, abafado pela mãe e pela irmã, mantendo seu pai afastado (e irado com ele). Inverteu o papel com o pai, colocou ali o seu pai, reelaborando sua própria experiência como filho, recontratou com o seu "eu criança" e depois com o seu "eu pai" atual. Entrou em contato com o *status nascendi* do seu padrão relacional, com o contrapapel feminino "que o abafava" tencionando-o. "Atrai mas deixa tenso" e mudo; todas falavam por ele, adivinhavam suas necessidades mas ninguém de fato se relacionava com ele. Queria relacionar-se com o pai, ser seu companheiro e não seu inimigo.

Em muitas ocasiões iniciávamos a sessão com os quatro presentes apenas no esquecimento. Os filhos faziam atividades em

CODEPENDÊNCIA: O TRANSTORNO E A INTERVENÇÃO EM REDE   171

outra sala, a fim de trabalharmos o hólon conjugal, sempre que se configurava adequado o momento.

O objetivo era sempre facilitar a saída de um estado de indiferenciação para o Segundo Universo da matriz moreniana, viabilizar uma percepção mais madura de diferenciação entre figuras interligadas e realidade de papéis nas inter-relações atuais. Desconstruir superposições, mitos e antigos contratos para dar espaço a interações mais espontâneas, menos transferências rumo à saúde.

A Sessão Y

Hoje estão apenas o pai com os filhos; estão de bom humor e falantes. F. conta que o pai o convidou para treinar futebol, que está sendo legal. Conta também que outro dia passaram um trote na mãe; ligaram do orelhão, revezaram-se ao telefone para dizer que F. havia brigado na rua. A mãe ficou muito nervosa, pondo-se a falar sem parar; F. explicou que tinha de brigar, pois ela havia sido xingada. Ela disse que a xingassem à vontade, mas que não entrasse em briga. Eles não conseguiram segurar mais o riso e ela acabou percebendo que era brincadeira. Riram muito depois, ao lado da irmã e da mãe também. Então perguntei como estavam indo as coisas. F. respondeu um tanto relutante que gostaria muito de mudar, mas era difícil. Questionei os demais se concordavam com F. Demoraram um pouco a responder; a irmã disse que os colegas tinham certa culpa também, por isto ela achava que não seria mesmo fácil. Propus a F. trazer ao palco esta situação; que ele representasse por meio de uma imagem a tal dificuldade para mudar. Aquecendo-se aos poucos, F. ficou no centro do espaço dramático, com as mãos sobre o rosto. Solilóquio: "Estou sem rosto. Não quero fazer as coisas, mas sei que vou acabar fazendo". Questionei se alguém ou alguma coisa o obrigava a fazê-lo. Após algum tempo, o garoto descobriu o rosto olhando-me. "A torcida." Solicitei então que montasse esta situação, com auxílio dos demais. F. apresentou dois personagens, representados pelo pai e pela irmã. Voltou ao centro, com as mãos cobrindo a face. Instigados, ambos insistiam para que ele entrasse na briga, rasgasse o

172   MARIA APARECIDA JUNQUEIRA ZAMPIERI

caderno da menina, que era uma chata, falava mal dele, da mãe e outras coisas. De repente F. descobriu o rosto, um pouco pálido. "O que você quer fazer?", perguntei. "Bater!" "Em quem?" "Neles!" Fiz rápida menção de o pai e a irmã pegarem almofadas, orientando-os para que se defendessem. "Olhe aqui, F. Eles estão bem aqui com suas cabeças grandes! Faça o que te der vontade; se for necessário, eu dou um sinal para parar assim (dei uma palma rápida). Aqui está o ringue, ele vai daqui até aqui. Já!" F. lutou muito, sempre com as almofadas. Lutou mais com a do pai. Instigado, falava com seus personagens, o quanto eles fingiam ser seus amigos, como apenas queriam que ele lutasse no lugar deles. Enfim cansado, F. parou. Solilóquio: "Posso perceber agora; fui um boneco na mão deles. Assim eu ficava com a cara de mau. Mas isto me dava uma cara. Também é ruim ficar sem um rosto". Peço que ele olhe nos olhos de seu pai; observe bem o que tem lá. O pai fica sem graça mas sustenta o olhar; não parece fácil para nenhum deles. Enfim F. abaixa a cabeça: "Ele me vê". Insisto: "O que ele vê?". F. olha novamente: "Está me vendo". "Você ainda está sem rosto?" "Agora não." "Olhe nos olhos do seu pai e descubra que cara tem seu rosto." Demora a responder: "É boa".

Após esta sessão F. fez uma série de *role-playing* de enfrentamento a situações de provocação, de situações tentadoras, de brigas próximas dele; enfim, a irmã e o pai tiveram uma ativa participação, mais que a mãe. Era vez do movimento positivo de F. Em uma situação paralela ao flagrante, F. vivia a sua fase de reconhecimento do EU, reconhecimento do TU. À medida que "ganhava rosto, ampliava seus corredores com o pai e com a irmã; rompia uma simbiose necessária ao equilíbrio da mãe".

Discussão

O caso de F.

Levamos em conta para fins diagnósticos informações por meio das queixas apresentadas pela família e/ou pela escola, nem sempre confirmadas por F. Em comparação com o critério A do

CODEPENDÊNCIA: O TRANSTORNO E A INTERVENÇÃO EM REDE 173

DSM-IV constataram-se características de agressão a pessoas ou animais como provocação, ameaça e intimidação; início e reação a muitas lutas corporais, com ou sem uso de pedra (certa vez levou uma faca à escola, descoberta sem ser usada, por uma professora). Quanto ao item Destruição à Propriedade, F. não apresentou fortemente esse critério, foi acusado de rasgar apostilas de colegas e rabiscar um caderno seguido do outro. Quanto a defraudação ou furto, o critério "Mentira freqüente para obter favores ou evitar obrigações" foi o mais reincidente; ocorreu na escola, em casa ou na rua. Foi acusado de falsificação seguida de mentira, sustentada ao extremo quando, levado pela família até um perito na delegacia, acabou por admitir. Suas mentiras sempre foram sustentadas ao máximo, por muitas vezes negadas um sem-número de dias; admitidas em várias ocasiões apenas depois de desmascaradas. Gazeteou a escola poucas vezes. Em especial na escola os comportamentos causaram prejuízos, sendo a família chamada inúmeras vezes, procurando tratamento quando esta atitude foi imposta como condição. A ameaça de expulsão esteve presente mesmo depois de iniciada a terapia. Com todas as queixas por parte de outros pais, nem sempre reais, pois o aluno rotulado acaba por incorporar a culpa também por atos não praticados necessariamente por ele; nenhum dano mais sério foi apresentado, que não fosse o próprio F. o maior prejudicado. Segundo os pais e a coordenação da escola, F. foi "trabalhoso", sobretudo na escola, desde pequeno. Seu quadro, porém, foi-se agravando a um Transtorno da Conduta leve mais próximo da 5ª série. Não houve repetência escolar, embora, "apesar da grande inteligência", sempre comentada pela coordenação da escola, quase tenha perdido o ano por várias vezes. As queixas da escola consistiam em desrespeito e depreciação ostensiva a professores, bem como a atividades da escola, recusando-se a fazê-las. Apresentava fases como o "caderno todo em branco" ou sem as tarefas. Era inúmeras vezes acusado de hostilidade contra colegas, professores e coordenação com agressão física, entretanto freqüentemente em lutas corporais. Fora da escola também, incluindo pular o muro de residências, atirar objetos ou nadar. Apaixonado por futebol e bom jogador, ainda assim também conseguia ser expulso de jogos. Com os pais trabalhando fora, burlava tarefas e não saía da rua. Os pais temiam por suas companhias; porém, até mesmo entre estes havia queixas sobre F.

Estudo Transgeracional

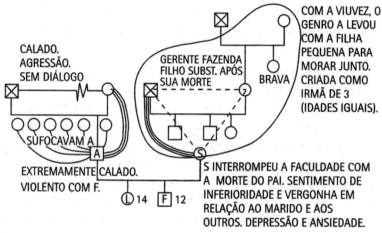

Figura 15 Genetograma.

A ala masculina da família paterna apresenta-se agressiva em relação ao filho homem, calada, sufocada na infância pela ala feminina da geração anterior e periférica na família atual, com seu afeto não percebido pela esposa. Assim também, porém de forma muito acentuada, parece ocorrer com F.; seu pai e seu avô não fugiram à regra. A ala feminina tende a buscar proximidade e cumplicidade na figura masculina paterna na família de origem e a ser rancorosa com a filha. Por sua vez este complementa e tende a reforçar o isolamento da mãe brava, bem como a vergonha e a culpa (edipiana) da filha. São filhos de pai de gênero oposto extremamente carinhoso (que morre cedo e fica idealizado), e de mesmo gênero raivoso em proporção direta. Tenderão a repetir o padrão com a próxima geração, desenvolvendo superenvolvimento com um filho e isolamento em relação ao marido calado. Triangulações podem ser observadas nas relações entre a mãe, o pai e o filho, com F. no vértice escorando uma relação descontente entre seus pais (em especial a esposa não pode perceber afeto por parte do cônjuge, que nunca conseguirá ser carinhoso como fora seu pai), tal qual sua mãe triangulou uma relação rancorosa entre os avós maternos de F., cuja avó, que nunca se deu bem na sua própria relação com sua mãe, foi obrigada a aturá-la, pois seu bondoso e afastado marido a acolheu na viuvez. Assim a mãe de F. foi criada como irmã da própria tia, com uma mãe mal-humorada e um pai supercarinhoso (com os filhos), que morreu cedo, cortando seus estudos.

Evolução Estrutural e Sociométrica da Família

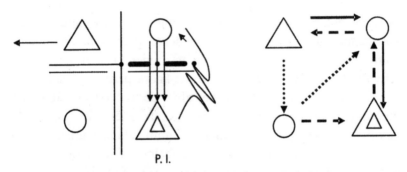

Figura 16 Estrutura da família e relação sociométrica apresentadas no início do tratamento. Os gráficos representam estágios da família, numa visão estrutural e sociogramas de momentos correspondentes. No início da terapia era possível identificar um pai rígido e periférico em relação à mãe e ao filho; a mãe com superenvolvimento em relação ao filho, que a rejeitava; a irmã rígida com relação ao PI. A relação sociométrica apresentava-se pobre em mutualidades; prevaleciam as incongruências e as indiferenciações de escolha (tele indiferenciada). Em verde simbolizamos alternações nas eleições, porém de forma bastante "desencontrada". O pai foi identificado por todos como muito sério e calado, "não sabe conversar com a gente; ou faz brincadeiras estúpidas ou está bravo, ou fica mudo, isolado". A proposta terapêutica enfatizou o treinamento da espontaneidade e tarefas de: a) aproximação nas relações parentais por gênero; b) aproximação na relação conjugal e fortalecimento no hólon fraternal.

Os gráficos representam um momento de transição ao longo da psicoterapia, quando as fronteiras ganhavam alternados contornos. Movimentos alternados com esboços de mutualidade (mutualidade temporária).

Um movimento semelhante ocorre em relação à família paterna. O avô de F. foi superenvolvido pela mãe mantendo-se no vértice do triângulo com a geração anterior, repetindo a conturbada relação com sua própria esposa, que superenvolvia o pai de F. (sufocado também pelas irmãs), agora no vértice do triângulo, que por sua vez observa afastado sua esposa (mãe de F.) superenvolvida com F., objeto de sua grande preocupação. Repete-se um padrão de mulheres que buscam na relação intergerações a expressão de seu afeto e fonte de preocupação. O marido busca um complementar para suas motivações internas, entre mulheres que apresentem um potencial codependente para superenvolver-se com alguém (com quem se preocupar), podendo ele próprio, superenvolvido na relação parental, estar agora periférico na relação conjugal (seu padrão é de receber afeto de mulheres e não de expressá-lo). Homens que se saturam de afeto feminino na família de origem e mantêm-se afastados na família atual. Mulheres codependentes que precisam de filhos "trabalhosos" e maridos periféricos, pois aprenderam (programaram-se) na família de origem a saciar afetos e cuidados na relação parental em oposição de gênero, e a relacionar-se com o progenitor de mesmo gênero de forma conturbada e/ou sem afeto.

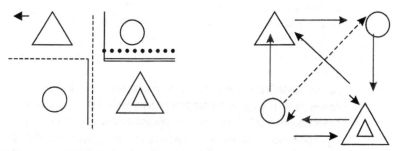

Figura 17 A família em processo de mudança.

CODEPENDÊNCIA: O TRANSTORNO E A INTERVENÇÃO EM REDE   177

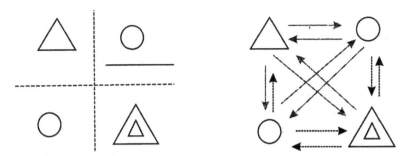

Figura 18 A família em processo de mudança.

O pai é incluído; a mãe consegue comunicação direta com o marido e com os filhos. Alterna permeabilidade e rigidez com o filho; inclui a filha. Sociometricamente surgiram opções de escolha espontânea, com mutualidade e incongruências. O pai é líder sob o critério "quem escolho para tomar decisões", porém não é escolhido pelos filhos "para conversar sobre uma coisa sua".

Intervenção psicodramática e problemas conjugais

Moreno (1993) apresentou um estudo sobre este tema, tratando casais no palco do teatro terapêutico e deixando clara a abertura que seu trabalho significaria como perspectiva para a pesquisa bem como para o tratamento. Ele se mostrava preocupado com a freqüência de casamentos falidos e chamava atenção para a falta de espontaneidade, que ele observava, tanto para iniciar-se quanto para encerrar-se uma relação conjugal. O que atualmente as escolas de terapia familiar abordam como "comunicação direta" entre o casal (e a família) Moreno já questionava. Por que não iniciar o matrimônio "de acordo com todas as máximas da espontaneidade autêntica por ambas as partes?". E ao terminar o relacionamento... "por que não pôr-lhes fim de um modo que seja tão digno quanto humano?" (id., ibid., p. 386). Ele propôs o psicodrama, num palco, "com suficiente afastamento da vida e do cotidiano", como método para explorar uma melhor compreensão dos conflitos e das tensões interpessoais. Privilegiou este espaço resguardado dos rígidos padrões impostos pela existência, das limitações e dos ran-

178   MARIA APARECIDA JUNQUEIRA ZAMPIERI

ços da vida cotidiana. Enfatizou que os papéis ocultos e as relações inter-humanas invisíveis devem ser evidenciadas e concretizadas, seja com auxílio de egos ou de gravações ou mesmo por um sistema de iluminação. Ele próprio iniciava o tratamento de casais com entrevistas com cada cônjuge, separados. Apenas depois de diagnosticar a queixa principal e "a pista para o problema crucial" é que considerava propícia a construção da primeira situação psicodramática. Aí sim ele considerava iniciado o processo de tratamento. Ele seguia as pistas oferecidas pelos sujeitos de forma direta ou por "saídas laterais", contanto que surgissem primordialmente de modo espontâneo. Caso o problema envolvesse a família ampliada ou amantes, Moreno entrevistava-os também antes do início no palco, como passos preparatórios. Todavia, não hesitava em colocar diretamente no palco indivíduos extensivos ou evasivos nas entrevistas, para "atuar como se estivessem em casa"; porém pensando em voz alta e mais livremente. Tal como se procede hoje em terapia familiar, quando um (ou mais) elemento(s) não sabe(m) ou não deseja(m) participar do tratamento, Moreno iniciava com aquele solicitante e introduzia gradativamente o(s) outro(s). Ele já alertava sobre o cuidado que deve ter o terapeuta para não fazer julgamento ou não tomar decisões no seu lugar; seja pela reintegração, seja "uma catarse pelo divórcio".

Embora a atitude moreniana para tratamento conjugal encontre eco na proposta das Escolas de Terapia Familiar, não há nesta literatura referências ao seu trabalho. Utiliza-se mesmo dramatizações e imagens simbólicas sem reconhecimento ao pioneirismo de Moreno neste campo.

No tratamento da família em questão, utilizamos o arsenal psicodramático como instrumento, aliado às metodologias da Escola Estrutural, da Escola Estratégica e Transgeracional nos momentos em que configuram-se provavelmente mais producentes à evolução em cada momento.

A seguir, discutimos a evolução do tratamento enfocado neste estudo à luz de algumas teorias do desenvolvimento do psicodrama e neopsicodrama.

Evolução do Grupo Familiar segundo o Núcleo do EU de Bermudez

Podem ser observadas fases ao longo do processo terapêutico, na relação do grupo com seus membros e com a própria terapeuta. No grupo familiar constatamos também uma evolução funcional que, vista sob uma óptica da teoria do Núcleo do EU, pode-se dizer que partiu de um princípio nitidamente ingeridor. A expectativa de uma solução fornecida pela terapeuta assemelha-se a uma criança de boca semi-aberta à espera do alimento ou clamando por ele.

A produção é baixa, a função mais percebida é a "recebedora" e "cobradora" de receitas ou de resultados para suas queixas. Esta atitude foi pontilhada por expectativa, cobrança e crítica, não só pelo grupo familiar mas também pela escola, que encaminhou a criança ao tratamento. Não cessou totalmente mas pode-se observar um gradativo movimento de "mostrar resultados", contar sem ser solicitado. Era possível observar um prazer por criar, fazer e participar, em diferentes ritmos. Surgiram a birra, o "fechar-se e não dar nada". Em especial F. e a coordenação da escola apresentaram este movimento de recusa à colaboração. Aquele fechando-se no mutismo e cobrindo o rosto, ou mesmo resistente a comparecer à sessão. A coordenação, por meio do boicote às nossas solicitações. Foi cogitada nesta fase a necessidade de transferir F. A resistência da coordenação foi identificada pela direção da escola, que assumiu desde então os contatos conosco. Como havia um histórico de mentiras por parte de F., além das informações da família, informações objetivas de fontes da própria escola tornavam-se necessárias para a terapeuta avaliar a evolução do tratamento. Tais contatos facilitavam em parte averiguar o manejo adotado na escola, a atual função do "rótulo" de F. e a própria percepção dos profissionais da escola sobre a evolução de F. Sua irmã, por sua vez, mostrou-se gradativamente mais participativa, solicitando momentos de espaço próprio expondo suas próprias idéias e seus conteúdos internos. Entra em contato com sua face "mazinha", permite-se não ser "boazinha" em tempo integral. A mãe começou a escrever cartas que nos entregava em mãos ao

180 MARIA APARECIDA JUNQUEIRA ZAMPIERI

final das sessões, depois abertas em flashes individuais e, mais tarde, com o casal. Nesta etapa "aparece" sua depressão, defesa típica do Modelo Defecador de Bermudez. F. alterna os movimentos de mostrar-se e cobrir-se; dar e não dar colaboração, surpreendendo-se aos poucos com sua própria face, com seus "conteúdos bons" e seus "conteúdos maus", com as diferentes expressões externas ante suas ações. Aprende com o pai a "fazer artes" aceitáveis, descobrindo o humor, uma nova e verdadeira relação com o pai, sua própria capacidade de criar, de agir movido por necessidades próprias, sem ser "um joguete mandado" pela torcida. Praticar ações que proporcionem gratificações internas. Descobre que pode "ser"; não precisa corresponder a um rótulo a fim de sentir-se com identidade. Surgiram o "rir de dentro", o brilho nos olhos, o "olho no olho". Trilha um reconhecimento do EU e do TU. Faz relação em corredor com o pai. Ocorre toda uma fase que poderia ser identificada como "defecadora" em analogia com o Modelo do Núcleo do EU de Bermudez. Em transição, vai tornando-se mais nítida uma predominância na organização, que de acordo com a mesma teoria é típica do Modelo Urinador. Constata-se desde uma alteração de organização interna a uma organização no espaço relacional. Esta organização reflete na estrutura familiar: tornam-se mais claras as relações entre os vários hólons. Os irmãos descobrem vantagens na relação fraternal, ora com cumplicidade, ora com brigas. Podem "falar verdades" um para o outro. Os pais se aproximam; a mãe deixa de ocupar-se compulsivamente com o filho e volta-se para si mesma, para o marido e para a filha (estão mais "amigas"). Parece-lhe distante o tempo em que relacionava automaticamente qualquer barulho estranho com algo ruim; o tempo em que falar sobre filhos parecia altamente constrangedor; uma reunião ou o fato de ser chamada à escola provocava intensa ansiedade. O marido mostra-se mais falante, elogia um pouco. Convida o filho para jogar, solicita que vá ao banco. Enfim, esta transição demonstra que o grupo familiar vai apresentando mais e mais características do Modelo Urinador de Bermudez; F. interessa-se pela própria organização. Escalonou

CODEPENDÊNCIA: O TRANSTORNO E A INTERVENÇÃO EM REDE 181

horários para estudar e para atividades extra-escolares. Foi buscar informações sobre instrumento musical e cursos de seu interesse, empresta mesada ao pai (antes quando a irmã fazia isto ele dizia para ela dar a ele). A família renegociou a dívida da casa para quitação; o que "jamais cogitariam tempos atrás".

Evolução do Processo Terapêutico segundo a Matriz de Identidade

Considerando o tratamento como um todo, tem-se a princípio uma família em estágios iniciais do Primeiro Universo quanto às funções individuais de manutenção homeostática como a "função separadora" do casal então exercida por F. Tal função já havia sido ocupada pela irmã mais velha quando bastante enferma, paralela à "função mantenedora" da mãe necessitada de manter relações simbióticas com filhos, a fim de proteger-se de suas dificuldades.

Chegaram ao consultório bastante próximos da indiferenciação; confusos, como "cegos atirando para qualquer lado". O movimento da simbiose para o reconhecimento pessoal e do TU foi oscilatório, demorado. Era mais evidente no comportamento apresentado pela mãe para com o filho. Havia, contudo, uma pressão conjunta e mais silenciosa que mantinha a homeostase familiar, tal como uma postura típica de "lavar as mãos", observável na resistência ou acomodação da escola (para todos os efeitos fizemos nossa parte; já encaminhamos a criança).

Bastante ingeridora esta etapa; leituras e palestras foram instrumentos importantes recomendados e aderidos. As relações em corredor foram elaboradas e provocadas como tarefas terapêuticas, experimentadas depois naturalmente entre eles. A pré-inversão foi elaborada com muito *role-playing*. F. experimentou e treinou com o auxílio do pai e da irmã no consultório. Fora do consultório treinaram papéis menos rígidos; tanto o filho quanto o pai, a mãe e a irmã. Experimentaram "funcionar" de outra maneira, alterar seus padrões de desempenho de papéis, com maior espontaneidade. A triangulação foi retrilhada; cada qual observando as novas coalizões entre os demais, estranhando-as, experimentando não ser o foco do outro ou da terapeuta. Privilegiaram-se a

182 MARIA APARECIDA JUNQUEIRA ZAMPIERI

inclusão do pai e a aproximação do hólon conjugal. Em especial, por várias sessões a terapeuta não perguntou nada sobre F., mesmo ao falar diretamente com ele. A irmã, a mãe e o pai revezaram o protagonismo nesta fase, que evoluiu para um movimento natural de circularização. Uns foram colocados como observadores do relacionamento entre os outros, tal como se procede no "questionamento circular" de terapia familiar.

Incluíram-se naturalmente reuniões para decisões conjuntas, sobre as férias, ou para trocarem idéias, sobre a possibilidade de quitarem a casa. F., mais solto, passou a oferecer-se para tarefas como ir ao banco ou ir buscar algo quando alguém estava cansado. Dispõe-se para fazer o jantar, uma sopa ou o lanche para a família.

A mãe reporta estar de bem consigo e com o marido. Conseguem comunicar-se, tomar decisões antes nunca cogitadas, assumir riscos.

Abuso infantil como gênese da codependência e do Transtorno da Conduta

Nas diversas facetas do espelho moreniano a criança reconhecer-se-á pela expressão que lhe dirigem os demais, absorvendo de fora para dentro o seu valor pessoal.

Em fases anteriores à abstração seu pensamento tende a polarizar o bom e o ruim também para si mesma. Apóia-se inteiramente na placenta social da sua primeira Matriz de Identidade com suas características de valorização, vulnerabilidade, imperfeição e pensamento radical para suprir sua necessidade de ser humano. A violência física à criança implica uma das formas de abuso infantil que facilitam um dano em sua identidade básica. Sua dependência dos adultos a leva a freqüentemente atribuir-se alguma culpa pela atitude dos pais, a concluir algo como "Eu sou ruim" que acaba se tornando parte de sua auto-imagem – e, segundo Cukier (1998), um traço de sua identidade. Não há nesta situação ninguém para defendê-la, até porque ela tenderá a apresen-

CODEPENDÊNCIA: O TRANSTORNO E A INTERVENÇÃO EM REDE   183

tar-se como "pessoa ruim" e, com a ampliação da primeira à segunda matriz abrangendo o *socius*, o ambiente encarregar-se-á de confirmar-lhe esta imagem, "torcendo" para que seja castigada. Este ciclo, se não for quebrado, fechará como um cúmplice ferrenho uma profecia não verbalizada pelos pais e pela sociedade sobre a criança má que ela é, aliviando definitivamente suas consciências de adultos: "Por mais que eu tenha batido nele, de nada adiantou; já não há o que fazer". Não se sabe mais por que a criança apanhou antes, mas decerto que o castigo era merecido, pois "o tempo está provando que eu tinha razão".

A criança assim precocemente profetizada poderá eleger algum modelo polarizado de falso *self*, que tenderá a caracterizá-la como bode expiatório da família. Situações que possam configurar-se como vergonha ou desamparo tenderão a acionar seu personagem postiço. Com o Núcleo do EU permeado de regiões obscuras à criança, ela vive momentos de um "limite do si mesmo" (Rojas-Bermudez, 1980) inflado que tende a tolher a vivência eficaz de seus papéis sociais. São momentos em que o falso *self*, à guisa de objeto intermediário, entra em ação como se papéis postiços fossem próteses "aumentando os braços" dos papéis para além do limite do si mesmo inflado, a fim de viabilizar interações com o ambiente. Mas como próteses "defeituosas ou desajeitadas" produzem contatos inadequados, desastrosos, que, em vez de trazer gratificação interna, acabam por comprovar ao *self* que ele é ruim, ou que o mundo não pode fazê-lo feliz. Como estes contatos sociais não ajudam a clarear para a criança suas regiões internas nebulosas, suas feridas internas apenas doem confirmando sua presença. Reclamam para que algo seja feito. Suas queixas aparecem no ambiente desajeitadamente como ações do falso *self*. Na família tendem a produzir ressonâncias com as demais peças do jogo familiar, acionando num círculo vicioso sempre as mesmas interações de *input* e *output*. Assim tendem a "aparecer", a ficar mais facilmente reconhecíveis quando começam a surgir mais peças no jogo relacional, ou seja, ao ampliar da primeira Matriz de Identidade à matriz social que inclui a escola.

São muitas vezes então mais facilmente reconhecíveis seus pedidos de socorro em forma de comportamento estereotipado e inadequado ou agressivo, que acaba por levar a escola a entrar em contato com a família, para impor suspensão escolar ou sugerir encaminhamentos.

Bengalas e carrancas

Situações estressantes tendem a inflar o limite do si mesmo, independentemente da idade. Sob uma óptica da teoria de papéis, recordando o gráfico de Bermudez (1980), em ocasiões ou fases agudas permanecem funcionais os papéis mais evoluídos. Aqueles "mais curtos" ficam ocultos sob o "limite do si mesmo inflado" e não alcançam papéis de outros sujeitos a fim de contra-atuar; não ocorrendo a interação e complementação de papéis. Assim esses papéis ficam inoperantes. Treinamentos da espontaneidade ou de papéis viabilizam o fortalecimento e a extensão sistemática de papéis; assim, por exemplo, diante de um grande susto tendemos a permanecer paralisados, até que ele passa e voltamos a funcionar normalmente. Durante um incêndio, por exemplo, a maioria das pessoas fica sem ação, ou com ações estereotipadas. Em contrapartida os bombeiros, embora tencionados, permanecem operantes, com esse papel e papéis correlatos estendidos para além do "limite do si mesmo inflado". Indivíduos mais espontâneos parecem ter flexibilidade de transpor potenciais de uns papéis para outros, aumentando-os sempre que necessário. Disponibilizam tudo o que sabem e o que intuem para criar respostas à questão. Conseguem assim, mesmo para situações nunca antes experimentadas, como a do incêndio, descobrir saídas adequadas à situação.

Podemos dizer então que a funcionalidade de papéis guarda proporção direta com o grau de espontaneidade. Especialmente em famílias rígidas, podem-se encontrar pessoas com parco grau de liberdade de papéis. Em situações de emergência torna-se necessário encontrar saídas. Nos sujeitos que apresentam Transtorno da Conduta ou outros transtornos, quando se configura essencial entrar em ação como em situações de risco, e os papéis intrínse-

CODEPENDÊNCIA: O TRANSTORNO E A INTERVENÇÃO EM REDE   185

cos encontram-se "engolidos", o *self* pode lançar mão de recursos ou defesas que tenho denominado *bengalas* e *carrancas*. Utilizadas como objeto intermediário, tais próteses objetivam alcançar o contrapapel "de qualquer maneira". Vejo-as como inadequadas tentativas de vinculação impulsionadas pela forte necessidade humana de pertencimento à família ou ao grupo. Aquele que parecer mais útil será usado na interação se não houver condições "naturais" de vinculação ou de fuga. A criança de bengala desperta compaixão e, ainda que traga junto certa repulsa ("Bem-feito, se machucou de tanto atentar"), traz também curiosidade e aproximação ("O que aconteceu com você?"). A carranca provoca medo e pode promover o afastamento do perigo (a melhor defesa é o ataque). Às vezes a carranca permanece mesmo passado o perigo), ficando aos demais muito difícil perceber que atrás desta máscara esconde-se uma criança assustada.

A carranca pode acabar por fixar-se como um rótulo na memória dos contrapapéis, e esta memória tende a ser ativada diante de situações similares. Vale observar que o padrão de comportamento é sistêmico; assim, podemos dizer que o jogo relacional se concretiza após o convite (representado pelo estímulo, seja do ambiente seja do sujeito), quando os complementares interatuam. Os estímulos para entrar nos jogos de Transtornos da Conduta podem ser acionados pelo sujeito sempre que este sentir-se ameaçado; mesmo por qualquer coisa do ambiente aparentemente corriqueira, desde que lhe desperte o inflar do "limite do si mesmo". Os estímulos também podem partir do grupo, como quando os colegas, estimulados em sua "memória da carranca do sujeito", instigam-no a comportamentos típicos do Transtorno da Conduta, inflando seu limite do si mesmo. Esta situação configura um fechar de um círculo vicioso, que pode demonstrar o quanto é difícil romper-se com o padrão de comportamento, especialmente quando o sujeito está rotulado. Pois o rótulo é uma expectativa interna cristalizada. E cada sujeito no ambiente (inclusive o paciente identificado) é um observador e, como tal, é constituído de uma perspectiva interna, particular e idiossincrática, pela qual seleciona a visão da realidade, encaixando assim a visão externa na sua perspectiva interna.

Homeostase e mudança em sistemas rígidos

É interessante observar em que medida a necessidade de manter a homeostase pode tornar sedutora a psicopatologia para os mesmos sujeitos que ansiavam (e cobravam) pela mudança. Quanto mais rígido encontrar-se um sistema em seu atual equilíbrio, mesmo sendo ruim viver como se encontra, a desorganização necessária à transição para novo equilíbrio homeostático pode configurar-se grandiosa, além da energia disponível. Em estudo anterior enfocamos relações codependentes em famílias rígidas (Zampieri, 1998b), utilizando o modelo de Núcleo do EU de Bermudez e o gráfico dos estressores. (Figura 11, p. 97). Demonstramos como os estressores horizontais, que incluem as mudanças naturais de ciclos de vida, e os estressores acidentais, como morte prematura, perda do emprego e outras, somados aos estressores verticais, que incluem os mitos, as crenças, os legados e os segredos transgeracionais, resultam em tensionamento do "limite do si mesmo" de Bermudez. Demonstramos ainda como tal fato influi na inviabilidade de livre atuação de papéis (que ficam recolhidos), motivo pelo qual os temos denominado *estressores transferenciais*. Será necessária a utilização de próteses que ampliem os papéis a fim de alcançarem os contrapapéis. Porém uma saída para a família é manter-se "unida" rigidamente, sem soltar as mãos. Assim, com o limite do si mesmo engolindo papéis não poderá separá-los e talvez possam desfrutar de forma socializada o papel que permanecer atuante de cada um. "Dependo de A1 para ser mantido e de A3 para passear, mas eles dependem de mim, que não faço nada além do meu papel de agressor", para se alcançarem sem se tocar diretamente. Nesta situação tem-se uma relação típica da codependência; a patologia de uns encontra complementaridade na patologia de outros. Não "podem" abandonar o barco; cada qual na sua rígida função a fim de manter o equilíbrio do grupo familiar. Apresentamos anteriormente um estudo de tais relações não espontâneas em situações de dependência (Zampieri, 1988a). Ampliamos aqui o conceito abarcando o indivíduo com Transtorno da Conduta situando-o como paciente identificado de famílias codependentes, como Matriz de Identidade. O Transtorno da Conduta é considerado no presente estudo uma das saídas alternativas a relações estereotipadas, que incluam alguma forma de violência infantil; eleita como resultado de uma combinação geta moreniana.

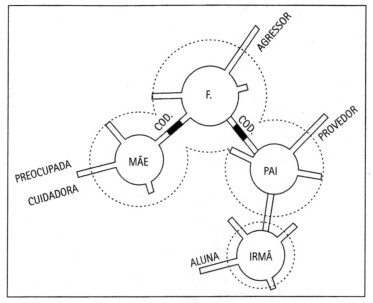

Figura 19 Os vínculos de codependência atuam como próteses, que permitem a vinculação entre os membros do grupo familiar, mesmo que fixada. Bengalas e carrancas podem funcionar como próteses alternativas de apoio, em especial quando o "grupo unido" encontra-se fora de alcance. O grupo unido socializa seus papéis funcionais e mantém guardadas as padronizadas e seguras distâncias entre seus membros, com suas "pontes" e compensações.

Além de uma predisposição genética individual é o fator *e* e *tele* que modulam a conexão sujeito–ambiente. A realidade social, com sua tangente visível e a rede sociométrica, emite, recebe e interfere com o sujeito. Define-o e é definida por ele. O sistema não só atua sobre o que vê como também sobre aquilo com que elabora o que foi visto. Ou seja, "o meio ambiente tal como o percebemos é invenção nossa" (Heinz von Foerster, in Watzlawick, org., 1994). Um sistema tensionado e hostil a seus membros tende a facilitar a predominância de percepções persecutórias, pessimistas e restritas. Caracteriza-se por reações circulares de ricochetes.

Tende a mostrar-se impregnado de tensões que constrangem seus membros mantendo certa densidade e gravidade no clima emocional da família, sempre próximo do limiar suportável. Comunica-se pouco e reage-se muito; o humor é dolorido, tensionante e disputado. Um sistema caracterizado por clima emocional predominante acolhedor e variável à "realidade inventada" tende a não configurar-se ameaçador em tempo integral. Mais relaxado, favorece liberdade para digerir, para interpenetrar; há espaço para o erro e para o humor. O humor é engraçado, permissivo, tende a diluir o foco de tensão e a ser socializado. O nível de estresse é variável; há folga para aumentar a tensão intra-sistêmica, pois é conhecido que ele sempre pode abaixar a níveis mais suportáveis.

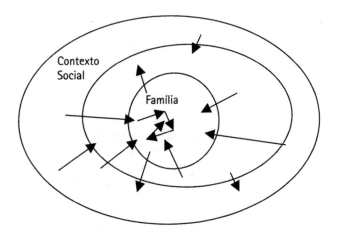

Figura 20 Família atual, parte da família ampliada, que por sua vez encontra-se inserta como parte no contexto social; todos exercendo pressões internas e pressões mútuas.

Para fazer mudanças é necessário poder atuar mesmo com o sistema tensionado durante a desorganização de desconstrução, reconstrução e translados até atingir novo equilíbrio mais saudável. Precisa desconectar alguns papéis "viciados" para fazer conexões mais adequadas. Por exemplo, o filho (guardião do afastamento do pais) precisa deixar de fazer conexões entre os pais para que estes se vinculem diretamente (nos papéis de esposos) e estabeleçam vinculações diferentes (de pai-filho e mãe-filho) mais apropriadas com F. e sua irmã. Porém, ao iniciar-se este processo de desvinculação, o sistema tende a tensionar-se amedrontado. O medo produz o movimento padronizado (aciona papéis mais desenvolvidos de jogadores que automaticamente se conectam). Este movimento tende a manter por tempo indefinido a mesma estrutura relacional, garantindo o equilíbrio homeostático ao sistema.

A intervenção terapêutica visa desestruturar este equilíbrio a fim de viabilizar novas conexões entre os membros da família e o sistema externo. As pressões pela manutenção do equilíbrio podem vir do sistema familiar ou do contextual onde se localizam a escola, os colegas da rua, o time de futebol, o trabalho dos pais e outros; uns sobre os outros.

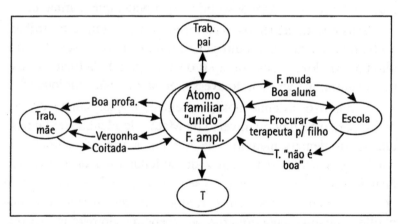

Figura 21   As relações no sistema ocorrem com *input* e *output* de maneira circular de influências mútuas.

Assim, numa visão sistêmica, foi possível observar neste caso pressões das famílias dos colegas da escola de F. sobre a escola e desta sobre a família, levando-os a fazer terapia. Porém aos sinais de mudança de F. ocorreram pressões internas (mãe entra em depressão) e externas (coordenação da escola escreve aos pais carta colocando em dúvida o tratamento recomendado, pois os colegas de F. estão ficando agressivos – "talvez querendo revidar"). A direção da escola faz contato com terapeuta para queixar-se e descobre também a pressão da coordenação (que se colocava bondosamente – "bem que tentamos – agora é melhor a expulsão de F.") boicotando, ao não colocar em ação as tarefas solicitadas.

A escola também se configura como um sistema rígido. Embora almeje por mudanças, vai apenas lentamente (se conseguir persistir) dando passos novos.

Enfim, o próprio F. dentro da família teme o que pode encontrar "no rosto sem face" que concretiza regiões internas obscuras. Veste a máscara ousada para enfrentar o medo, mas ao fazê-lo deturpa a face que quer descobrir. Seu destemor ante os perigos em geral, que o torna assustador à mãe, a um só tempo confirma seu estado de indiferenciação e seu desejo por "sentir", arriscar-se para sentir-se vivo, para descobrir o que pode, quem afinal é.

Seus questionamentos mais recentes mostraram estar trilhando (corajosamente) nesta direção. "Eu também descasco?" (estranhou referindo-se à sua cor, após o sol da praia). "Afinal me fizeram exames, me viraram do avesso; eu sou ou não sou louco?"

Portanto o sistema mostra-se em evolução, saindo do primeiro para o Segundo Universo da Matriz de Identidade; tanto F. quanto os demais membros da família, a irmã desabrochando como linda adolescente, capaz de solicitar espaços individuais quando necessita. Cada qual no seu ritmo. A mãe está encantada por fazer comunicações em corredor com seu marido, não fica perdida quando escuta um grito ou recebe recado para ir à escola. Flagrou-se conversando normalmente com o marido e com seus colegas sem se lembrar da antiga vergonha. Constata também que já nem pensa imediatamente em F. quando "alguma coisa está errada". Quanto a este, vem experimentando seus limites e alcances mas também testando os outros. Experimenta alterações nas comunicações com o pai; hoje se mostra companheiro e prestativo em relação à mãe.

Disse à mãe recentemente que foi chamado à diretoria. Esta lhe perguntou o que foi fazer lá. Em outros tempos já imaginaria direto "o pior" e iniciaria de imediato os sermões. F. disse que havia brigado com um menino que o xingou. A mãe quis saber como aconteceu, e afinal descobriu que era brincadeira de F. "Só para ver sua reação." "Então, como me saí?" "Você está melhorando; nem entrou em pânico!"

Assim F. e a família nestas situações mostram-se em reconhecimento do EU e do TU, estão-se permitindo experimentar novos papéis e novas conexões de comunicação em corredor, triangulação e circularização. Permitem-se ir e vir saltando livremente a brecha entre a realidade e o jogo, a brincadeira, a risada.

A irmã mostrou claramente a "aquisição" de novos passos ao ouvir o primo, do qual F. era fã incondicional, falar mal do irmão e delatar segredos que este havia-lhe confiado. Num belo exercício de inversão sentiu a traição e muita raiva do primo. E sentiu também uma enorme necessidade de dizer ao irmão o quanto ele era mais valoroso, não havendo motivo para querer "copiar o primo". Concretizaram a inversão no *setting* terapêutico explorando valores mútuos; desenvolveram uma cumplicidade fraternal e também saudáveis brigas entre irmãos.

Síndrome do pânico e psicodrama

Transcrevemos este tema tal qual foi apresentado no XII Congresso Brasileiro de Psicodrama, em Costa do Sauípe há dois meses. Nosso propósito é somente ilustrar correlações desse transtorno com teorias aqui descritas, observando que, nos casos estudados e aqui descritos, não se constatou concomitância com padrões de codependência.

Síndrome do pânico é um estado caracterizado pela ocorrência de freqüentes e inesperados ataques de pânico. Os ataques, ou crises de pânico, consistem em períodos de intensa ansiedade e são acompanhados de alguns sintomas específicos.

Atualmente denominada transtorno do pânico, acomete 2%-4% da população mundial (OMS), mais mulheres do que homens em uma proporção de 3 para 1. As manifestações físicas e psíquicas

192 MARIA APARECIDA JUNQUEIRA ZAMPIERI

que, reunidas, formam o quadro sintomatológico de um ataque do pânico, conforme o DSM-IV, são:

- Palpitações
- Sudorese
- Tremores ou abalos
- Sensações de falta de ar ou sufocamento
- Sensações de asfixia
- Náusea ou desconforto abdominal
- Sensação de tontura, instabilidade, vertigem ou desmaio
- Desrealização (sensações de irrealidade) ou despersonalização (estar distante de si mesmo)
- Medo de perder o controle ou enlouquecer
- Medo de morrer
- Parestesias (anestesia ou sensações de formigamento)
- Calafrios ou ondas de calor

Ocorre um período distinto de temor ou desconforto, no qual quatro ou mais desses sintomas desenvolvem-se abruptamente e alcançam um pico em dez minutos:

Ataques de pânico podem ocorrer em vários transtornos de ansiedade, por exemplo, transtorno do pânico, fobia social, fobia específica, transtorno do estresse pós-traumático, transtorno de estresse agudo, TOC, ou em comorbidade com a depressão.

Em função do contexto em que ocorrem, dependendo do relacionamento do início do ataque com a presença ou ausência de ativadores situacionais distinguem-se três tipos de ataques de pânico:

a) ataques de pânico inesperados (não evocados) – transtorno do pânico (com ou sem agorafobia);
b) ataques de pânico ligados a situações (evocados) – fobia social e fobia específica;
c) ataques de pânico predispostos pela situação – transtorno do pânico, fobia social e fobia específica.

As causas do transtorno do pânico não estão claras, no entanto um desequilíbrio na produção de serotonina e noradrenalina

CODEPENDÊNCIA: O TRANSTORNO E A INTERVENÇÃO EM REDE 193

pode levar algumas partes do cérebro a transmitir informações e comandos incorretos, alertando e preparando o organismo para uma ameaça ou um perigo que na realidade não existe, o que pode desencadear um ataque do pânico. Maior incidência em indivíduos da mesma família aponta uma predisposição genética.

Diagnóstico diferencial

Segundo a CID-10, caso ocorram ataques de pânico como parte de transtornos fóbicos, estes últimos detêm o diagnóstico. Ataques de pânico podem ser secundários a transtornos depressivos, especialmente em homens. Neste caso o transtorno do pânico não deve configurar como diagnóstico principal.

Correlação com a teoria do núcleo do EU e MI

Segundo a teoria de Bermudez do Núcleo do EU, porosidades tendem a guardar obscuros conteúdos das áreas Mente, Corpo e Ambiente, relacionados com os processos do pensar, sentir e perceber, bem como com as funções "cuidar", "proteger" e "orientar". Defesas seriam acionadas quando conteúdos indiferenciados fossem mobilizados pondo em conflito ou risco a autodefinição de identidade. As defesas tamponadoras de porosidades atribuídas ao Modelo Ingeridor são a defesa conversiva e a defesa fóbica. Ao Modelo Defecador, as defesas atuadora e depressiva e, ao Modelo Ingeridor, as defesas compulsivas e obsessivas.

Ataques do pânico podem ocorrer ou não com vinculação perceptível com estímulos do ambiente. Penso em um ataque de pânico como um *acting out* irracional. Portanto deve ocorrer quando o sujeito encontra-se remetido ou pressionado a uma involuntária e tensionadora mistura realidade/fantasia. Estão relacionados com um colapso súbito das defesas, curto-circuitando a percepção, a sensação e o pensamento, como um mergulho súbito ao PCI, que promove angústia, porém o ataque não favorece a sua organização. Passam quando as defesas conseguem "guardar" novamente os conteúdos obscuros e indiferenciados. Promove uma vivência

194 MARIA APARECIDA JUNQUEIRA ZAMPIERI

desconectada com o contexto. Quando se repetem de forma inesperada, ou não evocada, estariam caracterizando o transtorno do pânico.

Ataques de pânico ligados a situações (evocados) ou predispostos pela situação (confusão sentir-perceber), mais ligados a corpo-ambiente, estariam atuando nas defesas fóbicas, fobia social e fobia específica, com ou sem transtorno do pânico.

Intervenção

Um tratamento que vise restabelecer o equilíbrio bioquímico cerebral numa primeira etapa nos mobiliza ao encaminhamento à psiquiatria, orientando a pessoa sobre como é uma consulta, desconstruindo preconceitos e receios de dependência de medicamentos, com ou sem a inclusão da família. Numa segunda etapa prepara-se o paciente para que ele possa enfrentar seus limites e as adversidades vitais de maneira menos estressante, visando ao engajamento do paciente com o tratamento. E finalmente, porém com o mesmo grau de importância, se na nossa hipótese ataques de pânico configuram *acting out* irracional, acatamos a proposta moreniana de oferecer um espaço específico ao *acting out* controlado. O palco psicodramático é o veículo multidimensional que adotamos na intervenção. Nosso alvo é a diferenciação típica do Segundo Universo da MI. Quer sobre sua doença, quer sobre seu estilo de vida, suas limitações, seus medos ou sobre sua relação consigo e com o mundo. Neste aspecto a psicoterapia desenha exclusivas trajetórias, tal como outras. Vai aprendendo mais sobre os seus sintomas, sobre si mesmo e, sobretudo, aprendendo a agir em conformidade com essas descobertas ou novas percepções. Por conseguinte, ao familiarizar-se com suas potencialidades o paciente vai integrando partes antes obscuras e indiferenciadas, tornando-se o próprio agente da mudança de seu estado em vez de envergonhar-se dele.

Trabalhamos com atendimento individual e em grupo, conforme nos exemplos a seguir.

Caso clínico

Individual

Apresentam-se um estudo de caso individual e uma experiência com um grupo com transtorno do pânico em tratamento conjugado, psicoterapia psicodramática e psiquiatria.

Alexandra, 22 anos, universitária, chegou ao consultório com a mãe, que já fora paciente da autora. A mãe entra junto inicialmente para a consulta e relata que Alexandra já apresentara os mesmos sintomas por volta dos dez anos, quando o pai era vivo. Alexandra não compreende o que lhe ocorre. Orgulha-se de ser muito inteligente, sem dúvida é a melhor aluna do curso, está no último ano. Seus projetos sempre foram destaque, agora porém sente-se totalmente impotente e pensa deixar a faculdade. Tem medo constante de voltar a ter ataques, admite não ter controle sobre eles, como costuma ter sobre outras situações e pessoas. É respeitada onde trabalha há três anos, como estagiária, embora exerça funções que exigem serviços de um bom profissional. Está terminando o curso e tem boas chances de ser contratada.

Descreve com facilidade os sintomas. Nos vários ataques sempre teve repentina e forte falta de ar, taquicardia, entorpecimento nos membros superiores, medo de morrer, medo de não ser socorrida a tempo, de a mãe não estar perto, de enlouquecer e da recente percepção sobre a perda de controle. Na primeira vez estava andando de bicicleta. Lembrou já ter experimentado tal sensação quando criança, enquanto dançava. Na época "ficou doente" por muitos dias depois. Os ataques estavam se repetindo e agora era insuportável, já não queria sair para trabalhar ou para a faculdade.

Relutou, de início, em aceitar o encaminhamento à psiquiatria. No entanto, após ter ido, admitiu sentir-se mais normal, ser mais tranqüilizador ouvir do médico as explicações que já ouvira da psicóloga, confirmar que não tem culpa por sofrer os ataques e por ouvir que realmente não pode ter controle sobre eles. Também se sentiu menos desconfortável ao ouvir que não é a primeira pes-

196 MARIA APARECIDA JUNQUEIRA ZAMPIERI

soa a viver esta situação, e ao saber que existe um tratamento medicamentoso, portanto, uma visão científica sobre a doença. O tratamento decorreu em parceria, medicamentoso e psicoterápico. Após onze meses foram diminuídas as dosagens até a suspensão em pouco mais de um ano, mais ou menos quando a psicoterapia foi abandonada. Em treze meses Alexandra retornou com a recaída. Nesta feita, foi novamente encaminhada à psiquiatria, e após três meses de psicoterapia individual, foi encaminhada ao grupo.

É interessante destacar o que Alexandra verbalizou como ponto alto de sua terapia, pouco antes de ir a grupo. Em uma imagem simbólica, parecia mergulhar nos ataques de pânico. Eles pareciam devorá-la, enquanto ela, sem olhar absolutamente para mais nada, remoía as sensações do ataque e ficava vulnerável só de pensar que poderiam ocorrer sem que ela pudesse controlá-los. Relutante, afastou-se da imagem para tentar ampliar o campo visual. Então retornou, mostrando-se dividida. Por um lado os ataques; por outro, pior, coisas da vida. Identificava ali três coisas, de ordem familiar, pessoal e profissional, que lhe pareciam impossível resolver. A pedido da terapeuta, batizou uma vertente (almofada) de pânico e a outra de "a vida real". Insistimos nesta imagem. Alternamos duplos e espelhos, auto-apresentação de átomo social e inversões. Parecia que ela faria um ataque em cena. Porém não fez. Retornou seguidamente ao ponto de convergência entre a imagem simbólica do pânico e a "da vida real". Concluiu que, se não enfrentasse o que tinha para resolver, continuaria tendo constantes ataques.

Após esta sessão, antes de ir a grupo, foram efetivadas uma individual e duas familiares, com a presença da mãe e da irmã, de dezessete anos.

Grupo

O pequeno grupo teve início com três pessoas, Alexandra, Lucia e Márcia, recebendo Gabriela no segundo mês. Em comum, a ansiedade. Todas já fizeram algum tempo de terapia individual,

CODEPENDÊNCIA: O TRANSTORNO E A INTERVENÇÃO EM REDE   197

porém apenas a primeira por mais de três meses. Utiliza-se a psicoterapia de grupo com psicodrama. Após as auto-apresentações, compartilharam o alívio de constatar não serem únicas no mundo a viver um ataque de pânico. Uma coisa era ouvir, outra bem diferente era ver. Todas procuraram tratamento logo após uma crise, e Lúcia teve um ataque do pânico após o início do grupo. A terapia parece seguir um curso sujeito-sintomas-pânico-grupo-sujeito. Eu-eu, eu-isto, eu-outro, nós, eu. O terapeuta faz duplo no início, o grupo centraliza nele sua atenção. Aparentemente após uma fase exploratória e de levantamento de sintomas de cada uma, em que pareciam confirmar o que já haviam ou não experimentado, o curso da terapia segue, regido pelo emergente grupal como outros. Da primitiva fase da MI rumam em busca da diferenciação entre realidade e fantasia sobre o que são e o que têm.

A tabela a seguir indica medicamentos indicados em dois casos pela mesma psiquiatra, comparando idade, escolaridade, tempo em terapia, estimativa de idade ao primeiro ataque e à duração ativa do pânico, modelo poroso em evidência do Núcleo do EU e um depoimento de cada membro do grupo.

Tempo em Terapia (meses)					Idade ao	Sit. prof.	Núcleo do EU	
Idade	Escolarid.	Indiv.	Grupo	Medicamento	1º AP			
A 23	Univ. completo	15	3	Rivotril, Anafranil	10	Desempr.	Urinador D/OC	Transtorno do pânico

Como vou assumir o emprego em SP. A minha família não vai querer mudar comigo. (Responsab. delegada: orientar e decidir vida e atitudes.)

| L 24 | Colegial | 2 | 3 | - | 13 | Desempr. | Ingeriador defesa fóbica | T. do pânico com agoraf. Fob. situacional |

Minha família está em situação financeira terrível. Não trabalho, não vou ser caixa. Meus pais e meu irmão fazem tudo por mim. Acho que vou estudar, me preparar para no futuro poder estar qualificada e ter um emprego melhor. Vou tentar enfermagem, se não gostar eu saio, depois posso tentar outra coisa. (Responsab. delegada: cuidar de si e dos próp/ interesses.)

Tempo em Terapia (meses)				Idade ao	Sit. prof.		Núcleo do EU	
G 24	Univ. inc. 3	3	-	Inc./1 8	Trab.	Defecador defesa at./depr.	Ciclotimia Ataque de pânico com sintomas limitados	

Ele não me fala se sou feia ou bonita, não fala o meu valor. Eu fazia tudo o que ele também fazia, fiz coisas que já não quero, nem queria fazer. Fiz porque ele também fez. Talvez porque é mais novo, mas espero que ele saiba até onde ir. (Responsab. delegada: proteger, relacionada a escala de valor, certo, bonito, adequado, mau.)

M 25	Pós-grad.	1	1	Frontal Carbolitium	Adol.	Desempr.	Defecador defesa at./depr.	Transtorno ciclotímico

Ele não responde, só com a cabeça. Fico louca e o ataco, falo coisas que eu sei que não deveria na frente da criança, ela não deve entender nada, sei lá, deve, é claro, nem fazer deve bem para ela. Quero morrer, não valho nada mesmo; não sou importante para ninguém mesmo. (Responsab. delegada: proteção.)

Outro grupo, de depressão, com quatro mulheres entre 35 e 41 anos, conta com três pessoas (do sexo feminino) que já apresentaram pânico, com quadro atual depressivo (uma depressão com sintomas psicóticos e duas internações).

Conclusão

Conclui-se que o psicodrama pode ser uma ferramenta para ampliar a compreensão e intervenção no transtorno do pânico, merecendo uma pesquisa sistemática sobre sua eficácia no tratamento, o que fica aqui como sugestão e estímulo aos presentes colegas.

_7_

Codependência social e o trabalho em rede

*No começo existia o grupo, no fim existia
o indivíduo. "[...] antiqüíssima sabedoria
consiste em atribuir às forças do grupo
um papel decisivo na estruturação da vida
social.*

(Moreno, 1993b, p. 21-2)

Assim Moreno justificou a utilização consciente das forças atuantes no grupo. Esse autor enveredou por caminhos coletivos preocupando-se em contextualizar o sujeito no diagnóstico e no tratamento. Descreve os ritos e conselhos de grupo, desde os mais arcaicos, como formas primitivas de legitimação e utilização da coesão como "uma psicoterapia de grupo inconsciente e universal". Admite as correntes emocionais, uma geografia subliminar que tende a aproximar ou a afastar as pessoas em seus grupos.

A cibernética enfatiza as pressões que se intercambiam inter e intra-sistemas. Levamos em conta conhecimentos dessas fontes para propiciar um desequilíbrio, a fim de alterar o curso prognóstico de um grupo disfuncional. Ampliamos o sistema para conter pólos complementares. Trabalhamos com lideranças estratégicas, tecendo e ampliando uma rede primária e redes de apoio, de forma a romper simbioses e sustentar a individuação em subsistemas, conforme descrevemos e sistematizamos adiante.

A rede como intervenção pode abarcar tanto circuitos em âmbito social, amplo, como na empresa, quando se observar uma

200 MARIA APARECIDA JUNQUEIRA ZAMPIERI

complementariedade disfuncional. Por exemplo quando, por um lado, o funcionário faz de conta que trabalha, e, por outro, a empresa faz de conta que investe nele, ou que o remunera. Investimentos reais precisam levar em conta o patrimônio intocável do cliente interno ou externo: sua integridade e auto-estima. Proponho-me neste capítulo a expor, com exemplos de aplicação, o trabalho em rede para tratar a codependência em algumas de suas manifestações e a mostrar como existe uma relação direta entre a freqüência de vibração do investimento e a da resposta nas correntes, em circuitos naturais e intervenções.

Codependência social

Talvez devêssemos mesmo dizer codependência socioinstitucional, porém mantenho *social* para reforçar uma relação com um sistema mais amplo, observada em relações político-sociais, diferenciando-a daquela codependência observada na empresa e na instituição. Conforme já definimos, referimo-nos aqui a subgrupos rotulados como socialmente dependentes nos quais muitas vezes investe-se para emancipação e contra-investe-se, talvez, por receio da perda de controle.

Acredito englobar-se aqui, também, uma situação institucionalizada, passível de ser observada muitas vezes em usuários da saúde pública e de outros serviços em caráter social. É comum e público o cordão de queixas. O serviço é, no entanto, exacerbadamente utilizado. Tanto profissionais quanto usuários mostram-se em um processo progressivo de auto-imagem negativa, sem orgulho de seu trabalho, sem uma dimensão global de sua importância social, cronificando a doença da complementação: mal serviço e mal sarador. Em ambos os papéis, servidor e usuário, oferece-se menos que o necessário e mantém-se sempre uma crescente demanda. Espicha-se a demanda de doenças, com inúmeros retornos, autocuidados malfeitos, remédios desperdiçados, comunicação comprometida, excesso de esforço por ambas as partes. Torna-se, por vezes, impossível definir quem depende de quem.

CODEPENDÊNCIA: O TRANSTORNO E À INTERVENÇÃO EM REDE 201

Alterar esse quadro demanda uma intervenção em rede, que requer, porém extrapola, a vontade política. Não bastam intervenções isoladas, nem um bom programa político instituído. Exige uma mudança cultural, possível a médio ou longo prazo, com intervenção de apoio multissetorial. Mudanças de paradigma estão na raiz de propostas governamentais, como a implantação do sistema único de saúde pública brasileiro, uma proposta bela nos documentos, porém arriscada à mesmice caso não se invista sistemicamente na sua implantação. Impõe mudança cultural por parte dos profissionais e do público, o que só é possível com a reeducação, no seu sentido exato, transformadora.

Como ilustração da codependência social, apresentamos alguns casos. O primeiro, transcrito de uma publicação premiada por ocasião da primeira Mostra de Psicologia no Anhembi, em São Paulo, consideramos um berço para intervenções em rede, que ilustramos neste capítulo.

A emancipação de assentados da Cesp[1]

Para promover o desenvolvimento humano e o autogerenciamento de uma associação de pequenos agricultores, há dois anos, uma equipe da clínica-escola Ciclo de Mutação, entidade vinculada à Febrap, foi até Ilha Solteira, interior de São Paulo. Lá, encontraram 81 famílias, assentadas pela Cesp por ocasião da inundação da represa para a usina hidrelétrica daquela região.

O trabalho começou por solicitação de representantes da associação e da administração municipal. Mesclando encontros quinzenais e mensais, a equipe da clínica-escola Ciclo de Mutação identificou lideranças e pessoas interessadas nas intervenções psicológicas, que vêm proporcionando um avanço que os coloca em uma nova realidade. Até o ano passado, os próprios participantes identificavam-se como crianças dependentes dos pais. Hoje, são adolescentes, quase adultos, correndo atrás de suas necessidades.

---

1. Artigo publicado na revista do CRP/SP *Múltiplas*, em agosto de 2001.

A coordenadora do projeto, Maria Aparecida Junqueira Zampieri, supervisora em psicodrama e terapeuta familiar, conta um pouco sobre alguns aspectos desta experiência.

Os primeiros passos

Até 1998, o grupo tinha uma diretoria formal que "falava sozinha", pois não havia participação ou demonstração de interesse por parte das famílias sobre as decisões e os rumos da associação. A própria diretoria mostrava-se incompleta e bastante precária na sua organização. Hoje, a estrutura conta com dois departamentos: o de Esporte e Eventos, e o de Produção.

Dirigidas a crianças, adolescentes, adultos e idosos, alternam-se sessões abertas, com outras para as lideranças. Essa intervenção alia teorias do construtivismo social e do sistema de terapia familiar, além da prática psicodramática via sociodramas tematizados e outras ações paralelas.

A experiência pode desencadear um amadurecimento e responsabilidades pelo próprio destino. Quem sabe poderá inspirar outros modelos de intervenção que objetivem uma possível saída da clausura da indiferenciação infantilizada que encontramos em diversas incursões sociais. Pois não apenas esta população específica encontra-se em codependência com instituições ou com governantes, sem utilizar seu potencial ativo.

Entre as atividades com o grupo promovemos uma gincana para mobilizar os associados e a própria população de Ilha Solteira a alterar definitivamente o conceito de dependentes, do Cinturão Verde, para o de um setor produtivo do município. O *Feirão do Cinturão Verde* foi um marco que pode levar o turismo rural à região.

Estamos muito longe do ideal, porém a feira, que se tornou semanal, assinalou uma realidade irreversível, promovendo o escoamento constante de produtos produzidos pela associação. E aqueles associados efetivamente participantes têm hoje claro que só terão atuação maciça quando provarem aos demais que é possível viver com segurança produzindo na terra.

CODEPENDÊNCIA: O TRANSTORNO E A INTERVENÇÃO EM REDE 203

Sociodrama com famílias do Cinturão Verde.

Codependência

Como a maioria dos pais de família, ali também era comum os provedores afirmarem que desejavam a independência de seus filhos. Entretanto, era possível observar que, ao mesmo tempo que lamentavam a infância tardia dos associados, alimentavam aqueles "eternos bebês". Encontravam-se fortemente complementados por um elo de filhos topetudos, birrentos, queixosos ou mais saidinhos, e receosos de perder a "teta". Mantinham com os tutores uma relação similar a um sistema familiar. Viviam paralisados diantes das paradoxais necessidades de pertencimento e de individualização. Individualizá-los poderia significar perder a identidade de grupo e fazer com que deixassem de "pertencer aos pais".

No relacionamento entre os assentados identificavam-se padrões de segredos, coalizões e revoltas que tendiam a tolher a evolução do grupo para novos ciclos. A contabilidade emocional da família nuclear representada pelo grupo de associados tendia a um débito eterno enclausurando-os junto à família ampliada, representada pelos tutores governantes. Aos mais jovens, a saída concreta para a cidade poderia significar sair do jogo da dependência finan-

204 MARIA APARECIDA JUNQUEIRA ZAMPIERI

ceira, porém não os libertava do rótulo de dependentes que fora atribuído como um estigma aos descendentes do cinturão.

Com grande número de eleitores, as sucessivas tentativas de "dar jeito nessa situação" renderam projetos e subsídios. Sucessivas intervenções temporárias contribuíram para emplastar uma imagem estagnada e o descrédito quanto à possibilidade de mudança – aos olhos dos próprios associados, dos mantenedores e da sociedade local.

Diferentes formas de dependência têm-se tornado objeto de atenção entre os profissionais da saúde, da educação, sociólogos e outros. Há alguns anos, temos estudado este tema dentro e fora de instituições; na clínica-escola Ciclo de Mutação atendemos famílias, seja particular, seja em grupos de famílias. Temos analisado padrões e correlações em sistemas de codependência. Estão sendo reunidos com o título provisório *Codependência e Transtornos Associados*, onde discutimos sistemas rígidos e efetivas mudanças. Nesses sistemas, uma estrutura relacional colabora na manutenção do comportamento dependente. Os participantes desta estrutura têm sido chamados de codependentes.

Eles assumem a função de facilitadores, ocultadores da codependência, controladores, que complementam com o dependente, garantindo a homeostasia do sistema. Essas interações promovem bruscos e barulhentos movimentos, porém como pseudomudanças que mantêm o sistema enclausurado, tendendo a perpetuar a dependência como garantia de manter o equilíbrio do sistema.

Vivem numa seqüência de inter-relações em que dependentes e codependentes oscilam da díade resgatador-coitado ao perseguidor-perseguido, passando à vítima-rompedor, em que o "não merecedor" desiste "apesar do esforço de todos".

A esses ruídos temos denominado pseudoflexibilidade. Os codependentes fazem falsos-duplos para proteger esse sistema. Eles têm a função de garantir que após as pressões e descompressões todos retomem suas conhecidas funções. Essa estrutura não dispõe de energia suficiente para levar seus membros à maturidade, a uma *self position*. A codependência não percebida leva freqüentemente a família a buscar ajuda, que pressupõe extin-

CODEPENDÊNCIA: O TRANSTORNO E A INTERVENÇÃO EM REDE   205

guir-se a dependência sem alterar os padrões relacionais no sistema.

Olievenstein (1989), Scott e Van Deusen (1982), grandes estudiosos da dependência química, por mais de quinze anos na instituição experimental Center Medical Marmottan, observam que a família muitas vezes age como que dependente da dependência. Entendem que a intervenção do psicólogo deveria voltar-se para a desestruturação deste padrão, dando lugar a novos equilíbrios e interações.

A desintoxicação

Esse trabalho passa pelo construtivismo, por meio de sociodramas, de reuniões com dirigentes (que em analogia representam a família ampliada), com associados e dirigentes (hólon parental) ou sozinhos (filhos), com parceiros externos (outros subsistemas que se relacionam com a família), em grupos de lotes (sessões domiciliares).

Em função do grau de indiferenciação do grupo, optou-se por uma intervenção sistêmica mais estratégica e estruturalista. Com os diferentes subgrupos, quer com muitos ou poucos participantes, visamos criar um ambiente terapêutico, evitando cair na formação de vítimas e comportamentos acusatórios ou tirânicos. Buscamos fomentar a percepção do *status*, a quebra de padrões rançosos, a ativação de novos padrões transacionais e a distribuição da responsabilidade.

Tudo o que se fala e o que se percebe, o próprio meio ambiente, tal como o percebemos, é invenção nossa[2]. A verdade construída e admitida sob o pessoal do Cinturão Verde clamava pela heresia. Conceitualizados como pessoal encostado na Cesp (ou na administração municipal posteriormente), poderiam até não concordar com a definição, porém não deixavam de estender a mão para esse jogo. Mantinham-se como membros de uma associação das mais duradouras de sua espécie, porém não sabiam o

---

2. Watzlawick, 1994.

206 MARIA APARECIDA JUNQUEIRA ZAMPIERI

que fazer com ela (a maioria não tinha participação nem mantinha a mensalidade em dia). Por meio de desafios, encenações e uso de técnicas psicodramáticas foram instigados a criar narrativas, ampliar visões que dessem outro significado ao marasmo, abrir as portas para as mudanças.

Os ritos

Moreno, criador do psicodrama, desde os tempos da faculdade de medicina em Viena, no início do século passado, já acreditava no poder simbólico dos ritos. Mais tarde ele diria que os sacerdotes e os santos rendiam bons psicodramas. Em terapia familiar utiliza-se também essa técnica para demarcar passagens de desenvolvimento ou delimitar fronteiras. Temos lançado mão de ritos em sociodramas com grupos de codependentes da família.

Nesse trabalho, os ritos foram demarcadores de etapa. Nossos primeiros encontros eram marcados por constantes trocas de acusações em que culpas eram mutuamente delegadas com grande pressão entre presentes e ausentes, atuais ou, em especial, do passado. Fizemos então um rito do lixão, em que os participantes jogavam e vomitavam as rinhas, os ranços e as mágoas antigas. É importante que o rito seja preparado, ensaiado, para que seja esperado como algo significativo. Não é apenas o ato em si, mas o valor atribuído que fará do ritual um marco para o grupo. E o envolvimento é o principal ingrediente.

O teste sociométrico, desenvolvido por Moreno e informatizado pelo engenheiro e colaborador dessa intervenção, Roberto Zampieri, foi um importante instrumento "socionômico", sobretudo no início do trabalho. Agilizou a identificação de lideranças e, ao mesmo tempo, permitiu documentar o movimento e a evolução sociométrica do grupo.

Matriz de Identidade

Entre tantas teorias sobre o desenvolvimento humano, a de J. L. Moreno permite uma compreensão desse processo subdividindo-o em duas etapas. A primeira engloba desde a mais completa indiferenciação "eu-mundo", típica do recém-nascido, até atingir condições de estabelecer distinções entre coisas e situações reais das que eram apenas imaginadas.

Nessa etapa infantil, evoluem aparatos, que viabilizam ao sujeito distinguir seres e objetos animados de coisas inanimadas, e perceber-se como unidade distinta do outro e do ambiente. Assim, avança-se da simbiose e da completa dependência, porém ainda se confunde entre o que é real (experimentado no contexto social) e o que é crença, entre o que se percebe e o que se pensa. As narrativas mostram circuitos fechados e repetitivos, carregados de mitos, repetem-se os personagens e as queixas com uma visão bloqueada a saídas para as situações.

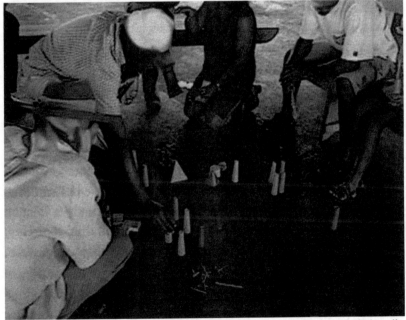

Co-construindo a brecha entre fantasia e realidade nos papéis de associados, diretores da associação e colaboradores.

Quando começa a distingui-los, Moreno diz que a criança conquista um segundo e novo universo, no qual as experiências,

208 MARIA APARECIDA JUNQUEIRA ZAMPIERI

os jogos e as relações tornam-se um verdadeiro exercício da liberdade de escolha. A riqueza desta teoria reside em possibilitar analogias com todo o novo processo vivido pelo homem ou por um grupo.

Em uma reflexão pelo viés da Matriz de Identidade, podemos dizer que de uma situação indiferenciada, característica do Primeiro Universo, avançaram para algum estágio mais evoluído de desenvolvimento. Trilharam desde iniciais duplos egos, quando apenas os dirigentes falavam por eles. Exercitaram uma percepção do eu, separando eu e tu, definindo-se como criança no papel de associados. Em analogia com uma família, puderam perceber e verbalizar quais pessoas exerciam a função de pais, quais eram parte efetiva da associação, quais eram parceiros. Em espelho, utilizado inúmeras vezes, a simbiose foi mantida, concretizada, maximizada e desafiada. Configurou-se, talvez, como a mais difícil percepção organométrica, aquela em relação a parceiros.

Residia ali um foco de codependência sedimentada e fortalecida por pressões e descompressões de todos os sistemas interligados. Eram percebidos como parte, tanto por associados como por parceiros, que até mesmo ocupavam cargo de diretoria na associação. Encontravam-se tênues e confusos nos limites internos e externos, tanto quanto seus papéis e suas funções.

Agora, estão descobrindo quem são, experimentando e treinando papéis, separando realidade e fantasia. Ao se definirem na relação com outros subsistemas estão mesmo alterando a imagem que têm na comunidade local.

Na sessão de posse da nova diretoria, mostraram-se firmes e políticos. Constituíam uma equipe em potencial. Encontram-se hoje em diferentes níveis de maturidade. Porém, é interessante observar a individualização, uma maior compreensão entre eles, permitindo diferenças e convivendo com as limitações dos outros com maior tolerância. Na simbiose inicial, parecia que a limitação de um impedia ou limitava as condições do outro, sendo sentida como própria, como um espelho mostrando uma fase indesejada. As narrativas atuais mostram-se mais criativas e abarcam elementos novos, antes não percebidos como parte ou como influentes no sistema. Descobriram deveres e responsabilidades, além de direitos e possibilidades.

Posse da nova diretoria da associação: assumindo novos papéis.

Existem aqueles em condições de melhor percepção e liderança, entrando ao Segundo Universo da matriz. Mostram-se em diversos níveis de desenvolvimento, de conhecimento e *status* sociométrico: indivíduos isolados, uns bem outros malsucedidos, ou incrédulos e desiludidos, e ainda aqueles que trouxeram filhos de volta para a terra. Além de jovens, que em um universo maduro estão assumindo a liderança.

Hoje, dois anos após a intervenção, a sede da associação foi reformada, mantendo-se bem cuidada. Há uma bela sala de reuniões ativa, regularizaram a repassagem de fundos a que tinham direito, a frota de tratores e implementos oferece serviço interno e externo. A diretoria foi reeleita com alteração de alguns nomes, a evolução cada vez mais sólida. Ainda coexistem famílias em diferentes níveis de desenvolvimento, algumas participando de programas sociais do município, bastante "infantilizadas". A associação mostra-se mais madura e ciente de seu papel e de sua potencialidade perante associados e sociedade.

O trabalho em rede

> *A atividade cognitiva não é um privilégio*
> *de uma substância isolada. Só é possível*
> *pensar dentro de um coletivo.*
> (Lévy, 1993, p. 149)

Para entidades sociais como as nações e as instituições, "a idéia de um funcionamento coletivo é antiga, mas jamais atingiu o caráter diretamente operativo da terapia sistêmica" (Lévy, 1993, p. 140). Moreno já evidenciava nas primeiras décadas do século XX a trama social submersa e suas intercorrências na vida do homem – sujeito individual, social e pragmático. Douglas (apud Lévy, 1993) demonstra como a memória social é determinante em padrões cognitivos individuais. Os sistemas de classificação, por exemplo, são determinados pela vivência institucional. O que valorizamos ou minimizamos depende da nossa experiência no contexto em que vivemos.

E também, pelo contrário, as atividades cognitivas de comparação, de analogia e de argumentação têm implicações nas construções sociais. A história que co-construímos, bem como a que escrevemos, depende diretamente de como lidamos cognitivamente e interagimos com as ocorrências sucessivas. Sujeito (com suas necessidades) e *socius* mesclam influências mútuas, determinando o *status nascendi* da memória coletiva e das expectativas e interações entre as pessoas. A cognição implícita na prática institucional influencia diretamente as escolhas pessoais. A valorização de determinadas áreas profissionais eleva a defasagem candidatos/ vagas nas faculdades, como ocorre nos cursos de medicina, por exemplo.

Tanto a atividade cognitiva produz uma ordem mental quanto a estrutura social contribui para manter uma ordem no meio. Tanto o conhecer como o instituir equivalem a arrumar, classificar,

CODEPENDÊNCIA: O TRANSTORNO E A INTERVENÇÃO EM REDE 211

construir configurações estáveis. Em diferentes escalas, tanto a atividade instituinte de um grupo como a atividade cognitiva de um organismo são equivalentes – e por isso podem alimentar-se uma da outra. "A cultura fornece um enorme equipamento cognitivo aos indivíduos" (Lévy, 1993, p. 142).

Agimos automaticamente subsidiados por conceitos, analogias, metáforas, sistemas de classificação, normas, hierarquias e tecnologias intelectuais incorporadas à máquina social. Assim, intervir em um sistema requer que se altere a atividade cognitiva. Como a forma de raciocinar, o padrão-guia de compreender os eventos na família ou no grupo vai ter uma influência direta na construção da história desse grupo, temos de alterar o padrão cognitivo para ressignificar a história e modificar as interações entre os componentes da instituição.

Os sistemas são coletividades cognitivas que se auto-organizam, auto-regulam e transformam, pelo envolvimento permanente dos sujeitos que as compõem. Modificam, reinventam ou reafirmam a instituição ao sabor de sua percepção, de seus interesses ou de suas necessidades, e ao mesmo tempo são afetados pela estrutura da instituição. As subjetividades individuais misturam-se às dos grupos e das instituições pelo engendramento sujeito-máquina pensante. Mantém-se ou transforma-se a estrutura social pela interação inteligente e emocional das pessoas. Por essa interação tão estreita sujeito-sistema, alterar padrões relacionais requer alterar intervenções num sistema ampliado. É o que propomos num trabalho em rede.

Por trabalho em rede pretendo significar uma intervenção que conte concretamente com mais de um subsistema complementar, na relação de codependência. Levo em conta que interações entre homens e coisas são complexas, movidas por projetos, dotadas de sensibilidade, de memória de reconhecimento, de julgamento. Misturam-se subjetividades individuais e subjetividades dos grupos, bem como das instituições. Compõem a subjetividade cultural do sistema que por sua vez retroalimenta as subjetividades individuais, dos grupos e das instituições, em *loopings* perenes.

Temos atuado em rede para desarticular padrões de codependência socioinstitucional. Desde o trabalho com a associação de

212 MARIA APARECIDA JUNQUEIRA ZAMPIERI

pequenos agricultores[3], aprendemos muito com nossas dificuldades e tropeços. Percebemos a importância de ampliar o campo de atuação, com a inclusão de outros subsistemas. Evidenciaram-se as pressões mútuas interligando a auto-imagem dos agricultores à sua imagem para o sistema mais amplo, sua produção, dependência, tentativas de autonomia, boicotes intra-sistema e à verba para o projeto, presentes para a associação, enfim, uma gama de aspectos respingando o trabalho, interna e externamente, que só ganhavam sentido ampliando-se o campo de visão. Preparar lideranças foi fundamental. As reuniões ganharam força sob sua coordenação, como diretoria, aos seus associados e ao município, a outras associações e ao sistema mais amplo, assumindo sua *polis* e adequando sua participação no meio.

Quando o assunto é um tratamento para dependente químico, parecem mais evidentes os riscos com os quais terá de conviver. A reinserção social no dependente requer que ele seja fortalecido e treinado para enfrentar o sistema e ainda que se trate a família, o meio.

Estruturando a rede

Os conceitos de sistemas e *feedback* são fundamentais ao trabalho em rede, tanto na identificação dos circuitos como na interferência ao longo da intervenção. É assim também em outras manifestações da codependência. Experimentando diversos percursos em comunidades, sistematizamos traços comuns que nos pareceram primordiais. Temos contemplado um circuito em *looping* que inclui ações voltadas: ao diagnóstico (*a, g*) e à identificação de pólos (*b, c*), à construção e ampliação da rede (*d, e, f*), e à retroalimentação[4] (*g*):

---

3. Descrito no início deste capítulo.

4. Em eletrônica, retroalimentação refere-se a qualquer procedimento no qual parte da energia do sinal de saída de um circuito é transferida para o sinal de entrada com o objetivo de reforçar ou controlar a saída do circuito, ou seja, realimentação. Na teoria sistêmica, retroalimentação ou *feedback* é o processo pelo qual se produzem modificações em sistema, programa, ou comportamento, por efeito de respostas à ação do próprio sistema, programa ou comportamento.

CODEPENDÊNCIA: O TRANSTORNO E A INTERVENÇÃO EM REDE   213

a) aplicação de avaliação que auxilie identificar o estado atual das interligações no sistema;
b) identificação de lideranças (organograma ou aplicação de teste sociométrico);
c) identificação de pontos estratégicos para estabelecer as conexões na rede (que inclui levantamento de focos mantenedores da codependência no sistema em questão, e sua inclusão direta ou indireta no trabalho);
d) desconstrução de mitos, segredos e crenças para construir novo paradigma;
e) subsídios, treino e acompanhamento da intervenção até que se configure significativa mudança, bem como líderes fortalecidos para dar continuidade ao trabalho;
f) ampliação por ressonância ou agilização paralela da rede, dando um passo no organograma. Nessa etapa as lideranças ampliam a intervenção em seus campos de ação, quer via coordenadores de suas equipes quer direto com a fatia cabível da população. Aproveitam-se os potenciais ajudadores compulsivos ou provedores capacitando-os como orientadores, multiplicadores ou capacitadores para as famílias ou similares. Inclusão e ajustamento de clubes de serviço;
g) reavaliação e redirecionamento do trabalho. Podem ser feitos via teste sociométrico ou com outro instrumento de avaliação, utilizado no início do trabalho.

O acompanhamento não deve ser dissolvido na fase crítica em que se desestabiliza o sistema. É útil criar redes de apoio que ajudem a suportar a instabilidade da transição. Esse suporte pode ser reutilizado pelo sistema em outras fases, quando a assessoria já houver encerrado seus trabalhos. É análogo, na família, ao apoio mútuo que existe (além das brigas) entre irmãos, contra pressões externas, provenientes de qualquer outro hólon.

A retroalimentação pontua todo o processo. O item *g* repete-se continuamente remetendo o trabalho ao item *a*. A circularidade no trabalho em rede pode ser representada como na figura a seguir, que originalmente idealizamos[5] para demonstrar as etapas da supervisão em um processo de aprendizagem.

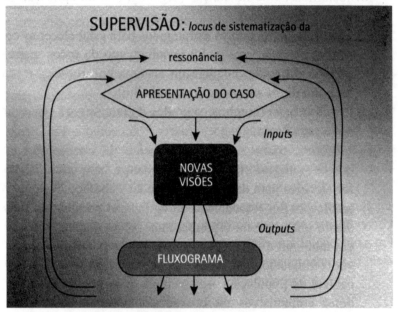

Figura 22 No trabalho em rede, figuras-chave são desenvolvidas e serão estimuladas a fazer ressonância no sistema. Suas ações serão acolhidas e respaldadas no espaço da supervisão. Os colegas, junto com a equipe profissional responsável pelo trabalho, dão *feedback*, revêem as ações, sugerem, ajudam-no enfim a reposicionar-se. Ao conjunto de possíveis ações dramatizadas, em resposta a um problema levantado, quer pelo grupo quer pelo coordenador do trabalho, denomina-se *fluxodrama*. Pratica-se uma forma divergente de resolução de problemas, em que a uma situação ou questão estimula-se a ampliação de possíveis saídas ou respostas. Objetiva-se fortalecer o grupo ampliando visões, para enfrentar a instabilidade de uma transição, em processos de mudança.

---

5. Apresentamos essa figura no Encontro de Professores de Psicodrama, no Sedes Sapientiae em São Paulo, em novembro de 1997, sob o título "O método psicodramático na supervisão do psicodrama aplicado". Fizemo-la para demonstrar o lugar da supervisão no ensino psicodramático; tal como no caso atual, a circularidade permeia o processo.

CODEPENDÊNCIA: O TRANSTORNO E A INTERVENÇÃO EM REDE

O psicodrama mostra-se norteador de todo o processo. Trabalhar a espontaneidade e a tele associando a "liberdade na ação" à "liberdade na relação", longe de trazer soluções aos problemas, legitima-os, acolhe no espaço dramático a adversidade. A vivência dos conflitos presentes, da incorporação dos fatos do passado remoto ou recente pode transformar seu sentido e abrir brechas para novas oportunidades nas relações.

Relato de aplicações

Passamos a relatar, como ilustrações, a implantação do trabalho em rede, em municípios de pequeno e médio porte e em uma unidade universitária estadual. Nos dois primeiros casos nossa proposta veio em resposta à solicitação do serviço do bem-estar social. De um município com quase dois mil habitantes, no interior de São Paulo, como nossa aluna de especialização e supervisionanda, a assistente social trazia seguidamente dificuldades com a postura dependente da população, que ela tentava alterar aproveitando espaços de aplicação de projetos sociais. A questão que nossa aluna trazia é típica do que temos denominado *padrão relacional de codependência social*. Envolvia vários subsistemas, incluindo aqueles coordenados pela própria supervisionanda, seus colegas acima e abaixo no organograma da administração, além da própria população.

Conseguindo a adesão local, a assistente social abriu espaço ao projeto. Mediante o convite efetivado pela administração municipal, iniciamos um trabalho em rede, envolvendo, por um lado, representantes de todas as lideranças da pequena cidade (inclusive a assistente social) e, por outro, moradores. Mesclando acompanhamento direto e supervisão, boa parte da população encontrou-se envolvida numa rede com desdobramentos, em que o projeto terapêutico consistia em desequilibrar e ampliar a gama de narrativas para propiciar outras formas de funcionamento.

Nas sessões com as lideranças, conhecer outros segmentos do trabalho favoreceu a identificação de problemas aparentemente

216 MARIA APARECIDA JUNQUEIRA ZAMPIERI

desconectados, permitindo o planejamento e o treinamento de ações interligadas. Assim, por exemplo, um padrão expressava-se por mães levando filhos doentes ao centro de saúde, de onde já saíam com os remédios. No dia seguinte a mãe esquecia de levar o medicamento para a creche, ocultava então a doença da criança, deixando-a aos cuidados das funcionárias, e ia para a roça. Ao virem a criança febril, uma funcionária levava-a ao centro de saúde, onde constatava já ter sido medicada. Essa ocorrência era freqüente, e como muitas vezes a criança encontrava-se pior que na véspera, estimava-se que possivelmente não haviam dado início ao tratamento.

A criança com conjuntivite, escabiose, sarampo não era admitida na creche e a mãe ia direto queixar-se ao serviço social. Como no centro de saúde, explicava-se à mãe novamente a importância dos cuidados maternos e os riscos de contágio. Sem aval para a entrada da criança, a mãe recorria aos assessores, até chegar ao prefeito, que, condoído, solicitava por escrito que fosse recebida. Levada ao centro de saúde por uma funcionária, era de novo consultada e medicada, permanecendo na creche até a hora de ir para a escola. A direção da escola não permitia a entrada de crianças doentes e ela acabava ficando na creche o dia todo, até a volta da mãe, que não podia perder o dia de serviço, no final da tarde. Ocorria também com várias mães que não trabalhavam. Esse pequeno exemplo envolve pelo menos saúde, creche, escola, administração municipal, conselho tutelar, família, serviço social; cada qual com sua cognição, linguagem, postura e expectativa individuais.

A administração local costumava mostrar-se solícita à população, atendendo-a quase sempre. Como em outros municípios de pequeno porte, conta-se com regalias como transporte gratuito e subsídio em faculdades particulares de até 30%. A população solicita bastante e se queixa sempre quando não consegue o que quer, o que, para a administração, além de ir contra conceitos arraigados do que seja servir à população, poderia ressoar como divulgação negativa.

Assim, os circuitos de *feedback* retroalimentavam a manutenção da codependência sob pressões mútuas, acentuados por forte disputa política, mantendo os subsistemas presos em comportamentos disfuncionais. A delegação de poderes, decisões e responsabilidades, a funcionalidade de papéis e as fronteiras entre os hólons encontravam-se bem comprometidas, com reflexos em muitos outros campos além daqueles já ilustrados aqui.

No trabalho em rede para desestabilizar a homeostase, interligaram-se população, serviço social, escola, creche, saúde, assessores, coordenadores de projetos, almoxarifado e serviços gerais, conselho tutelar e fundo social. Nas sessões, as lideranças tinham oportunidade de levantar os circuitos viciosos, eram estimuladas a ampliar o campo de visão englobando vários subsistemas e criar novas narrativas, alinhavar os pontos de conexão, treinando e tendo assessoria contínua para ações conjugadas. Mediante a criação de uma rede de apoio mútuo, eles agüentam as angústias da transição e são preparados para uma autonomia em relação ao desligamento da intervenção externa.

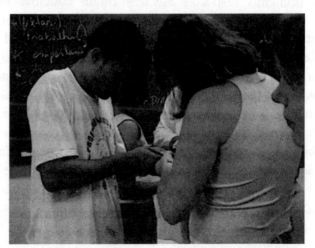

Figura 23 Tecendo a rede. Da posição inicial, o trabalho vive etapas de consolidação de um time, composto por gestores, que são estimulados a ampliar, por ressonância, segmentos na rede gestora. É fundamental que o trabalho envolva setores paralelos e complementares, em que se identificam pontos estratégicos de papéis e contrapapéis, a fim de romper padrões de codependência.

218 MARIA APARECIDA JUNQUEIRA ZAMPIERI

Dando um passo adiante, os líderes foram continuamente orientados a fazer ressonância com suas próprias equipes, reproduzindo reuniões em seus locais de trabalho, envolvendo aqueles diretamente ligados, criando posicionamentos de consenso, tal como "pais e mães" acertando ou errando juntos. Dirigentes da saúde, educação e de outros setores buscaram fontes de apoio e construíram uma linguagem comum, na relação entre si e com a população; usuários passaram gradualmente a receber respostas mais coerentes, onde quer que interpelassem.

As mães também foram encaminhadas a um trabalho contínuo, com sessões mensais. Os homens ausentes foram incluídos indiretamente, por tarefas que objetivam envolvê-los. Mais adiante, foram surgindo presencialmente nos encontros. Orientação, encaminhamentos à psiquiatria, contratação de serviço da psicologia para atendimento em psicoterapia, constatação da necessidade de capacitação ao fluxo da demanda no conselho tutelar marcaram o processo.

As primeiras respostas eficazes foram atingidas em três meses, os pontos cruciais duraram dois meses em processo crescente de tensão, e em seis meses pareceu irreversível o processo de mudança, com líderes fortalecidos e cooperativos entre si. O prefeito, que já era benquisto, foi eleito pela segunda vez entre os dez melhores da região, muito acima da aprovação anterior. Mostrou-se admirado, pois não tem "passado a mão na cabeça" das pessoas. Tem negado o que se faz necessário – nunca negou tanto –, não tem complementado, nem sua equipe, uma tendência à dependência dos cidadãos, melhorou muito nesse aspecto. "Mesmo assim" ultrapassou 90% de aprovação. Há muito por fazer, porém uma etapa crítica da mudança ocorreu, característica da primeira onda.

A rede na universidade

Numa unidade universitária da Unesp, ainda em andamento, a principal queixa do conselho diretor foi a falta de motivação geral e dificuldades com uma prática produtiva no programa continuado de desenvolvimento, que estava sendo implantado. Embora a prática da avaliação mútua seja comum em sucessivas posições hierárquicas na empresa em geral, além do que novas configurações já substituam as piramidais, notou-se na universidade uma grande ansiedade ante o mencionado programa. Sucessivos questionamentos dos funcionários sobre a natureza e o propósito do programa trouxeram diferentes respostas, culminando com o reconhecimento da avaliação intrínseca, influindo na carreira e no salário.

A proposta de um trabalho em rede cruzada foi redimensionada por adequação financeira, de forma que o trabalho iniciou-se com os chefes de seção e setor, em grupos operacional e burocrático, com um projeto inicial de nove encontros mensais.

Guardadas as peculiaridades, a seqüência das etapas é semelhante à dos municípios e da associação de agricultores. Procedeu-se a um levantamento inicial, constatando-se uma descontinuidade mais acentuada entre, do que inter, setores coexistindo em diferentes graus. Conforme reconheciam os próprios supervisores, cargos de confiança não garantiam necessariamente aos eleitos um desenvolvimento funcional. Percebiam-se realidades e necessidades diversas entre os grupos de supervisores. Enquanto os mais burocráticos reconheciam um sentimento de ameaça, ao perceberem-se avaliados ou avaliando, e desmotivação e restrições em relação ao programa continuado, os das seções operacionais diziam desconhecer tal programa. Reconheceram-no mais adiante e mostraram persistente dificuldade em distinguir quantidade de trabalho e agregação de valores. Mencionaram ainda grande dificuldade de organizar os trabalhos interligados com a docência da unidade.

Em geral, indiferenciação do *self*, falta de clareza e amadurecimento de papéis coexistem a um sentimento de ameaça ante a avaliação e a mudança. Moreno[6] afirma que o maior grau de liberdade da espontaneidade no desempenho de papéis ocorre em sua etapa mais amadurecida, que ele denominou *role creating*. Ter atingido a distinção entre realidade e fantasia é um pré-requisito

---

6. J. L. Moreno. *Psicodrama*, São Paulo: Cultrix, 1987.

MARIA APARECIDA JUNQUEIRA ZAMPIERI

para o desenvolvimento de papéis. Em geral a empresa oferece treinamento técnico, promove o *role-playing*. Porém, a espontaneidade é inerente à saúde individual e relacional, à distinção realidade/fantasia, ao *role creating*. Almeja-se, em rede, acionar os circuitos de espontaneidade gerando espontaneidade. Claro que a conserva cultural, o conhecimento técnico são necessários e não substituídos pela espontaneidade. Na empresa moderna devem andar par a par.

Excessivo receio de implicações negativas aos colegas na avaliação é típico da codependência e da estagnação, num sistema rígido[7]. Num sistema espontâneo há energia disponível, "jogo de cintura" para o desconforto da avaliação e mudança. O codependente pressupõe que o outro carece de recursos para crescer e individuar-se, que vai esmorecer diante de uma avaliação negativa. Fixam-se apenas aos aspectos positivos. Porém não convence, pois, como não pode dizer "não", o seu "sim" não tem valor. E a avaliação positiva que oficializa não confere reconhecimento ao outro. Esse padrão coexiste ao "passar a mão na cabeça", com a pseudo-avaliação e com o pseudocrescimento. Realidade e fantasia podem misturar-se. Faz-se necessário um desenvolvimento na Matriz de Identidade profissional para aliviar as tensões das confusões entre papel profissional e pessoal, e perceber vantagens possíveis ao quebrar-se a conivência estagnante e de fato ajudar o outro a ver em que pode melhorar.

À semelhança de famílias rígidas, a instituição com traços codependentes tende a não favorecer o desenvolvimento. Qualquer intervenção que tente desestabilizar o sistema pode parecer ameaçadora. Quanto mais estável o sistema, mais difícil perceber a importância de suportar-se a instabilidade da transição para novos equilíbrios mais maduros. Essa é uma característica evidente nos sistemas estáveis do funcionalismo público. Nota-se uma tendência a "fazer de conta" que se avalia e evolui, mantendo-se a

---

7. Tal como na família rígida, rigidez aqui se refere à carência de recursos como a espontaneidade moreniana, para o enfrentamento da instabilidade típica de transições, percebida em processos de mudança.

CODEPENDÊNCIA: O TRANSTORNO E A INTERVENÇÃO EM REDE   221

homeostase pela estagnação. O desenvolvimento é um risco para vários níveis na hierarquia organométrica.

No sistema universitário, a resistência inicial mais concentrada no grupo mais elitizado exigiu novos encontros de aquecimento para uma abertura de problemas reais experimentados. Um pico de tensão marcado pelo medo de exposição, do uso das informações e de admitir falhas (reais ou fantasiadas), mesmo expondo-se os objetivos da intervenção, apenas cedeu espaço a um enfrentamento perante a proposta aberta ao grupo de decisão entre "continuidade verdadeira" ou encerramento do trabalho.

O processo abarcou emoção, reflexão e ação, sempre reavaliado e redimensionado. Como nas demais intervenções, envolveu o acompanhamento por diretores da unidade, via *feedback* de participantes e reuniões com a equipe de implantação da rede. A rede de apoio teve importante papel e foi, ao lado dos exercícios de comunicação direta, determinante no fluxo do trabalho. A etapa de expansão por ressonância está sendo um delicado trabalho. Como nos demais sistemas, não ocorre simultaneamente em todos os setores, exigindo intervenção direta da equipe em alguns espaços.

Nas seções e nos setores operacionais, as maiores dificuldades incluíam déficit no desempenho, auto-estima rebaixada, auto-imagem denegrida, a falta de discernimento em desenvolvimento entre quantidade de trabalho e merecimento por agregação de valores, além de dificuldades específicas acima e abaixo no organograma e, em especial, com docentes. Conseguir o respeito a normas quer por chefes de departamentos, professores e pesquisadores em geral era tido como quase impossível. Os supervisores de seção e setores, em especial aqueles da fazenda da universidade, não se sentiam em pé de igualdade com os coordenadores de departamentos, docentes e pesquisadores em geral. Quase todos impunham sua pesquisa como prioridade, muitas vezes não demonstravam respeito aos prazos e solicitações antecipadas, e as seções não conseguiam uma organização satisfatória.

A agilização da rede entre setores incluiu reuniões entre chefias sucessivas à sessão e setores da fazenda e a direção da universidade. Despontaram diferentes necessidades, cursos específicos de capacitação foram continuamente programadas pela universidade.

O trabalho em rede objetiva desconstruir mitos e medos, e romper o equilíbrio atual para dar espaço a novas transações, intra e intersistêmicas. É necessário que haja acompanhamento até que o sistema tenha de fato se desestabilizado e suportado a instabilidade da transição, no que a rede tende a se mostrar mais forte que em tentativas isoladas. É importante que possa atuar como semente, como *start*, que estimule a espontaneidade, garantindo assim autonomia ao sistema. Que o sistema torne-se mais potente e criativo, mais flexível para encontrar saídas continuamente.

Concretizando subsistemas da rede.

Desenvolvimento em rede

A implantação em rede tem sido utilizada em municípios e instituições. Temos também estimulado esse trabalho entre nossos alunos de especialização em psicodrama. Observam-se iniciativas; vários supervisionandos estão desenvolvendo profissionais em municípios e na empresa. Duas alunas de um mesmo grupo estão interligando seus trabalhos e, além do trabalho que vinham desenvolvendo de conscientização com famílias-clientes de programas sociais, como "bolsa-escola" e "renda cidadã", agora estão juntando forças e efetivando programas intercidades.

Em Ilha Solteira, o levantamento dos focos mantenedores de codependência social incluiu igrejas diversas, a iniciativa privada e clubes de serviço; exigindo do grupo um trabalho delicado de transformação, preparando os ajudadores naturais para tornarem-se efetivos colaboradores.

Por essa ocasião criamos um símbolo para o trabalho em rede para o rompimento das relações de codependência. Temos sugerido aos grupos a confecção de um *button* de identificação às senhoras da sociedade empenhadas em trabalhos filantrópicos, que distinguisse aquelas que, rompendo a tradicional ajuda, se prestassem a "ensinar a pescar" e buscar ou criar fontes geradoras de sustentação.

A pergunta que nos realimenta poderia ser expressa por aquela feita por Moreno: "Como se pode ajudar pessoas que vivem em grupos, mas permanecem solitárias? Como se pode ajudá-las a ser criadoras?". Em rede, aumenta-se a chance de ajudar pessoas a descobrir que podem ser criadoras, arriscar a crescer com a coragem de rever se deixaram de pertencer – que podem ajudar pessoas a descobrir que são criadoras, que podem crescer e correr o risco de deixar de pertencer. Esse processo requer que se suporte a instabilidade típica de transições, o que pode, em sistemas rígidos, ser favorecido por uma assessoria que opere em rede. Um modelo possível implica uma coordenação "externa" acompanhando elementos-chave que pertençam ao grupo, de forma que se interatue mergulhando no sistema e saindo para efetivar mudanças. Nesse modelo, a própria coordenação assessora pode, por sua vez, ser composta por uma equipe que interfere no processo, reavalia-o e reajusta-o continuamente.

É necessário considerar que há um fluxo contínuo de pressões e contrapressões, sucesso e quedas, medos, descaso e correntes múltiplas, que por vezes semeiam o desânimo e tendem a mostrar-se crescentes, levando do otimismo inicial a expressões de desejo de rompimento até que atinja um equilíbrio diferente. Esse movimento pode ser observado muitas vezes ao longo do trabalho, o que torna útil criar sistemas de apoio entre os próprios membros do grupo. Podem caracterizar-se por equipes reflexivas e avaliadoras do movimento do grupo a que pertencem, exercitando papéis de liderança e ajudando a avaliar quando o grupo já está forte para deixar a intervenção, nos casos em que o término do trabalho decorrer por avaliação. Reflexão e ação tramam a tônica do trabalho em rede.

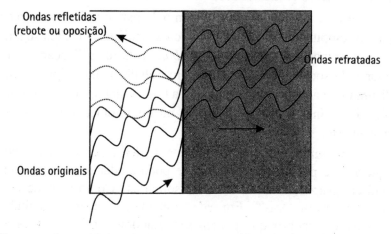

Figura 24 Permeabilidade do sistema para transmitir ondas de mudança. Em analogia com a propagação de ondas de um meio (ar) para outro (acrílico). Se o meio for opaco, a luz tenderá a ser absorvida, abafada, e não haverá transmissão das "novas ondas". A propagação representa a facilidade de transmissão de ondas de mudança de fases, é diferente em cada meio, cada meio representa características de um sistema. Caso a barreira seja muito alta em relação ao nível anterior, haverá muita reflexão e pouca refração e o sistema manterá mais características do ciclo em que já se encontrava.

Ondas de transposição de barreiras no processo de mudança

A mudança se dá por ciclos, e estes por fases ou ondas. Como ocorre na reflexão em propagação de ondas ao transpor barreiras, até que se complete um ciclo, a cada onda de mudança esperam-se pressões ou contra-ondas. É preciso observar se houve transposição suficiente para configurar energia mantendo a tendência rumo à mudança e não apenas pulsos isolados, que tendem a morrer por absorção.

Quando ondas "encontram" barreiras, podem refletir, ser absorvidas e/ou refratar. A refração consiste em transpor as barreiras. A absorção corresponde à energia dissipada, prejudicando a transposição. Porém a reflexão poderia aqui ser tomada por contrapressão ou efeito rebote que desenha uma parcela do todo em retrocesso, no sentido oposto ao do movimento impulsionado em onda. Entendemos que o rebote é um efeito natural de oposição à mudança. Quando a qualidade do meio ou inércia do sistema tende à estagnação, as ondas de evolução podem ser absorvidas e o sistema permanece como estava.

Transpondo ciclos da vida

Quanto às transposições de ciclos naturais da vida de um sistema, em analogia com a refração de ondas, de um meio para outro podemos dizer que elas ocorrem como passagens de ondas por barreiras, sujeitas a ocorrer por refração, reflexão e absorção.

- Refração é a transposição de um ciclo a outro, é transpor uma barreira, passar de um meio a outro (mais maduro, com características e tarefas diferentes).
- Reflexão corresponde à onda de oposição que surge naturalmente, paralelo a qualquer processo de mudança.
- Absorção corresponde à energia dissipada no processo, energia que não estará disponível para auxiliar na mudança (refração) nem na manutenção no mesmo ciclo (reflexão). Corresponde ao aumento da entropia positiva do sistema.

Quanto maior a rigidez (pobre fator espontaneidade) do sistema, maior a energia absorvida (dissipada) num processo de transposição de ciclos. Assim, em sistemas muito rígidos a energia disponível para a mudança é pequena, e é mais provável a necessidade da injeção de energia externa (intervenção) para que se consigam as mudanças naturais nos ciclos da vida.

Leis de Oerstad e de Lenz aplicadas ao social

Emprestamos ainda da física o conceito de indução magnética, estendendo o modelo de Lenz para compreender as contrapressões observadas em processo de mudança nos sistemas sociais.

Quer num circuito simples ou complexo, quer numa massa eletricamente condutora, uma corrente produz um efeito magnético ao seu redor, dentro e fora do circuito. Se o circuito tiver corrente constante, o campo magnético encontra-se estável. Porém, se a intensidade e/ou sentido da corrente *variar*, uma contracorrente homeostática surge simultaneamente, de forma que *neutralize a variação* do campo de ação magnética.

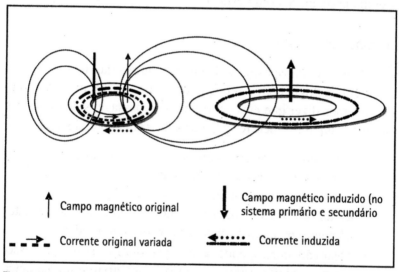

Figura 25 A corrente original (tracejada) da bobina pequena (primária) gera um campo magnético dentro e ao seu redor (lei de Oerstad). Alterando-se a sua corrente, surge imediatamente um campo magnético neutralizador da mudança, em busca da homeostase. Esse campo magnético (pontilhada) recebe o nome de campo magnético induzido (lei de Lenz). Acredito que no campo de forças de qualquer sistema social observam-se os mesmos fenômenos: circuitos de *feedback* auto-reguladores, constituídos por correntes nos sentidos necessários para restabelecer o equilíbrio. Uma bobina secundária pode acolher o campo magnético induzido aproveitando-o, tal como se faz nos transformadores de tensão elétrica.

CODEPENDÊNCIA: O TRANSTORNO E A INTERVENÇÃO EM REDE   227

Esse fenômeno, estudado por Lenz em eletromagnetismo, pode ser facilmente constatado na prática. É o que ocorre quando ao ligar uma chave percebe-se uma faísca. Também está presente nos transformadores que existem nas ruas, nas entradas de todas as residências, nos elevadores (para transporte de energia em alta tensão, por exemplo) e redutores de tensão (para ser utilizada). Só ocorre na mudança. Tensão alterada gerando tensão alterada, corrente alterada gerando corrente alterada, campo magnético alterado gerando campo alterado. Mudança gerando mudança. Tanto do todo para uma parte quanto vice-versa, o processo é mútuo e contínuo. Estagnação mantendo estagnação.

Destacam-se duas situações principais: auto-indução e indução. A faísca, ao ligar-se ou desligar-se um circuito, exemplifica a auto-indução: iniciativas de mudança gerando contracorrente, em tentativas de restabelecer ou manter o equilíbrio anterior (corrente pontilhado na bobina primária, na figura). Quanto mais sólido um condutor maciço, mais sujeito à auto-indução. Vale lembrar, porém, que a faísca não perdura. Associa-se aos momentos de mudança: estabilizando-se a nova corrente, a faísca cessa.

O transformador e o processo de mudança

O transformador é um inteligente aproveitamento de tendências naturais de oposição a mudanças (corrente pontilhada, na bobina secundária). O paradoxo do aproveitamento da energia que surge pela tendência de oposição à mudança: é a mudança pelo paradoxo.

Contudo, a energia no sistema secundário só coexiste se a corrente do sistema primário continuar em mudança. Se a corrente do primário se estabilizar, a corrente do secundário cessa. O sistema secundário pode configurar uma rede de apoio, uma intervenção ou uma equipe reflexiva, surgindo junto com as mudanças e encerrando na estabilidade. Um suporte ao sistema ao longo do processo de mudança. Ou como transmissor, estimulador de mudanças.

Uma bobina secundária alimentada pela mudança de um sistema primário, por sua vez, pode funcionar como primária para outro sistema desenergizado. Assim, mudança associa-se com mudança, ou mudança estimula mudança, em influências mútuas entre sistemas próximos. E a mudança em um sistema pode encontrar eco ou ressonância em outro aparentemente bastante distante, no viés dos subsistemas e das correntes ainda que não exista uma ligação concreta entre os circuitos. Assim como as bobinas primária e secundária do transformador não estão conectadas por fios entre ambas. Portanto uma mudança em um subsistema afeta todos os demais.

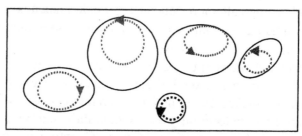

Figura 26 Mudança em um subsistema afeta todos os outros em influências mútuas, intra e intersistemas.

Proposta de um modelo para pressões e influências mútuas nos sistemas sociais

Proponho, fundamentada na teoria sociométrica moreniana, na cibernética e nas leis de Newton, de Oerstad e de Lenz, generalizar para os fenômenos sociais os princípios a seguir.

Princípios reguladores da homeostase social

1. Próximo de toda corrente social existe um campo de força. Esse campo depende diretamente da intensidade da corrente, inversamente ao quadrado da distância, e da permeabilidade do sistema.
2. A quantidade de movimento de um sistema é diretamente proporcional à sua massa inercial e à sua velocidade de transição.
3. Subsistemas influenciáveis em movimento, ao adentrarem o campo de força de uma corrente social, sofrem forças que tendem a alterar sua trajetória inicial.

4. Uma corrente social que adentra o campo de força de outra corrente a influencia e é influenciada por ela. Assim, as correntes dos subsistemas próximos exercem influências mútuas. Isto é, ambos estão adentrando campos mútuos. As forças influenciáveis são igualmente intensas. Porém aquele de menor massa inercial sofrerá maior alteração no seu movimento.

5. Concomitantemente a qualquer alteração na corrente social vigente surge um campo de força homeostático denominado *campo auto-induzido*, tentando manter inalterado o campo original. A esse campo associam-se correntes induzidas, nos sentidos necessários para manter a homeostase do sistema.

O consultor e a intervenção reguladora externa

Embora o transformador, bem como todas as tomadas e baterias ofereçam tensão elétrica, só haverá corrente se se conectarem em circuitos a essas fontes. Só assim haverá aproveitamento dessa tensão. Fios com resistência elétrica desprezível conectados às fontes caracterizam os curto-circuitos, desperdício de energia e possíveis danos. Os aparelhos elétricos não funcionam sem o alimento da tensão. Um sem o outro não atuam, devem-se fazer conexões adequadas. No sistema social também, o fato de existir tensão não garante a presença de corrente. É necessário um meio de escoamento (Moreno denominou *espontaneidade* o catalisador). Escoamento inadequado pode produzir curto-circuito, danos e energia dissipada.

Por outro lado, assim como nos transformadores elétricos aproveita-se a contra-tensão simultânea à oscilação da bobina primária, pela inserção de uma bobina secundária que acolhe a contratensão, esse é o papel do consultor: promover alterações nas correntes vigentes e acolher (legitimar) as tensões que alimentarão as correntes induzidas transformadas. Favorecer conexões adequadas para os novos fluxos de correntes induzidas, legitimando e aproveitando positivamente as resistências para regular as correntes sociais.

Como no transformador, alteração na corrente gera tensão (e corrente, na presença de meios propícios) com idêntica freqüência de vibração.

O todo está continuamente composto por subefeitos induzidos no circuito, embora a corrente mantenha um sentido ou tendência mestre: aquele que tomamos por sentido da corrente do sistema (ou sentidos das correntes do sistema). Os subefeitos ocorrem por auto-indução ou indução inter ou intra-sistemas. A indução intra-sistemas pode ocorrer nesse caso por indução do todo sobre subsistemas, ou vice-versa. Cada foco pode ser considerado um sistema. Porém em relação a um sistema que o contém é um subsistema. Portanto as pressões e contrapressões ocorrem intra e internamente em todos os níveis do sistema social. Tal como no caso elétrico, manifestam-se como tensões e correntes de indução.

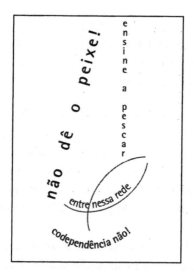

Figura 27 Button.

Rede e histerese

A codependência social envolve circuitos viciados de relações que tendem a mostrar-se pouco permeáveis e de grande massa inercial. Numa intervenção em rede levam-se em conta a massa

CODEPENDÊNCIA: O TRANSTORNO E A INTERVENÇÃO EM REDE   231

e o movimento inercial, focos de pressão, a energia disponível do sistema referentes às proporções de altura das barreiras. Justifica-se, quando necessária, como fonte externa de energia e precisa ser bem dosada quanto a amplitude e longitude e escolha do foco ou *locus* de intervenção. Se o impulso for muito brando, de pouca abrangência, pode configurar maior rebote que transposição. Nesse caso agita-se e, como a polenta, tudo volta ao equilíbrio anterior. Intervenções interrompidas prematuramente ou de pouca amplitude podem exemplificar esse efeito.

A "qualidade" da inércia do sistema também influi na intervenção. Chama-se *histerese magnética* a demora que tende aquele sistema a voltar ao seu equilíbrio anterior à intervenção. Quanto maior a histerese, maior a chance de impregnação magnética da intervenção e de o trabalho ecoar em ressonância para outros subsistemas e sistemas adjacentes. Entendo que esse é um dos fatores de divergência de resultados em intervenções realizadas por uma mesma equipe em diferentes locais, o que reforça a importância dos fatores tele e espontaneidade morenianos, que devem ser bem desenvolvidos tanto na formação de consultores como nas equipes de ressonância.

Entropia e intervenção

A tendência natural do sistema é aumentar a entropia ou energia degradada. Da organização e tensão à desorganização e equilíbrio térmico, do movimento à estagnação e a morte do sistema. Todo sistema vivo move-se no viés da tensão. A tensão gera movimento, vida, enquanto o equilíbrio associa-se à estabilidade do sistema. Um sistema altamente estável precisa da intervenção externa para injetar energia aproveitável ou vida no sistema. Esse é o papel da assessoria e da psicoterapia, introduzir desequilíbrio e ajudar o sistema a sustentá-la até que possa organizar-se o suficiente para manter a entropia negativa. A sociodinâmica e a sociatria ocupam-se dessa tarefa no plano sociorrelacional.

_8_

Investindo na prevenção

Tão clara e atual a proposta preventiva do Projeto Socionômico moreniano que seria leviandade não alertarmos o mundo como *socius* que somos.

Já há anos, a Organização Mundial de Saúde vem publicando alertas, consolidando a importância da prevenção, como base de todo programa eficaz na luta contra o abuso de drogas e álcool. Mais ampla é a fatia social da co-dependência que se encontra concomitante em famílias extra drogas e álcool; presente ainda em sistemas com transtornos como os da conduta. Em sujeitos que, por sua vez, estão em risco de desenvolver, posteriormente, transtorno da personalidade anti-social ou os transtornos do humor ou da ansiedade ou somatoformes ou transtornos relacionados a substâncias. Por um lado, tais fatos parecem consolidar a importância de fatores genéticos. No entanto, entendemos que o mesmo cuidado deve ser dedicado a mecanismos na inserção social, que previnam padrões de co-dependência.

Em publicação específica sobre esse teor, Gossop (e cols., 1990) teoriza sobre as estratégias de promoção da saúde com o objetivo de melhorar a percepção e implantar modos de vida mais sadios, definindo três níveis de prevenção. Descreve como nível primário as estratégias de prevenção para impedir a aparição dos problemas ou reduzir sua incidência, seja pela eliminação de agentes patógenos, pela modificação das condições ambientais propícias ou pelo fortalecimento da resistência à incidência. A

234 MARIA APARECIDA JUNQUEIRA ZAMPIERI

prevenção secundária busca reduzir a prevalência já presente na comunidade. Dirige-se aos sujeitos já afetados. Assim, pode consistir em intervenção, tratamento ou reabilitação para minimizar o dano individual e social além de cortar a duração do problema. Por outro lado, a prevenção terciária tem por meta conseguir e manter um melhor nível de rendimento e de reabilitação individuais. Faz-se pela manutenção e reimplantação do sujeito na sociedade via serviços de apoio e organização de programas de acompanhamento. Objetiva, ainda, evitar efeitos negativos da internação em instituições, como os rótulos, via programa de base comunitária.

Em muitos casos, porém, o tratamento equivale à prevenção, pois poderá impedir ou bloquear o aumento desse grupo. Por outro lado, a prevenção contribui, segundo Gossop e Grant (1990), diretamente no tratamento, tornando as expressões *prevenção precoce* e *tratamento precoce* partes inseparáveis de uma intervenção precoce. Acreditamos que ao se fazer sociodrama da codependência (Zampieri, 1998a), para casais e famílias, internos ou população em geral, independentemente de ter ou não dependentes químicos no sistema familiar, poder-se-ia estar fazendo intervenção precoce. Todos os meios precisam ser utilizados. Proliferam grupos de auto-ajuda preventivos ou "reparadores", como Escolas de Pais, Amor Exigente, Alanon, AA, NA e tantos outros. Estima-se que, nos Estados Unidos, nos últimos anos têm dobrado muitas vezes em número as modalidades de tais grupos. Em geral funcionam em caráter anônimo, independente e sem fins lucrativos; estruturam-se de forma padronizada segundo bibliografia própria. Às vezes, especializam-se como Escolas de Pais, sempre mantendo a filantropia, e contam com assessoria de profissionais. Como parte da responsabilidade social, toda prevenção parece pouca, seja ou não governamental ou religiosa.

Idealizador da prevenção em massa, Moreno deixou parâmetros cujas bases têm progredido. Ele trilhou da prática à teoria. Num caminho inverso, é possível fundamentar na Matriz de Identidade uma proposta individual ou para grupos, visando a papéis pessoais ou desenvolvimento profissional. Fonseca elaborou – en-

CODEPENDÊNCIA: O TRANSTORNO E A INTERVENÇÃO EM REDE   235

riquecendo com Buber – a proposta da matriz e, com mestria, imprimiu-lhe a didática que faltava a Moreno. Pode-se fazer prevenção em crianças ou adultos focando-se uma rematrização. Berço do primeiro processo de aprendizagem emocional, parte-se da indiferenciação. Supõe-se (ou verifica-se *in loco*) que não haja discernimento quanto ao si mesmo ou em relação ao aspecto enfocado, como o bebê logo que nasce. Estabelece-se simbiose, utilizam-se duplos, legitima-se o papel de ingeridor, a criança que espera ser nutrida. Priorizam-se a introspecção, o domínio de si mesmo; aguça-se o "ser" a interagir por meio dos órgãos do sentido, dos sentimentos, da afetividade, do espaço pessoal, da compreensão das manifestações internas. Promove-se um clima receptivo ao reconhecimento do eu.

Foram criados instrumentos específicos para indivíduos ou para grupos como o psicodrama que objetiva a espontaneidade à procura de alternativas a conflitos relacionais[1], a estrutura inter-relacional que pode ser mensurada pelo teste sociométrico, também criado por Moreno (1984), acusando em cada momento da vida familiar (ou de qualquer grupo) as escolhas mútuas entre todos os elementos do sistema.

O projeto socionômico e a sociometria como método diagnóstico

Jacob Lévy Moreno, médico romeno de origem judaica, formado em 1919, criou ao longo de sua vida um constructo teórico, hoje com repercussão nas Américas e vários países europeus. Criou o psicodrama e requer para si a paternidade da psicoterapia de grupo. Seu legado vem inspirando muitos seguidores não apenas a uma complementação, senão a uma nova e diversificada ela-

---

1. Segundo Oliveira Neto (1997) as alterações de arranjos de ligações das redes neuronais do cérebro em atividades funcionais tornar-se-ão passíveis de mensuração pela Tomografia de Emissão de Pósitron (TEP), o que viabilizará, talvez num futuro próximo, tomografar intervenções psicoterápicas. (N. da A.)

236 MARIA APARECIDA JUNQUEIRA ZAMPIERI

boração que tem sido denominada *neopsicodrama*. Iniciou seu trabalho em Viena, mas foi nos Estados Unidos, onde passou a maior parte de sua vida, que foi inicialmente reconhecido.

J. L. Moreno (1994) e Salvador Minuchin[2] (1990) apresentam em comum, embora de forma diferente, uma visão do homem no contexto, com ênfase na relação. O primeiro a mensurou criando a sociometria e o segundo codificou-a pela leitura estrutural familiar. Mas Moreno ambicionava ir muito além da família, que não foi seu principal objeto de estudo, como Minuchin. Seu ponto de partida foi *o mundo* e seu desejo, tratar e fazer prevenção de forma global.

Sua obra pode ser vislumbrada pelo Projeto Socionômico, correspondente ao estudo das leis que regem o comportamento social e grupal, com três grandes vertentes (Figura 28).

A mencionada sociometria corresponde à ciência que se ocupa com a mensuração e mapeamento das inter-relações. Para objetivá-la, Moreno criou o teste sociométrico como método, utilizando tabelas e gráficos, como radiografias do momento de um grupo ou de uma população.

A sociodinâmica corresponde à ciência que estuda a dinâmica ou o funcionamento das inter-relações. Neste trabalho nos ateremos ao aspecto que tange à teoria dos papéis, com o intuito de compreender a origem do papel de codependente. Para Moreno, o EU emerge dos papéis e as interações se fazem via complementaridade nas relações *papel/contrapapel*; com seus aspectos dinâmicos e suas regras próprias. Como método da sociodinâmica, Moreno criou o *role-playing*, por meio do qual as pessoas podem desenvolver seus papéis mais rígidos (*role taking*) e levá-los à sua condição mais evoluída, espontânea e criativa (*role creating*), que corresponde para o autor ao mais alto grau de desenvolvimento de um papel.

---

2. Terapeuta familiar estruturalista da Filadélfia, autor de *Técnicas de terapia familiar, Famílias: funcionamento e tratamento*, entre outros.

CODEPENDÊNCIA: O TRANSTORNO E A INTERVENÇÃO EM REDE   237

P R O J E T O S O C I O N Ô M I C O	PROJETO SOCIONÔMICO DE J. L. MORENO		
	Vertentes	Objeto de estudo	Instrumento
	Sociometria	Mensurações das relações sociais	Teste sociométrico
	Sociodinâmica	Dinâmica das relações sociais	Role-playing
	Sociatria	Tratamento das relações sociais	Psicodrama Psicoterapia de grupo Sociodrama

Figura 28 Esquema do Projeto Socionômico de J. L. Moreno, que sintetiza uma visão global de sua obra.

Finalmente, sociatria é a sociometria aplicada; corresponde à ciência que se ocupa com o tratamento das relações interpessoais e grupais. Como métodos, Moreno desenvolveu a psicoterapia de grupo, o psicodrama e o sociodrama. As psicoterapias de grupo são subcampos da sociatria.

Se por um lado pode-se afirmar que o ego tem significações misteriosas ou metapsicológicas, para Moreno os papéis são os pontos de cristalização perceptíveis do que denominamos EU. Os papéis e suas relações são fenômenos de expressão do indivíduo e de determinação de uma cultura. As relações interpessoais iniciam-se entre o bebê e sua mãe e entram no círculo de familiares, agradáveis ou desagradáveis, constituindo o átomo social, que tende a expandir-se sociometricamente.

Moreno idealizou formas para investigar, medir e estudar os processos vinculares manifestados nos grupos humanos. Consolidou um instrumento, o teste sociométrico, método baseado nos conceitos de atração, rejeição e indiferença, fundamentos nos fatores tele ou sociogravitacionais, que operam transpessoalmente, induzindo os sujeitos a estabelecer relações. Quer positivas, quer negativas, as relações de mutualidade poderão constituir pares, triângulos ou outras cadeias vinculares.

238 MARIA APARECIDA JUNQUEIRA ZAMPIERI

O teste sociométrico constitui uma ferramenta de mensuração dessas relações entre os elementos de um grupo, elaborada em duas etapas. Sob determinado critério, que consiste em uma pergunta bastante específica, os sujeitos são incentivados, depois de devidamente aquecidos e motivados, a escolher-se positiva, neutra ou negativamente na primeira etapa do teste. Também são incentivados na segunda etapa a definir como acreditam ter sido eleitos pelos seus pares, ou como percebem seu *status* sociométrico no grupo, quanto àquele específico critério. Devem justificar suas escolhas e percepções. O alcance e limitações no processo de escolha podem variar expandindo-se ou decrescendo, conforme o grau de espontaneidade.

Com esse material, Moreno idealizou a confecção da matriz sociométrica e de gráficos demonstrativos de átomos sociais e relações grupais, que permitem uma clara identificação do *status* individual, das lideranças ditas vermelhas (positivas) ou negras (negativas), das cadeias de relações, das forças télicas e potencialidades de intervenção no grupo. Recentemente, uma versão informatizada bastante fiel ao modelo moreniano desse teste foi oficialmente apresentada à comunidade psicodramática pelo engenheiro e sociômetra Roberto Zampieri (1996).

Essa mensuração poderia ser-nos útil como referencial ao longo de intervenções em grupos de famílias, bem como em trabalhos em rede. Fizemos experimentalmente reuniões com grupos de internos em instituição para drogaditos, envolvendo familiares. Entre as atividades, buscamos deles a configuração típica da codependência. Relatamos mais adiante alguns desses encontros sociodramáticos.

O sociodrama como método construtivista

O público como um todo deve ser colocado no cenário, para resolver seus problemas, porque o grupo no sociodrama corresponde ao indivíduo no psicodrama. Mas como o grupo é apenas uma metáfora e não existe *per se*, na prática o seu conteúdo cons-

CODEPENDÊNCIA: O TRANSTORNO E A INTERVENÇÃO EM REDE

titui-se pelas pessoas inter-relacionadas que o compõem. Não como indivíduos privados mas como representantes de uma mesma cultura.

Na socionomia, criada por Moreno, o sociodrama encontra-se na vertente da sociatria ou ciência que se dedica ao estudo do tratamento das relações. Diferencia-se do psicodrama, que trata o indivíduo ou os grupos nos seus aspectos intrapsíquicos, principalmente no que tange ao protagonismo. No sociodrama, será sempre o tema ou o propósito da intervenção focalizada, nos seus aspectos interpsíquicos. Não serão os seus papéis psicodramáticos e privados o alvo da ação dramática, mas os temas coletivos e os seus papéis pertinentes, a simbolização, os arquétipos, os processos co-inconscientes, os mitos e os conceitos representativos daquele grupo, daquela cultura.

Na ação dramática, produzida ao longo do sociodrama, evidenciar-se-ão características interpretadas pelos atores espontâneos oriundos da platéia. Comporão com seus pares suas visões sobre o tema/conflito abordado, criando-as com base em seus componentes culturais, em seus valores e em suas visões de mundo, colocando-as no palco. Objetivando a conserva cultural, a ação dramática tem no sociodrama um espaço legitimado para alterá-la e recriá-la. Ela trata, coletivamente como quer Moreno, pela liberação de sua espontaneidade e criatividade, capacidade do ser humano em criar novas e adequadas perspectivas de sua realidade a partir do que já aceitava como certo. Da premissa desta capacidade, validar-se-á o uso do sociodrama como instrumento de intervenção.

Tanto o processo psicodramático como o sociodramático, criados por Moreno, compõem-se, em sua estrutura, de contextos, etapas e instrumentos próprios.

É do contexto social que provêm e para onde serão devolvidos os temas/conflitos rematrizados. Poder-se-ão formar contextos grupais, quando indivíduos mobilizados por metas comuns reunirem-se, regidos por regulamentos próprios, independentemente de sua origem. Em casos específicos, quando se tratar de uma ses-

240 MARIA APARECIDA JUNQUEIRA ZAMPIERI

são de psicodrama ou sociodrama, faz-se muitas vezes um contexto que Moreno denominou *contexto dramático*, reduto em que ocorre a ação mobilizada, em determinadas circunstâncias, nas quais se pode lançar mão de variadas técnicas, superpondo-se aos contextos grupal e social.

Perceber-se-á numa primeira etapa o aquecimento como um todo. Assim que a proposta é apresentada e o grupo se compõe, muitas vezes com técnicas integradoras, promove-se um aquecimento inespecífico. Porém, do preparo para a ação dramática até o surgimento de personagens e seu preparo, essas ações serão consideradas aquecimento específico.

A dramatização terá início com as cenas em si ou com a ação temática, com os conflitos/personagens presentes mobilizando o grupo, podendo ocorrer a catarse coletiva, o que corresponderia a uma sensação pós-encontro que Moreno denominou *purificação*. E, de volta a seus papéis pessoais, todos podem ter a sensação geral de ganho, revitalização ou outras. Os presentes ou uma amostra representativa poderão compartilhar, reiterando o que antecede a etapa dos comentários. Essa etapa corresponde à reintegração ou ao retorno aos contextos mais amplos originais.

Cinco são os instrumentos idealizados pelo autor a fim de viabilizar um Sociodrama, bem como o psicodrama. Desde o diretor, a quem cabe não só a direção como o processamento do sociodrama; ele poderá contar de forma direta com os egos-auxiliares, ou simplesmente auxiliares, conforme denomina Zerka, esposa de Moreno e fiel difusora de sua obra desde antes de sua morte, em 1974. Também especializado em psicodrama, o ego-auxiliar é ao mesmo tempo ator, colaborador que contracena com o protagonista e ainda observador-analista social.

O protagonista, por sua vez, no sociodrama é o próprio grupo que está presente. É a um só tempo multiplicador e transformador social, enquanto se transforma na ação educadora pela própria participação, na medida proporcional direta com seu grau de envolvimento com a ação.

Onde ocorrem as cenas, constituir-se-á o espaço, inclusive interno, do cenário. No entanto, a platéia, nem sempre existente, poderá ficar realmente toda *engolida* pela participação na dramatização. Porém, caso não haja a participação direta de todos na cena, membros do grupo ou egos-auxiliares, enquanto observam ativamente, funcionam como tal.

A fase dos comentários do Sociodrama visa, além das vivências ocorridas, à possibilidade de articular essa experiência vivida à realidade objetiva de seus contextos sociais.

Conforme enfatiza Ana Maria Zampieri (1999), Moreno denominou *axiodrama* o sociodrama com tema predefinido, quando se exploram valores éticos e sociais. Por meio dessa intervenção é possível trazer à tona as *conservas culturais*, termo moreniano referente à produção portadora da herança cultural. Tem-se, assim, uma oportunidade de revisar mitos e valores às vezes desgastados por outros mais condizentes com questões e situações atuais.

Pela espontaneidade criativa do grupo participante, o grupo pode desconstruir mitos e valores e edificar, por intermédio de novas visões, modelos mais saudáveis de inter-relação familiar e/ou social.

Relato de uma experiência sociodramática com familiares e drogaditos

Realizamos sociodramas da codependência com internos e familiares em instituição e com grupos de famílias na clínica, em caráter experimental, desde 1996. Alguns desses trabalhos constituíram-se de um único encontro, outras vezes de séries de até cinco sessões com grupos abertos, com ou sem a participação de internos. Tiveram início ao longo da minha especialização em terapia familiar e ocorrem ainda hoje com grupos menores de famílias de baixa renda na clínica-escola Ciclo de Mutação. Escolhemos dois grupos, com internos e "famílias comuns", para exemplificar o que em nosso entendimento poderia ser praticado a título de prevenção. O texto a seguir foi reproduzido da monografia defendida para titulação na referida especialização.

A população

Uma característica marcante do dependente é o não-reconhecimento de tal condição. Com o codependente, parece ser assim também. Para compor os grupos, contatou-se, via carta e visitas, hospital-escola, ambulatório, psiquiatras da cidade, Al'Anon, AA e divulgou-se convite direto, por um jornal da região. Finalmente, sem ter atingido ainda quórum, constituíram-se grupos dentro da instituição para recuperação de dependentes químicos e posteriormente grupos menores, com casais oriundos da divulgação.

As experiências ocorreram nos dias de visitas para familiares, o que ali significa o segundo domingo de cada mês.

A população do grupo aqui descrito compôs-se de 22 adultos, nível socioeconômico médio-baixo e analfabetos. Havia ainda um indivíduo com nível universitário incompleto. A faixa etária variava entre dezoito e 67 anos. Onze eram familiares e onze internos ou alunos como são denominados. Oito por abuso de drogas e três alcoólatras. Todos da classe média a popular; estavam presentes mães, irmãos e um primo. Nenhuma esposa de interno. Cinco dentre eles não estavam com acompanhantes familiares, porém demonstraram vontade de participar, o que fizeram ativamente. Todos se encontravam no primeiro trimestre de tratamento; a visita só é permitida após o primeiro mês.

A metodologia

O sociodrama e a sociometria constituíram a metodologia de escolha.

Levando em conta a questão social e familiar da dependência química e, por outro lado, tomando a família que apresenta casos de dependência como uma família disfuncional, que tende a manter o estigma da dependência, encontramo-nos diante da questão: como intervir para sensibilizar os familiares de dependentes a desarticular falsas crenças, mitos e valores sobre a codependência, e como facilitar o acesso a novas visões, para se instrumentar e acreditar na possibilidade de inter-relações mais saudáveis?

CODEPENDÊNCIA: O TRANSTORNO E A INTERVENÇÃO EM REDE   243

A prevenção da dependência bem como o envolvimento de familiares de dependentes em tratamento requerem novos instrumentos e métodos. Torna-se necessária a desconstrução de conceitos que levam a interações mantenedoras da dependência para que se aprendam outras formas de atuação mais livres, que promovam uma eficaz atitude diante da doença. Lançamos mão do sociodrama como método, por possibilitar a educação que busca novas compreensões do *status vivendi* de um grupo e para legitimar um espaço onde possa promover a denúncia dos mitos, das lealdades e dos segredos da relação codependente, para que possa assumir como fenômeno objetivo sobre o qual ele colabora em co-participação. Um espaço no qual o conhecimento torna-se propriedade do grupo.

Para o pequeno ou grande público, essa modalidade psicodramática diferencia-se do psicodrama principalmente pelo seu caráter grupal no qual o tema é o protagonista. Tal como no psicodrama, a unidade funcional compõe-se de diretor e egos-auxiliares, previamente treinados ou emergentes do grupo. Como etapas dessa metodologia, desde a entrada no recinto, apresentação do profissional e primeiras explicações sobre como co-participar do sociodrama constituem um aquecimento inespecífico.

Já integrando o grupo e trabalhando o tema, com um personagem surgindo ou com o diretor apresentando um modelo de ação, o aquecimento para sua efetivação no palco, agora, é específico. Em geral, a diretora do sociodrama pergunta o que entende pelo termo *codependente*, a fim de construir um perfil do conceito prévio do grupo em questão sobre o tema. Levanta dúvidas, estimulando-o, pela técnica de solilóquio, em que as pessoas comunicam seus pensamentos ou sentimentos por palavras ou frases curtas, e em seguida salienta, por reverberação às suas falas.

Segue-se a dramatização. Com a co-construção, platéia e atores encontram-se agora envolvidos nessa tarefa, emprestando ao personagem ou às imagens produzidas a concretização de suas impressões, seus tabus, suas concepções, seus mitos, suas lacunas, suas discriminações e seus *insights*. Nessa fase, todo grupo é dividido e transformado em dois personagens: o codependente e o de-

244   MARIA APARECIDA JUNQUEIRA ZAMPIERI

pendente. Usando a técnica sociodramática do duplo do grupo, a diretora faz perguntas que elabora e devolve, denunciando idéias, sentimentos e crenças ao próprio grupo. Entre as perguntas, alguns itens-chave são levantados por cartazes previamente escritos como hipóteses embasadas na bibliografia, como ímpeto de ajudar, necessidade de agradar, tolerância, controle, estrutura familiar e outros aspectos passíveis de ser detectados no codependente.

O grupo-personagem vai comunicando falas pertinentes a cada característica, e suas respostas vão sendo votadas pelos participantes, cotando-se sua representatividade naquela amostragem. Por meio da inter-relação dos grupo-personagens, espera-se promover clarões denunciadores da auto-imagem do personagem codependente daquele grupo, e de como são vistos pelo personagem dependente. Quando o grupo acrescenta aspectos funcionais ou da sua inter-relação, os grupo-personagens são convidados a construir pela técnica sociodramática imagem plástica uma escultura que os representa agora e são estimulados a inter-relacionar-se por movimentos e/ou falas.

Na massa aparentemente disforme o grupo vai trocando, no desmancha e refaz, um novo ponto de equilíbrio; o velho modelo desfeito, molde apertado e carcomido, já não satisfaz ao menos parte dos presentes.

Na etapa final, nos comentários, em chuva de palavras ou pela fala de alguns, como porta-vozes do grupo, confirma-se ou não uma evolução perante o tema, diagnóstico *in loco* do nível de compreensão do grupo.

Nesse trabalho, inserimos, na primeira etapa, um questionário e algumas perguntas sobre o que aquelas pessoas acreditam ser a codependência. Ao final, repetimos a pergunta solicitando palavras representativas, como uma forma de averiguar se houve alguma mudança na percepção do grupo sobre o tema.

Quanto à sociometria, adaptamos seu método, o teste sociométrico, neste trabalho. Na abertura do evento, solicitamos que sentassem separadamente e preenchessem uma ficha, em que havia cinco critérios de escolha. Para cada critério deveriam anotar

CODEPENDÊNCIA: O TRANSTORNO E A INTERVENÇÃO EM REDE

(1) quem escolhiam e (2) quem não escolhiam para realizar determinada tarefa entre os indivíduos do sistema familiar. Os critérios de escolha foram:

1) Quem você escolhe na sua casa para:
   a) Fazer um trabalho com você.
   b) Controlar as finanças da casa.
   c) Ir a uma festa com você.
   d) Cuidar de você.
   e) Para você cuidar.

2) Quem na sua casa você não quer para:
   a) Fazer um trabalho com você.
   b) Controlar as finanças da casa.
   c) Ir a uma festa com você.
   d) Cuidar de você.
   e) Para você cuidar.

O sociodrama

O sociodrama ocorreu na capela, onde normalmente os internos têm horários para orações, uma vez que a instituição tem cunho religioso.

A unidade funcional constituiu-se de um ego-auxiliar, o engenheiro e psicodramatista Roberto Zampieri, e de uma diretora do sociodrama, a autora.

Todos receberam um formulário; os alunos e os familiares sentaram-se separadamente a fim de manter certa privacidade nas respostas, buscando fidedignidade quanto ao teste sociométrico. A finalidade do trabalho foi definida ao grupo como objeto de estudo, que consentiu em participar, bem como permitiu que se filmasse e fotografasse. A cada item houve uma explicação e espera de um tempo para as respostas. Recolhido o material, a diretora apresentou o sociodrama, explicando o que ocorreria, e solicitou a participação dos presentes para montar um perfil da figura do codependente. Os internos mostraram-se cooperativos, tanto para participação quanto para confirmações ou desconfirmações.

246 MARIA APARECIDA JUNQUEIRA ZAMPIERI

Assim, por meio de duplos e solilóquios teceram observações sobre os dados fornecidos pelos parentes, na co-construção do perfil desse personagem.

À pergunta inicial sobre o que seria um codependente não houve resposta imediata. Não conheciam o termo; parecia-lhes tratar-se dos que bebem ou fazem uso de drogas. Vários internos acharam que seriam eles próprios.

Ao início do trabalho propriamente, estranharam o interesse sobre os familiares e admitiram ter coisas em comum, como a preocupação, a sensação de ter falhado e o fato de terem todos um parente com problemas.

Solicitada a construção do personagem codependente, levantaram perguntas, às quais os outros se dispunham a dar respostas, confirmadas ou reorientadas pela diretora. Assim, intermediando a ação, alguns aspectos previamente levantados bibliograficamente foram sendo introduzidos e avaliados pelo grupo. Os personagens que passearam pelo palco eram características do codependente, surgidas no grupo ou previamente escritas. Foram votadas, confirmadas ou desconfirmadas pelos presentes.

As primeiras impressões eram sempre fornecidas pelos familiares, seguidas das observações e características levantadas pelos internos sobre aspectos do codependente. Dois entre eles se ofereceram para anotar as falas dos participantes, o que lhes foi concedido. As falas eram votadas para aferir se eram representativas naquela amostragem.

Assim, por exemplo, aproveitando a característica "preocupação", apontada pela platéia, a diretora pegou um cartaz, com a palavra, previamente escrita, propondo duplos aos presentes:

D: Se este personagem "preocupação" tivesse voz, qual seria a sua fala?
Inicialmente falaram familiares; depois, os internos:
Tenho de pagar o aluguel e não tenho dinheiro.
Meu filho sai e você já imagina o que está fazendo.
D: O que estaria fazendo?
Duplo da preocupação pela mãe (rindo):

Só o que não precisa.
D: O que, por exemplo?
O filho entra na sua fala:
Roubando e usando droga.
Às vezes nem estava, mas a gente só consegue imaginar isso.
Duplo feito por um pai:
A gente se preocupa com ele, o que vai ser. A gente quer que ele se encaminhe.
Se preocupa com os outros também que são menores, né (sic). O maior tem de ser exemplo.

Relato do sociodrama

A terapeuta faz a introdução e pede aos familiares que se sentem separados dos internos para responder mais livremente ao teste sociométrico.

Terapeuta: Boa tarde. Obrigada por estarem presentes. Esta atividade que vamos fazer juntos chama-se sociodrama. Vamos refletir sobre um tema que diz respeito a vocês, chamado codependência. Sociodrama é uma atividade participativa, assim, vou precisar da colaboração de vocês. Temos aqui algumas folhas, seria importante que vocês as preenchessem, vocês aceitam?

Platéia: Como é para fazer?

Terapeuta: Gostaria inicialmente que vocês se distribuíssem na sala, ficando familiares de um lado e internos do outro, vocês aceitam?

Platéia: Tudo bem.

Terapeuta: Então vamos preencher esta ficha, sobre escolhas que vocês fariam para companheiros, das pessoas da sua casa, para algumas atividades. Qualquer dúvida vocês podem perguntar, a cada item.

Foram orientados sobre as questões do teste sociométrico e o material foi recolhido.

Terapeuta: Vocês têm parentes aqui, em tratamento. Porém é a vocês que dedicamos esta atividade de hoje.

Terapeuta: Antes, gostaria de perguntar a vocês o que significa codependente. O que você acredita que significa este termo *codependente*?

Platéia: Os que bebem. Usam drogas.

Platéia (interno): Somos nós. Sou eu. O que volta sempre para o vício.

Terapeuta: Tudo bem, será interessante entendermos melhor o que significa essa expressão. Para fazer isso, vamos considerar dois grupos, cada um vai representar um personagem. Vocês, grupo de familiares, representam aqui o personagem codependente; e vocês, grupo de internos, representam o personagem dependente. Não tem de ser vocês. É um personagem que vamos usar para entender o que é, afinal, um codependente. Respondam como acreditam que seria a resposta.

Terapeuta: Que sentimentos estão muito presentes no personagem, que é familiar de um dependente?

Platéia: Preocupação, raiva, culpa, cuidado.

Terapeuta: Espera um pouquinho. (A terapeuta pega um cartaz escrito RAIVA.) Quando você, personagem codependente, fica com raiva?

Codependente: Quando tem de pagar o supermercado e num tem dinheiro em casa. (*sic*)

Codependente: Quando tem muito serviço e ninguém qué (*sic*) ajudar.

A diretora solicita um duplo do personagem codependente, do grupo de internos.

Terapeuta: E você, personagem dependente? Quando percebe que aquele personagem codependente fica com raiva?

Dependente: Quando chego bêbado. Quando chego drogado. Quando xingo.

Dependente: Quando vô (*sic*) preso. Quando tô (*sic*) duro e não pago supermercado.

Dependente: Quando ficam no meu pé.

Terapeuta: Por que ficam no seu pé?

Dependente: Pega no pé, porque sou pilantra. Eles ficam com raiva, fica bravo. (*sic*)

Terapeuta pega um cartaz escrito CULPA.

Terapeuta: Família, em que situações você sente culpa?

Codependente: Quando acusa e vê que ele não tinha culpa.

Codependente: Quando a gente quer ajudar e vê que não pode.

Codependente: Quando magoa alguém.

Codependente: Quando vai ajudar alguém e não consegue.

Terapeuta: O que sente aí mesmo?

Codependente: Sei lá, é raiva e é culpa, né (*sic*)?

Terapeuta: E vocês, em que situações vêem que ele, codependente, sente culpa?

Dependente: Quando a gente foge de casa.

Dependente: Quando eu roubava da minha famia (*sic*), ainda era eles que ficava sentindo culpa.

Dependente: Quando dizia que ia pará de beber e ela não acreditava, ela sentia culpa. Mesmo que eu não cumpria a promessa ela ainda sentia culpa.

Terapeuta: Veja agora, personagem, se você é assim ou se não tem nada a ver com isto: você tolera, tolera, tolera e então diz: nunca mais faça isto. E, aí... tolera, tolera, tolera... e diz: Nunca mais, hein? E aí?...

Família e internos (*riem*).

Vários levantam a mão, no grupo de familiares.

A terapeuta dirige-se ao grupo do personagem dependente.

Terapeuta: E você, como vê o codependente? Como é a tolerância dele? (Risos)

Entre os componentes do personagem dependente, quase todos confirmam que o codependente é do tipo elástico de tolerância.

Dependente: Ele é assim mesmo!

Dependente: Tolera demais. Pralém (*sic*) do limite.

A diretora pega outro cartaz, escrito FRUSTRAÇÃO.

Terapeuta: Agora vamos pensar na frustração. Faz parte do rol de sentimentos do codependente?

No grupo de codependentes, vários levantaram a mão. Anotamos o número.

Terapeuta: Você, personagem dependente, como vê o familiar quanto à frustração?

Levantaram a mão e contamos.

A diretora pega um cartaz onde está escrito AFETOS.

Terapeuta: Que tipo de afetos estão mais presentes em você, familiar?

Codependente: Paz, preocupação. Antes da internação dele era só tristeza, agora é a esperança. E o medo. Só medo mesmo. E esperança.

Terapeuta: Que tipo de sentimentos vocês vêem naquele personagem? (Dirigindo-se ao grupo do personagem dependente)

Dependente: Desespero, amor, desespero, compreensão.

Terapeuta: Como é sua relação conjugal, entre marido e mulher, no codependente?

Codependente: Antes [da internação] era ruim. Agora é carinho.

Terapeuta: E como você, personagem dependente, vê a sua relação conjugal?

Dependente: Tristeza.

Dependente: Quando chego *são* é uma beleza, quando chego *chapado* é uma desgraça.

A diretora pega um cartaz onde se lê AUTO-IMAGEM.

Terapeuta: E a sua auto-imagem, codependente?

Codependente: Eu sou bom, faço tudo pelo outro.

Codependente: Sou uma pessoa triste, mas sou bom. Amargurado. Tristeza.

Dependente: Elas não se enxergam.

Terapeuta: Como?

Dependente: Não se vê, é angustiado.

A diretora pergunta ao codependente: É assim, não vê?

Codependente: Antes dele internar era assim, agora não.

A diretora pega um cartaz escrito CONTROLE.

Terapeuta: O codependente é alguém que controla os outros? É controlador?

Codependente: Ele se controla, é controlado.

Terapeuta: Ele controla só ele mesmo?

Dependente: Como assim? Como é controlador?

Terapeuta: É alguém que tem o hábito de controlar só ele mesmo ou controla os outros, dá conselho, gosta que seja do seu jeito?

(Risos) Levantaram as mãos. Em número maior os internos, fazendo duplo ao codependente.

Contamos, separadamente, como percebem essas características no codependente, para cada grupo/personagem.

Co-dependente: A gente aconselha, explica, mas não resolve nada. A gente fica bravo, não tem mais o que fazer e não resolve.

Dependente: Eles só controla a gente. Mas a gente faz o que quer.

Terapeuta: O codependente controla ou não controla?

Dependente: Bom, ele quer controlar. Às vezes ele pensa que controla.

Terapeuta: Às vezes?

Dependente: (Risos) Muitas vezes.

Codependente: É, no fim não controla nada. Só fica bravo.

Codependente: E frustrado.

A diretora pega um cartaz escrito ESTRUTURA FAMILIAR.

Terapeuta: Como é a estrutura de uma família? Que personagens fazem parte?

Vários: Pai, mãe e filhos.

Terapeuta: Como é a estrutura da família?

Co-dependente e Dependente: Pai, mãe e filhos. Pai e mãe devia ser igual. Comanda os filhos.

Dependente: Em casa é filho no lugar de pai. Bagunçado.

Dependente: Não tem pai. Já morreu.

Terapeuta: Como fica a estrutura, quando o pai morreu?

Codependente: Fica vazio. Fica alguém no lugar.

Terapeuta: Quem?

Codependente: Fica o filho.

Dependente: Em casa fiquei foi só. Cada um por sua vida.

A diretora pega um cartaz com a inscrição RELAÇÃO CONJUGAL.

Codependente: É triste.

Dependente: É certinho (*sic*), em casa meu pai sempre mandou.

A diretora pega um cartaz onde está escrito MITOS.

Terapeuta: Se uma pessoa afirma, por exemplo: "Eu posso fazer meu filho (ou marido) parar de beber". É verdade isso: pode fazer parar?

Codependente: Não, não é fácil, não.

Dependente: Pode, eles podem. Pai, mãe, esposa, me fizeram parar.

Terapeuta: Pode? Fizeram você parar ou fizeram você vir aqui?

Outros dependentes: Eles acreditam que podiam, fazer eu parar.

Dependente: Eu também, eles tinham certo que ia me fazer parar com a droga.

Terapeuta: Tudo bem. As pessoas pensam e tentam muitas coisas. Acreditam querendo que seja verdade. Dentro da terapia de casais e família, aqueles conceitos que a gente acredita como verdades, porém não são, são chamados de mitos. Quero perguntar sobre os mitos em que o personagem codependente acredita. Existem?

Codependente: Como assim?

Terapeuta: Vou dar um exemplo. É algo muito comum ter como verdade que *quem ama adivinha, sabe o que o outro quer, o que o outro pensa*. Isto é verdade ou é um mito?

Dependente: De vez em quando sabe né (*sic*).

Dependente: Coincidência, né (*sic*)?

Dependente: É verdade. Tem de saber sim! A pessoa *sempre sabe*. Se ama.

A diretora, fazendo o papel de esposa, se aproxima do grupo do personagem Dependente.

Esposa: Eu acredito que te amo.

(Risos)

Esposa: Então posso adivinhar o que você quer! Chego e falo: "Vamos? Já comprei os ingressos".

Dependente (rápido): Vamos!

(Muitos risos)

Dependente: Onde vamos?

Esposa: É no filme da Xuxa.

Dependente: Ah, da Xuxa não.

(Muitos risos)

Esposa: Mas eu sei que você quer ir!

Dependente: Ah, não.

(Risos)

A diretora sai do papel e pergunta aos grupos:

Terapeuta: Por exemplo, veja: Quem pode mudar você? "Teu amor pode mudar você." É realidade ou é mito?

Vários responderam forte:

Dependente e Codependente: É mito.

Terapeuta: Então, quem é que pode mudar você?

Dependente: Só Deus.

Terapeuta: E abaixo de Deus?

Dependente: *Eu.*

Terapeuta: Então gostaria que fizessem uma imagem que representasse o que ficou mais forte aqui para vocês.

Fizeram um paredão e falaram juntos: Abaixo de Deus quem pode me mudar é só EU.

Terapeuta: Agora vocês, familiares, poderiam também fazer uma imagem e uma fala para eles. O que quiseram ou o que aprenderam.

Foram timidamente até a frente dos internos e repetiram a fala deles.

Terapeuta: Pois então gostaria que, já que falaram sua conclusão, repetissem essa fala, só que olhando-se, famílias e internos. Olhem-se bem. Quem não tem família aqui olhe para a de alguém, mas faça *de dentro* a sua fala.

Os familiares precisaram de um incentivo para se aproximar mais e, juntos, repetiram a fala, encerrando a imagem.

Comentários

Comentaram o evento com palavras como muito importante; bom; aprendi muito; é difícil ficar no lugar deles (interno, sobre o codependente); nós enxergamos eles melhor do que eles (idem); gostei de ficar; é bom fazer este trabalho; é dura esta vida; o codependente tem de saber também como ele é; não deve ter paciência de elástico; não dá pra (sic) agradar todo mundo.

Resultados
Conceitos de codependência dos familiares

Antes do sociodrama
- É o que bebe, se droga (familiar).
- Sou eu (interno).
- Que não consegue sair do vício. Sai, mas torna a voltar.

Ainda no início do sociodrama, quando a diretora explicou os objetivos do trabalho e que este seria direcionado aos familiares dos dependentes, mostraram-se surpresos e refizeram sua definição para os que são família do dependente.

Ao final do sociodrama

- São quem vive com dependente.
- Quem tem na família.
- Quem já teve.
- Quem vive a vida dos outros.
- Quem gosta muito de ajudar, mas não sabe aceitar. Ajuda, mas cobra o comportamento.
- Tem família descontrolada.
- Não tem firmeza no que fala. É bravo, quer controlar, mas acaba cedendo.
- Tem raiva.
- Faz tudo o que pode para ajudar, mesmo bravo.

Características eleitas como pertinentes ao personagem codependente, estimuladas por cartazes mostrados pela diretora ao grupo

A cada cartaz, as primeiras impressões provinham do grupo do personagem codependente, seguidas pelas observações e novas características levantadas pelos internos sobre *aspectos do personagem codependente*. Dois entre eles ofereceram-se para anotar as falas dos participantes. As falas eram votadas para aferir se eram representativas naquela amostragem.

Características do Personagem Co-dependente	Porcentagem de anuência	
	Familiares	Internos
Necessidade de *agradar* aos outros	63,6%	88,8%
Ímpetos de *ajudar* aos outros	72,7%	90,9%
Controlador (entendido como controle *sobre os outros*)	37,5%	91%
Autocontrole	37,5%	91%
Tolerância elástica	38,1%	91%
Tiveram infância boa e tranqüila	9,0%	–
Provindos de famílias desetruturadas (misturadas, pais separados, pai morto, filho tomando posição no lugar de pai)	62,5%	–
Oriundo de família "seguras", com pais *firmes* e autoritários	27%	–

Sentimentos mais freqüentes no codependente

Os sentimentos mencionados mais vezes foram medo, angústia e desespero, preocupação para com os familiares, enquanto os internos os descreveram possuidores de compreensão, angústia, desespero e esperança.

A relação conjugal foi descrita como *problemática, com vergonha* (*sic*) e instável. Sintetizada na fala de um dos internos foi: "Quando chego são é uma beleza, quando *chapado* (*sic*) é uma desgraça". Solilóquios de quase metade dos internos verbalizaram a relação conjugal como *triste e amargurada* (*sic*).

Originados de uma infância que *não foi boa* para 80%, apenas um afirmou ter tido uma infância diferente, boa; 62,5% espelharam-se positivamente com uma estrutura *misturada* de família, com pais separados, ou pai morto, *o filho tendo de tomar a posição* (*sic*) enquanto 27,2% afirmaram ter tido famílias seguras, com pais *firmes* e autoritários, ou mandões.

A auto-imagem do codependente na construção daqueles familiares foi de alguém "boa, que trata bem os outros, prestativa, gosta de agradar, deixa os outros fazer até demais com elas". Na visão dos dependentes, afirmaram acreditar que eles (codependentes) se acham "auto-suficientes, coitados (muito reforçado pelo grupo) e angustiados" (*sic*).

Investigando sentimentos mais freqüentes no codependente, os familiares e os internos alternaram-se fazendo duplos do personagem. Suas falas, anotadas por dois internos voluntários que também fizeram duplos, estão relatadas a seguir.

A. RAIVA

A.1 Pergunta dirigida pela diretora ao personagem codependente:
Quando você sente raiva?
Duplos feitos por familiares:
- Quando fico sem dinheiro para pagar as contas.
- Quando ele [o dependente] me ofende.
- Quando a pessoa que a gente gosta chega alcoolizado.
- Quando tem muito serviço e ninguém [o dependente e/ou outro da casa] vai me ajudar.
- Quando vai ajudar alguém e não consegue.

A.2 Pergunta feita ao personagem dependente:
Quando ele [o codependente] fica com raiva?
Duplos feitos por dependentes:
- Quando chego bêbado.
- Quando chego drogado.
- Quando vô (*sic*) preso.
- Quando tô duro e não pago supermercado.
- Quando ficam no meu pé como se eu fosse criança.
- Quando brigo com a família.

B. CULPA

B.1 Pergunta dirigida pela diretora ao personagem codependente:
Quando você sente culpa?
Duplos do codependente feitos por familiares:
- Quando a gente quer ajudar e vê que não pode.
- Quando magoa alguém.
- Quando acusa e vê que ele não tinha culpa.

B.2 Pergunta dirigida ao personagem dependente sobre o codependente:
Quando você pensa que ele sente culpa?
Duplos feitos pelos dependentes, do personagem dependente:
- Quando eu prometia e ela não acreditava; mesmo se realmente eu não cumprisse depois (e ela estava certa).
- Quando eles não esperam a pessoa acabar de falar e a pessoa fica nervosa.
- Quando a gente vai embora de casa, e eles não acreditavam que a gente ia.
- Quando eu roubava a própria família, a família sentia-se culpada. É isto mesmo. Ficava.

C. ANSIEDADE

C.1 Pergunta dirigida ao personagem codependente:
Quando o codependente sente ansiedade?
Duplos feitos por familiares, do personagem codependente:
- Quando tem conta a pagar.

C.2 Pergunta dirigida ao personagem dependente:
Quando você pensa que o dependente fica ansioso?
Saindo do papel de codependente, nesse momento os internos jogaram suas ansiedades enquanto dependentes sentiam medo:
- De não receber carta porque eles não falavam para mim que tinham chegado.
- De acabar com o vício.
- De ir para a igreja.
- De ir trabalhar.

258 MARIA APARECIDA JUNQUEIRA ZAMPIERI

D. TOLERÂNCIA
D.1 Pergunta dirigida à platéia:
Como é a tolerância do codependente?
– Não deveria ter tolerância, mas tem. (Fala de uma mãe)
– É igual elástico: tem, tem, diz que não vai ter mais, mas tem. (Fala de um interno)

Neste aspecto, 37,5% dos familiares acham-se tolerantes *além dos limites*, mas 99% dos internos os acham tolerantes *além dos limites*.

Levantamos, após explicar o que é mito, quais os mitos mais presentes em nossas famílias. Responderam que seria o poder de adivinhar o que os outros pensam; porém, o principal seria acreditar que pais ou mulheres podem, com seu jeito ou seu amor, mudar os outros.

Ritual de redefinição de identidade

Moreno afirmava que os profetas e os santos com seus rituais eram psicodramatistas nas suas épocas. Já era confirmada a importância do ritual como instrumento facilitador de mudanças. Autores em terapia familiar como Palazzoli, Boscolo (Boscolo, Palazzoli, Cecchin, Hoffman e Penn, 1993), Mc Goldrick (Carter e Mc Goldrick e cols., 1995), Andolfi (1989) e outros também enfatizam aspectos positivos da utilização de rituais. Andolfi e Angelo (1989) utilizam a dramatização e a escultura (Anclolfi, 1996). "É muito comum falar por imagens: depende de nós obtê-las e transformá-las em ações cênicas", de forma que o caráter solene emprestado ao ato "abre uma área de ambigüidade entre o real e a ficção, entre o concreto e o metafórico, que obriga a família a agir" (op. cit., p. 95-6).

No ritual, cada gesto deve ser investido de significado, lento e "sagrado", a um só tempo, feito e observado, mais que sentido, deve ser degustado, saboreado como oportunidade única de praticar "uma ação que não consta do mesmo plano ontológico, daquilo que representa ou daquilo que se opõe" (Valeri, 1981, in Andolfi, 1989). De forma que facilite o emergir de significados ou aspectos ainda não percebidos de padrões relacionais e ligações afetivas entre os membros da família e propicie uma liberdade oficial para perceber, ressignificar e demarcar um passo de alteração a tais padrões.

O ritual pode consistir na prática em uma prescrição isolada ou em uma ou uma série de dramatizações combinadas ou criadas, ensaiadas ou repetidas na sessão. Passo único ou seriado. Mais importante que a ação em si é o caráter altamente simbólico e sagrado, de forma que permita visualizar o sistema mitológico da família e liberte seus membros à evolução.

Acreditamos que o sociodrama possa funcionar como um ritual. Nos sociodramas da codependência ao separar os grupos, as fronteiras individuais eram confirmadas "oficialmente" à medida que cada membro agia igualmente responsável por sua própria atuação. A individuação era celebrada tanto da legitimação das percepções acolhidas nas suas falas como nas imagens construídas.

Temos desenvolvido essa idéia dos rituais de redefinição de identidade em muitos outros espaços; dentro e fora de contextos da codependência. Na X Semana de Psicologia em São José do Rio Preto, selamos um sociodrama sobre a família de origem do terapeuta (FOT) com um ritual de redefinição de identidade. Incluindo som e imagem plástica, o ritual foi criado pelos presentes, em que se consolidou um recontrato de heranças após um levantamento transgeracional e de acerto de contas na economia emocional.

Na nossa série de sociodramas da codependência, além do levantamento das características e das confirmações, desconfirmações e diferenciações do personagem codependente e seu *modus operandi*, a imagem final de cada grupo-personagem, a escolha das palavras ditas uns aos outros, a repetição, o congelamento e culminações constituíram um ritual que poderia afirmar simbolicamente as contradições do cuidador necessitado de cuidados e evidenciar a relação de complementaridade. Nossa expectativa era de que os rituais pudessem funcionar como um aval para dar per-

260 MARIA APARECIDA JUNQUEIRA ZAMPIERI

missão à alteração da auto-imagem do codependente, do estigma do dependente e do padrão relacional.

A dança sociométrica, a matriz e os estressores na família codependente

Os filhos não têm escolhas quanto sistema em que nascem. Quando adultos, podem escolher com quem se casar, o que fazem dentro de uma expectativa constituída em função circular na "teia de laços familiares ao longo de todas as gerações" (Carter e McGoldrick, 1995, p. 10), onde se molda o personagem codependente, que constitui sua Matriz de Identidade. Levando em conta essa fundamentação teórica, o anúncio publicado no jornal convidava ao sociodrama mencionado, pessoas cujos(as) companheiros(as) fossem dependentes.

Considerando os fluxos de ansiedade em uma família, interessa-nos avaliar tais aspectos no codependente. Se a família codependente elege o membro dependente para transmitir o estresse do sistema pela dependência, por uma doença crônica ou por outro transtono, ele deve funcionar como elemento regulador homeostático. Tanto o membro sintomático dependente como o(s) codependente(s), todos e cada um têm uma função prescrita e rigidamente mantida, para o bem da evitação do caos, demandado por qualquer tentativa de mudança. A energia investida nessa manutenção mina toda possibilidade de suportar a desestruturação necessária, embora temporária, a novas adaptações. Eleito o sujeito sintomático, com os demais *livres* para desempenhar pseudopapéis de cuidadores e outras funções codependentes limitantes, tecerão, fortemente unidos, uma metáfora reveladora da fragilidade do sistema: se um membro sair nadando, os demais naufragarão. O membro que respondesse ao anúncio do jornal poderia, sob essa óptica, reluta entre querer e não querer buscar ajuda para sair da situação. Caso optasse por mudar, ou simplesmente por separar-se do parceiro, funcionaria como um ousado nadador que com bastante probabilidade iria encaixar-se em um novo elemento progra-

CODEPENDÊNCIA: O TRANSTORNO E A INTERVENÇÃO EM REDE   261

mado para ser cuidado, ou para ser cuidador. Tal como a anônima B e tantas outras. Feliz, mais uma vez conta no Al'Anon estar no seu terceiro casamento. Alardeia como grande vantagem que, diferentemente dos outros, o atual companheiro está mantendo-se sóbrio já por dois anos. Observando agora por outro ângulo, Bermudez (1980) ilustra (Figura 12, p. 144) como fatores estressantes e ansiedade influem em proporção inversa sobre a capacidade de desempenho de papéis. De forma que, em campo tenso, apenas papéis altamente desenvolvidos mantêm-se atuantes (Figura 13, p. 147).

Encontramos recados ininteligíveis na secretária eletrônica sobre o anúncio convidando ao sociodrama da codependência, nenhum deixou número de telefone para contato. Alguns voltaram a ligar e, salvo familiares daqueles internados em instituição para recuperação, os que compareceram não permitiram filmagem ou fotos. Em geral, mostraram-se surpresos diante da preocupação com eles, com exceção dos que já freqüentavam grupos de auto-ajuda.

Seus papéis de ajudador e controlador mostraram-se francamente mais desenvolvidos, sempre que fizeram contato foi para buscar solução para o outro. E não compareceram sobre outra alegação. Temos realizado muitas entrevistas por rádios locais e anúncios são ainda veiculados pela imprensa oficial; porém, é baixo o retorno e pequeno o número de inscritos para os grupos de famílias.

Quanto às suas características funcionais e aos padrões de relacionamento, o sociodrama pode ter sido um *start* do Primeiro Universo da Matriz de Identidade, a caminho de uma possível busca pela brecha entre fantasia e realidade da linguagem moreniana, sobre sua relação de codependência na família. Se o desequilíbrio da homeostase ficar comprometido, talvez possam buscar meios de dar andamento rumo a um processo de diferenciação.

Percebendo-se de maneira mais realista, talvez possam construir enfrentamentos e redes menos infantizadas no sistema, mais características do Segundo Universo da Matriz de Identidade.

262 MARIA APARECIDA JUNQUEIRA ZAMPIERI

É fundamental que o sociodrama possa constituir um *locus* propiciador de uma percepção real e afetiva que facilite às pessoas abandonar reações automáticas.

Papéis assumidos pelo codependente no jogo conjugal

Beattie (1992) compara os papéis de resgatador, perseguidor e vítima ao padrão de comportamento codependente. Por resgatador ela entende o facilitador. Proponho chamá-lo falso-duplo ou falso duplo-ego no sentido de que o codependente tende a tomar para si as responsabilidades e os problemas alheios. Faz, decide e fala pelo outro, numa infrutífera tentativa de zelar por ele.

Falso-duplo, porque enquanto no psicodrama o duplo-ego tem função de promover a percepção, no cotidiano do codependente a função é controladora e acaba por dificultar ao outro atingir a *self position*. Aqui, a função é de manutenção da codependência. É um duplo imposto que espera gratidão e enclausuramento. A não-complementação gera ao falso-duplo agressividade e vitimação automáticos.

O codependente tenta ingerir por essa ação uma dose de autovalia, como uma droga exigente e viciadora para sentir-se merecedor. "Se não podemos ser dignos de amor, nos contentamos em ser necessários." Porém, esse falso espelho mostra ao dependente sua falsa fragilidade e o impede de tentar sair por acreditar-se frágil, mantendo assim o equilíbrio homeostático dessa relação.

O codependente, por não ter atingido a *self position*, reage aos problemas dos outros em vez de responder. Sua reação é automática e viciada, numa cadeia de ações contínuas.

Andolfi (1989) realça a presença de fortes obstáculos à individuação de cada membro de um sistema rígido, no qual pre-existem expectativas específicas sobre o papel ou a função de cada um. Assim, a criança parentalizada na família paga um alto preço ao tentar manter essa função (para qual é imatura), lesando sua diferenciação e seu espaço pessoal. "Aquela função tornar-se-á uma prisão para ele, bem como para outros membros da família" (p. 20), ao que o autor denominou *armadilha funcional*.

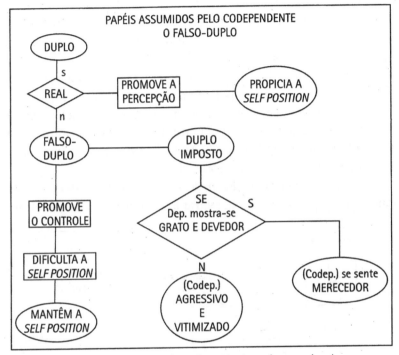

Figura 29 Os papéis assumidos pelo codependente no jogo conjugal.

O indivíduo indiferenciado, como é o caso também do codependente, está fusionado e não consegue vincular-se livre e intimamente, porque não dispõe de limites interpessoais claros. O indivíduo é confundido com a função que exerce; para o codependente não há fronteiras entre o existir por si próprio e o existir como uma função do outro. Segundo Andolfi (1986), quanto mais viável se torna essa forma de relação, mais rígido se torna o sistema. Nesse enfoque podemos vislumbrar todos aprisionados na codependência.

Qualquer tentativa de movimento para alcançar a *self position* é sentida como traição pelos demais membros dessa família. A preocupação desse indivíduo é o medo de que alguém amadureça antes dele, pois isto lhe seria fatal, uma vez que só sabe funcionar como complementar de função recíproca, seus espaços pessoais encontram-se extremamente reduzidos e fundidos com o *espaço interativo*. Não há equilíbrio dinâmico. Novas soluções tornam-se altamente tensionadoras e são logo desestimuladas, mantendo o equilíbrio homeostático.

A manutenção da codependência é assegurada pelo aprendizado das *regras do jogo* e pela crença de que elas são imutáveis.

Assim, ainda que se mudem os jogadores, serão selecionados "aqueles que garantem que não perturbarão ou interferirão nas regras anteriormente aprendidas" (Andolfi, 1989, p. 21). Indivíduos que não se encaixem nesse estereótipo serão excluídos.

Assim um codependente pode casar-se muitas vezes, acreditando ter sempre *o azar* de encontrar apenas *esse tipo* de parceiros.

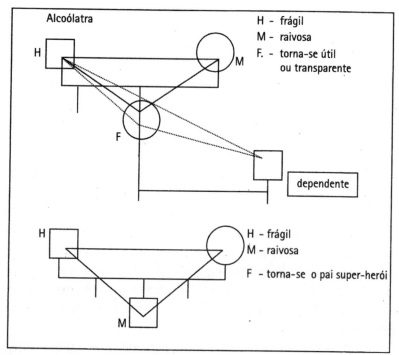

Figura 30 Triângulos na dependência.

A presença de qualquer homem (H) frágil contracenando como figura de autoridade despertará em F. as ações automáticas de ajudadora (útil e/ou transparente). Por transparente entenda-se que o sujeito apaga suas próprias necessidades e seus desejos.

O dependente apenas *faz parte*, numa visão sistêmica, ao lado de outras peças, da composição de um jogo mais amplo, do qual seus parceiros são codependentes.

O trabalho mais tradicional focado no dependente tende hoje a ser gradativamente ampliado a fim de englobar variáveis que já não podem ser descartadas, como o retorno à família e à sociedade, seu átomo social.

A prevenção por excelência precisa ser trabalhada em um contexto sistêmico.

A família rígida, numa visão estrutural, encontra dificuldades em permitir aos seus membros as readaptações necessárias ao crescimento. Pode estar imprimindo a relação de dependência- codependência, *predestinando* seus membros a essas funções.

Nesse contexto, a família pode ser aberta ou fechada a influências externas, onde a figura da mulher, como mantenedora da conserva cultural da família, pode ou não colaborar para repetir os padrões conceituais de gênero, mitos, tabus e valores em geral.

Hoje as influências externas parecem atuar com força imensa, via televisão, mais forte que antes, enquanto *inputs* no sistema familiar. Porém na primeira matriz relacional desde bem cedo dentro da família disfuncional, as funções delegadas no processo inicial de socialização aparecem entre as características levantadas por Beattie. A falta de liberdade para individuar-se tende indefinidamente a uma necessidade de estar funcionando *com alguém*, numa eterna sensação de incompletude e expectativa. A ausência de autonomia nesses indivíduos confirma como essas famílias não funcionam como matriz de desenvolvimento. Aprisiona seus membros num padrão que eles sempre irão buscar quem complemente; o padrão do codependente só escolherá um dependente em potencial para relacionar-se. Ele só sabe funcionar complementando alguém que se encaixe nesses moldes por não ter desenvolvido a espontaneidade própria da linguagem moreniana. Não dis-

266 MARIA APARECIDA JUNQUEIRA ZAMPIERI

põe, assim, de flexibilidade para enfrentar situações novas ou criar outros padrões relacionais, até para contracenar com sujeitos diferentes do modelo conservado.

Alguém que não atue como dependente para compor hólon conjugal vai parecer *sem atrativos* (Beattie, 1992) e assustador, por não saber lidar com situações novas, o que exigiria a presença do fator *espontaneidade*. Sabe apenas desempenhar essa função e reproduzir na sua nova família as fronteiras que aprendeu na família de origem.

Segundo Andolfi, o dependente poderia ser o paciente identificado que flagra metaforicamente uma disfunção no sistema familiar, que justifica a necessidade de desconstruir a relação de codependência para reorganizar ou reestruturar padrões flexíveis de papéis. O que nos leva à hipótese da viabilidade de intervenções que propiciem a desconstrução de padrões e mitos e do desenvolvimento da espontaneidade, como prevenção e/ou tratamento do codependente e possibilidade de construção de padrões relacionais mais saudáveis por meio do sociodrama da codependência.

O sociodrama pode constituir ainda um ritual de redefinição de identidade do EU codependente.

Talvez o codependente possa, pela ampliação da percepção, observar conexões entre seus TUs, ajudar desfixar-se, desfusionar-se, destriangular. Não ter medo de expor seus medos e assumir novos papéis e autonomia para fazer escolhas, sem a fantasia de perder o pertencimento ao sistema. Fazendo uma ressignificação de sua funcionalidade na inter-relação familiar, talvez o codependente reestruture aspectos básicos dos seus *clusters* reguladores do equilíbrio entre autonomia, vulnerabilidade e força da linguagem de Bustus (1992), permitindo a aparição de novos vínculos, flexibilidade e crescimento. Desconstruindo mitos, segredos e legados por um lado e, por outro, percebendo-se melhor, poderá o codependente ganhar condições de transferenciar menos. Perceber melhor seus contrapapéis, suas oposições e aceitações com menos carga de estressores verticais.

CODEPENDÊNCIA: O TRANSTORNO E A INTERVENÇÃO EM REDE 267

Destensionando o limite do si mesmo, seus papéis estarão mais funcionais e o codependente mais livre para buscar complementares, até em papéis menos desenvolvidos, que propiciem relações de maior satisfação. Percebendo-se mais realisticamente, poderá deixar pseudopapéis como o de ajudador (controlador). Melhorando a tele ficará mais livre para emitir respostas, em oposição a reações estereotípicas. Ganhará em efetiva comunicação, estará mais apto a manter limites mais nítidos e menos elásticos: menos evasivos e mais protegidos de interferências e exigências de outros subsistemas.

Com o limite do si mesmo menos inflado, poderá não ficar paralisado ou perdido ante desorganizações necessárias a mudanças, pois alterará seu limiar de resistência à frustração. Como dizem Minuchin e Fishman (1990), cada um é contexto aos demais na dança familiar; assim esta família poderá ganhar em condições facilitadoras a mudanças novas acomodações mútuas. Pelo menos poderá ter seus rígidos padrões abalados.

Sociodrama como ritual de redefinição de identidade

Moreno afirmava que os profetas e os santos com seus rituais eram psicodramatistas nas suas épocas. Já confirmava a importância do ritual como instrumento facilitador de mudanças.

O ritual tem sido utilizado em terapia familiar. O significado atribuído é que determina a eficácia do procedimento, assim a preparação é fundamental e pode durar muitas sessões. Ao utilizar-se o sociodrama como rito de passagem, para que de fato se invista de significado também se fará uma co-contrução, culminando com o rito propriamente. Nos sociodramas da codependência ao separar os grupos, as fronteiras individuais eram confirmadas "oficialmente" à medida que cada membro agia igualmente responsável por sua própria atuação. A individuação era celebrada tanto na legitimação das percepções acolhidas nas suas falas como nas imagens construídas.

Tenho desenvolvido essa idéia dos rituais de redefinição de identidade em muitos outros contextos. Em Águas de São Pedro

(SP) em 1999, no Congresso Iberoamericano de Psicodrama, propusemos um desses rituais no espaço cultural, utilizando a pintura livre sobre tecido como um demarcador. Com a significância pessoal alteradora ou confirmadora atribuída por todo participante, foi feito um ritual, legitimado ao final expondo-se o "produto" no saguão de entrada do hotel. Na X Semana de Psicologia em São José do Rio Preto, no mesmo ano, selamos também um sociodrama sobre a família de origem do terapeuta (FOT), com um ritual de redefinição de identidade. Incluindo som e imagem plástica, o ritual foi criado pelos presentes, em que se consolidou um recontrato de heranças após um levantamento transgeracional e de acerto de contas na economia emocional.

Na terapia de casal com alcoolismo, utilizamos toda a preparação do ritual até a queima do travesseiro e dos pertences impregnados do cheiro característico, que detectam com a colaboração do cônjuge. O processo ocorre reavaliado pelo casal, que só consagra o rito quando entendem ser o momento adequado para selar as mudanças operadas nas relações EU-EU, EU-TU e EU-NÓS. Na psicoterapia amplia-se o campo de visão abarcando todos os subsistemas envolvidos com o casal, família ampliada, amizades, trabalho. Presentes fisicamente ou em *role-playing*. Situações difíceis merecem rituais de passagem seriados, como degraus, mantendo uma meta a ser coroada.

Teste sociométrico como instrumento mapeador de papéis-função

Na instituição, no teste sociométrico aplicado aos internos, mostraram-se coincidentes suas respostas ao critério "Quem você escolhe para cuidar de você?", a mesma escolha que fizeram para "Quem você escolhe para controlar as finanças da família?". Também se repete nesse sociodrama e em outros que tenho realizado a resposta "eu não", por internos, para esses itens. Identificam-se claramente como não aptos ou não confiáveis para o controle financeiro próprio ou da família e, muitas vezes, para

CODEPENDÊNCIA: O TRANSTORNO E A INTERVENÇÃO EM REDE 269

autocuidados. Vale observar a presença de resposta "eu mesmo" por internos à questão "Quem você escolhe para cuidar de você?", mesmo quando a família discorda dessa afirmação. No sujeito codependente, por outro lado, nota-se que é bastante escolhido e repete a auto-escolha para essas funções. Porém, não é muito escolhido para ir a uma festa ou ser cuidado. Embora seja possível notar alguns aspectos, como aqueles registros evolucionais observáveis no caso F., não temos uma resposta definitiva sobre a configuração sociométrica da codependência.

O teste sociométrico mostra-se de grande utilidade para objetivar e documentar como estão as interações dos componentes, quer do grupo familiar, quer de grupos constituídos, sobretudo para verificar a evolução de uma intervenção. Talvez venha a se consolidar um padrão típico, talvez se repita em outros grupos uma maior tendência, como aqui, a uma liderança sociométrica para critérios em que se espera responsabilidade, enquanto os mesmos membros apresentem-se isolados sociometricamente para critérios voltados ao lazer. Porém inexiste até o momento uma configuração fixa típica, segundo os critérios experimentados, conclusiva sobre uma relação de codependência. Por tratar-se de um instrumento objetivo, acredita-se, no entanto, ser interessante continuar experimentando, com novos critérios e, quem sabe, ampliando-se o sistema.

Considerações finais

Na célula relacional matriz que permite ao indivíduo expressar-se e ser identificado como ser atuante, o *status nascendi* imprimirá padrões que serão acionados mais tarde, mediante situações similares. Do vínculo entre dois papéis complementares, nasce uma interação por meio da qual ambos, papel e contrapapel, serão influenciados por contínuos *inputs* e *outputs*.

Assim, respaldada pelos fatores geta morenianos e DSM-IV, acredito encontrar-se em alguns sujeitos um genótipo, que se expressará no sentido de fenótipo como Transtorno da Conduta ou outros transtornos apenas em determinadas condições, se *e, t* e *a* combinarem-se adequadamente.

Afirmo ainda que certos padrões familiares já denominados "co-dependentes" constituem condições ambientais facilitadoras para o desenvolvimento do Transtorno da Conduta, bem como para o abuso de substância, como gênese desses e possivelmente outros transtornos, que são nossos atuais objetos de estudo, pois a co-dependência guarda estreita relação com sistemas rígidos e transferenciados. O que contrapõe as condições, na visão moreniana, fundamentais à saúde mental, representadas pelos fatores espontaneidade e tele. Sob essa óptica, comportamentos típicos desses transtornos surgem como "saídas" para manter em equilíbrio o sistema homeostático da família. Assim, proponho como intervenção de escolha para tais quadros linhas psicoterápicas que permitam priorizar-se a relação familiar como foco do tratamento.

272 MARIA APARECIDA JUNQUEIRA ZAMPIERI

Favorecer ao sistema familiar condições de encontrar novo equilíbrio, seja por desafios seja por treinamento da espontaneidade, alternando-se incursões terapêuticas por meio do intra e do interpsíquico, melhorando a tele, acredito, agilizará o trabalho. Em especial, com o grupo presente.

Estendo ainda o próprio termo "codependente", em seu aspecto individual, abrangendo não apenas pessoas que compartilham convívio com dependentes químicos, mas as que viveram a violência infantil de relações parentalizadas, assumindo precocemente funções inadequadas para a idade e, em conseqüência dessa ou de outras formas de abuso infantil, desenvolveram padrões de relacionamento rígidos e estereotipados, auto-estima rebaixada e a necessidade constante de vincular-se como ajudador-controlador, em detrimento do próprio amadurecimento e da busca por gratificações internas próprias. Pessoas nessas condições estariam mais expostas a co-construir relações atuais com sujeitos que tendem a desenvolver, cedo ou tarde, uma patologia crônica. Mais sujeitas a suprir, além de fatores genéticos, as demais condições contidas nos fatores geta morenianos. Alerto assim sobre a validade da proposta moreniana de investir em prevenção.

Tanto na leitura dos grupos quanto para as intervenções o psicodrama mostra-se norteador de todo o processo. Trabalhar a espontaneidade e a tele associando a "liberdade na ação" à "liberdade na relação", longe de trazer soluções aos problemas, legitima-os, acolhe no espaço dramático a adversidade. A vivência dos conflitos presentes, da incorporação dos fatos do passado remoto ou recente pode transformar seu sentido e abrir brechas para novas oportunidades nas relações.

Ao lidar-se diretamente com o grupo familiar ou com o trabalho social em rede, é possível observar uma evolução similar à apontada por Silva Dias (1987) como fases do psicodrama grupal. Para ele, uma vez integrado, circularizado e hierarquizado, o grupo passa a ter uma dinâmica própria que, processada pelo Núcleo do EU, apresenta as fases de ingeridor, de defecador, de urinador, de caótico e indiferenciado. Esta última caracterizada por intensa mobilização de afetos, descobertas e mudanças. Identifico na fa-

CODEPENDÊNCIA: O TRANSTORNO E A INTERVENÇÃO EM REDE 273

mília e nos grupos multiprofissionais uma intervenção inicial bastante diretiva e estruturadora, seguida por fases do Modelo do Núcleo do EU. Embora a dinâmica na terapia familiar não privilegie a pesquisa intrapsíquica como meta, pois a relação é priorizada, *insights* ocorrem sobretudo na fase final do processo.

Sob o referencial teórico neopsicodramático do Núcleo do EU, acredito situar-se o Transtorno da Conduta como uma psicopatologia do Modelo Defecador. É interessante observar que, naquela família objeto deste estudo, mãe e filho apresentavam um padrão relacional de superenvolvimento, caracterizando defesas típicas desse modelo. A defesa do filho, "tamponando" a porosidade na área Ambiente numa defesa atuadora, que invade o ambiente. A da mãe, tamponando pelo lado da área Mente, numa defesa depressiva. Elaborando seu superenvolvimento com o filho, ela repetiu muitas vezes "eu me vejo nele", sem que conseguisse no entanto identificar em quais aspectos ou circunstâncias ocorria a transferência. Como afirma Silva Dias (1994), a angústia está associada à mobilização de conteúdos "guardados" em "bolsões" ou zonas de indiferenciação ou "estados inconscientes" de Moreno.

Considero ainda que, além dos componentes genéticos, embora o Transtorno da Conduta possa ser observado em filhos de sujeitos que apresentaram o transtorno na infância e/ou adolescência, são necessárias três gerações para "fazer" o transtorno. Da primeira para a segunda, haveria a "geração" de uma codependência, dessa para a terceira teríamos forte chance de "fazer" dependências ou Transtornos da Conduta ou outra patologia. De qualquer maneira um indivíduo agredido teria maior probabilidade de apresentar o transtorno. Como um efeito tardio, o transtorno poderia surgir "revidando" a agressão, mas não surgiria necessariamente.

A vida não é regida por equações lineares, inúmeras e sensíveis são suas variáveis, gerenciadas por equações complexas e reversas. Nascemos no maior estado de entropia negativa e declinamos aumentando a entropia positiva, nosso desnível de potencial diminui rumo à estagnação e à morte. Na doença a rigidez do sistema inadequadamente se antecipa e requer que se introduza energia aproveitável a fim restabelecer a tensão da vida, do movi-

274 MARIA APARECIDA JUNQUEIRA ZAMPIERI

mento, do fluxo. A intervenção em rede no sistema codependente faria esse papel.

Enfim, pondero que tais considerações estão absolutamente sujeitas a maiores estudos; de forma que expresso sobretudo minha intenção de semear com este escrito um estímulo à pesquisa, e à ousadia de tentar-se novas narrativas e meios que possam, mais que elucidar, favorecer para efetivas inter-relações.

Uma série de novos questionamentos poderia agora ser pertinente, muito mais que respostas obtidas aos questionamentos iniciais. Entretanto, poderíamos tecer algumas considerações, nesta etapa do trabalho, com grupos codependentes.

Como sensibilizar pessoas e grupos, familiares ou não, a desconstruir conceitos, mitos, valores e crenças que constituem o estigma do dependente químico e camuflam a relação codependente?

De que modo, como terapeuta e educadora, influencio, direciono e/ou sou influenciada pelos grupos na intervenção? Com quais valores corre-se o risco de estar mantendo a codependência, na tentativa de buscar novas visões para essa questão?

Em quais momentos pode-se estar fusionado e inoperante, em detrimento da co-construção de uma visão mais télica para novas formas de atuação?

Somando conceitos de Moreno e Minuchin, poderíamos dizer que o terapeuta se inserirá na dinâmica a fim de contracenar com os atores e provocará desequilíbrios que romperão a homeostase. Porém deverá ser um observador-participante, curioso sobre a realidade vigente que ajudará a desconstruir, sem fixar-se rigidamente nas suas hipóteses pré-levantadas por meio de estudo bibliográfico ou de seus próprios valores.

Em determinadas estruturas familiares, as funções designadas aos componentes no exercício de seus papéis tendem a considerar simultaneamente a mulher codependente, vítima dos seus homens e culpada pelos seus *deslizes*. Fusionar-se nesse jogo só a afastaria da tomada de consciência sobre a necessidade de atingir a diferenciação do *self*. Sua importância enquanto peça na dança da manu-

CODEPENDÊNCIA: O TRANSTORNO E A INTERVENÇÃO EM REDE 275

tenção ou na alteração de valores e inter-relações familiares justifica um trabalho específico de releituras e reconstrução dos seus papéis-função.

O sociodrama pode, na sua dinâmica, estar legitimando um espaço ritualizado, recontextualizando o lugar do dependente e do codependente na família. Confirmando e salientando semelhanças e singularidades interacionais da família codependente, o sociodrama pode funcionar como ritualização da redefinição de identidade, ressignificando a função do estigma do dependente químico na família.

Queremos entender que o sociodrama da codependência pode ainda desequilibrar o sistema familiar presente. Primeiro, porque nesta intervenção o terapeuta desafia o problema, atacando a certeza de que há *um* paciente identificado. "Para alguém *funcionar bem* aqui, é necessário outro alguém *estar dependente?*" Não se trata de vitimizar o dependente, mas, como afirma Minuchin (1990), de lançar uma luz diferente sobre a rede compartilhada e percebida por todos, de que *um sujeito* é o problema.

Em segundo lugar, mas não menos importante, o terapeuta desafia a percepção linear culpado/vítima de que um membro está controlando o sistema, quando na realidade existe uma interdependência funcional entre todos os membros, na qual cada um serve de contexto aos demais. A pergunta que paira no sociodrama da codependência é "Quem precisa de quem nessa interação familiar a fim de manter sua função?", objetivando alumiar complementaridades no sistema, tentando levar ao reconhecimento de uma mutualidade no contexto. O dependente chega, muitas vezes, internado por uma família cuja última esperança de viver bem seria eliminar o problema, que acreditam estar simplesmente confinado no elemento dependente. Suas falas revelam sua crença de que *agora está tudo bem*, pois o problema já está aqui sendo tratado na instituição. É comum depararmos com sistemas que alimentam a esperança de que sem a presença do dependente o lar vai funcionar bem; existem até famílias que não comparecem às visitas, tampouco vão buscá-lo ao final do tratamento. O sociodrama pretende abalar essa certeza. Não desprezando a validade de um tratamento, mas alternando quanto à necessidade de ampliá-lo, introduzindo a percepção da inter-relação circular do sistema. Salientando a necessidade de diferenciação e responsabilidade desconcentrada em um único elemento para o desenvolvimento da família.

Cada um é responsável pela própria integridade e por alcançar a *self position*. Ao mesmo tempo, ao solicitar no sociodrama que o personagem dependente fale como percebe o personagem codependente, o terapeuta no sociodrama da codependência está dizendo ao dependente "ajude-o a perceber-se e a mudar". Porém, como a mudança em um elemento requer alteração no seu contexto, a mensagem é "Ajude-o a mudar-se, mudando a si mesmo, conforme vai se relacionando com ele". Salientando a rede relacional do sistema e a responsabilidade de cada um no processo de mudança.

Em terceiro lugar, o sociodrama da codependência intenta abalar antigas certezas, facilitar aos presentes a desconstrução da crença de comportamentos isolados e co-construir a percepção de cada membro presente de que seu comportamento é parte de um todo mais amplo. O codependente não criou seu padrão relacional sozinho, bem como não pode mantê-lo isoladamente. Pretendemos com o sociodrama ampliar a visão do codependente para a construção deste seu papel por meio dos jogos interacionais com sua família de origem e com sua família atual. Caso não consigam alterar o *modus operandi* de inter-relação, tenderão a buscar sempre contrapapéis que lhes permitam dançar conforme sabem. Assim cada um e todos são responsáveis pela relação codependente. Pela sua manutenção ou pela co-construção de outra dança.

A relação sociométrica descrita apontou para um delineamento de funções que se repetem entre internos e familiares. Penso que vale a pena aprofundar este estudo, o que está em fase de elaboração, para uma amostragem ampliada a outros grupos de familiares e de casais.

Numa leitura da Escola de Roma, o codependente funciona como metáfora da fragilidade do sistema de sua família de origem. O dependente, uma metáfora da fragilidade da família atual. O codependente, o elemento programado para ser cuidador e mantenedor de outras relações fechadas de codependência.

Desconstruir a programação de função relacional do sistema constituir-se-ia no objetivo-mor do sociodrama da codependência. Fazer a prevenção primária à drogadição, ao alcoolismo e a outros transtornos por meio do sociodrama construtivista da codependência com trabalhos em rede estaria mais próximo da categoria da modificação das condições relacionais e quiçá do fortalecimento da resistência à incidência. Evidenciando as relações de codependência o sistema como um todo poderá ser abalado. No sociodrama descrito, abordamos sujeitos já afetados e seus codependentes, caracterizando a intervenção como secundária e terciária. Lidamos com o codependente, contexto para o qual voltará o dependente ao final do seu tratamento. O reconhecimento da co-participação no problema pretende facilitar o exercício da co-responsabilidade e desestigmação do dependente químico na sua família.

Na relação sociométrica da família surgiu, no depoimento de alguns, a parentalização nas figuras de esposa-mãe e de filho-pai pelas condutas regressivas que seus pais (do codependente) assumiram facilitando o desenvolvimento de papel de cuidadores. Nesta linha de pensamento o delinqüente é tido como vítima do sacrifício da família que representa um esforço para recriar a relação atual com os filhos ou o marido.

Estigmas, medos de dissolução da família e vergonha conduzem a segredos familiares, influem pesadamente na co-construção da codependência e são por ela influenciados. Na empresa e na instituição também se notam pontos cegos que articulam coordenadores e coordenados numa conivência corrosiva. É interessante observar como, nos sociodramas em que se publicam convites na mídia, desde a hesitação em comparecer, a timidez inicial da participação e a questão pelo contrato de sigilo, com a não-permissão para filmagem e fotos, a conotação de segredo parece estar em *off*. O estigma denunciado, aberto na ação dramática, revela não apenas suas asas sobre o dependente, mas sobre o codependente na família e no contexto social.

... se isto pode esperar
um Eu curioso, questionador
espontâneo
e
corajosamente amadurecido,
quero, meu Deus,
amadurecer
com
ou
sem medo.

Bibliografia

ABDO, Carmita H. N. (org.). *Sexualidade humana e seus transtornos.* São Paulo: Lemos, 1997.

AGUIAR, Moysés. *Teatro da anarquia: um resgate do psicodrama.* Campinas: Papirus, 1988.

ANDOLFI, Maurizio. *A terapia familiar: um enfoque interacional.* Campinas: Workshopsy, 1996.

ANDOLFI, Maurizio; ANGELO, Cláudio. *Tempo e mito em psicoterapia familiar.* Porto Alegre: Artes Médicas, 1998.

ANDOLFI, Maurizio; ANGELO, C.; MENGHI, P.; NÍCOLO-CORIGLIANO, A. M. *Por trás da máscara familiar.* Porto Alegre: Artes Médicas, 1989.

BEATTIE, Melody. *Co-dependência nunca mais.* São Paulo: Best Seller, 1992.

BECK, A.; FREEMAN, A. e cols. *Teoria cognitiva dos transtornos de personalidade.* Porto Alegre: Artes Médicas, 1993.

BENOIT, Jean-Claude. *Angústia psicótica e sistema familiar.* Campinas: Psy II, 1994.

BOSCOLO, L.; CECCHIN, G.; HOFFMAN, L.; PENN, P. *A terapia familiar sistêmica de Milão: conversações sobre teoria e prática.* Porto Alegre: Artes Médicas, 1993.

BOSZORMENY-NAGY, Ivan *apud* MIERMONT e cols. *Dicionário de terapias familiares: teoria e prática.* Porto Alegre: Artes Médicas, 1994.

BOWEN, Murray *apud* MIERMONT e cols. *Dicionário de terapias familiares: teoria e prática.* Porto Alegre: Artes Médicas, 1994.

280 MARIA APARECIDA JUNQUEIRA ZAMPIERI

BRAGA, Lúcia Willadino-Pesquisa. *O cérebro busca rotas para cumprir atividades de áreas lesionadas*. Medicina & Bem-Estar, por Eduardo Hollanda, Revista *IstoÉ*, 27 jun. 2001, nº 1656.

BUSTOS, Dalmiro. Asas e raízes – *locus*, matriz, *status nascendi* e o conceito de *clusters*. *Leituras* 2, Companhia do Teatro Espontâneo, jul. 1994, p. 9.

CALDEIRA, Zelia Freire. *Drogas, indivíduo e família: um estudo de relações singulares*. 1999. 81 p. Dissertação (Mestrado em Saúde Pública) – Escola Nacional de Saúde Pública, Rio de Janeiro, Rio de Janeiro.

CAMPOS, Regina H. Freitas (org.). *Psicologia social comunitária: da solidariedade à autonomia*. 8ª ed. Petrópolis: Vozes, 2002.

CARTER, Betty; MCGOLDRICK, Monica. *As mudanças no ciclo de vida familiar: uma estrutura para a terapia familiar*. Porto Alegre: Artes Médicas, 1995.

CECCHIN, Gianfranco. Exercícios para manter sua mente sistêmica. *Nova Perspectiva Sistêmica* 10, ago. 1997, ano VI, 10, p. 6, 16.

CID-10. *Classificação de Transtornos Mentais e de Comportamento da CID-10: descrições clínicas e diretrizes diagnósticas*. Coord. Organização Mundial da Saúde. Trad. Dorgival Caetano. Porto Alegre: Artes Médicas, 1993.

CUKIER, Rosa. *Sobrevivência emocional*. São Paulo: Ágora, 1998.

CUNHA, Iole. *Treinamento perinatal: conhecimentos básicos para a promoção de uma melhor qualidade de vida*. Porto Alegre: Sagra, 1991.

DSM-IV. *Manual Diagnóstico e Estatístico de Transtornos Mentais*. Porto Alegre: Artes Médicas, 1995.

FIGLIE, Neliana B.; PILLON, S. C.; DUM, J.; LARANJEIRA, R. Orientação familiar para dependentes químicos: perfil, expectativas e estratégias. *Jornal Brasileiro de Psiquiatria*, 48(10): 471-8, out. 1999.

FLORENZANO, Ramón; SOTOMAYOR, P.; OTAVA, M. Estudio comparativo del rol de la socialización familiar y factores de personalidad en las farmacodependencias juveniles. *Revista Chilena de Pediatría*, v. 72, nº 3, Santiago, maio 2001.

FONSECA FILHO, J. *Psicodrama de loucura*. São Paulo: Ágora, 1980.

————. *Terapia da relação*. São Paulo: Ágora, 2000.

FORTES, J. R. Albuquerque; CARDO, W. N. *Alcoolismo - diagnóstico e tratamento*. São Paulo: Sarvier, 1991.

CODEPENDÊNCIA: O TRANSTORNO E A INTERVENÇÃO EM REDE 281

GONSALVES, Camila Salles; WOLFF, José R., ALMEIDA, Wilson Castello. *Lições de psicodrama*. São Paulo: Ágora, 1988.

GOSSOP, M. Y.; GRANT, M. *Prevención y control del abuso de drogas*. Genebra: OMS, 1990.

HARKNESS, D.; COTRELL, G. The social construction of co-dependency in the treatment of substance abuse. *Journal of Substance Abuse*, vol. 14, nº 5, p. 473-9, 1997.

KOLB, Lawrence C. *Psiquiatria clínica*. Rio de Janeiro: Guanabara Koogan, 1977.

LÉVY, Pierre. *As tecnologias da inteligência: o futuro do pensamento na era da informática*. Tradução Carlos Irineu da Costa. Rio de Janeiro: 34, 1993.

LIMA, B. S. O processo da cura no psicodrama bipessoal. *Revista Brasileira de Psicodrama*, v. 7, nº 1, 1999.

LOMBARDI, R. Epidemia do jogo toma conta do país. *O Estado de S. Paulo*, São Paulo, 10 ago. 2003, C1, p. 3-4.

MADANES, Cloé. *A família atrás do espelho, avanços na prática da psicoterapia estratégica*. Campinas: Psy, 1997.

MENEGAZZO, C. M.; ZURETTI, M. M.; TOMASINI, M. A. *Dicionário de psicodrama e sociodrama*. São Paulo: Ágora, 1995.

MIERMONT, Jacques e cols.; *Dicionário de terapias familiares: teoria e prática*. Porto Alegre: Artes Médicas, 1994.

MILLER, Mary Susan. *Feridas invisíveis: abuso não-físico contra mulheres*. São Paulo: Summus, 1999.

MINUCHIN, S. *Famílias: funcionamento & tratamento*. Trad. Jurema A. Cunha. Porto Alegre: Artes Médicas, 1982.

MINUCHIN e FISHMAN. *Técnicas de terapia familiar*. Porto Alegre: Artes Médicas, 1990, p. 285.

MINUCHIN, S.; FISHMAN, S. C. *Técnicas de terapia familiar*. Porto Alegre: Artes Médicas, 1990.

MOORREY, Stirling. Abusadores de drogas. In: SCOTT, Jan; WILLIANS, J. M. G.; BECK, A. *Terapia cognitiva na prática clínica: um manual prático*. Porto Alegre: Artes Médicas, 1994.

MORENO, J. L. *Psicodrama*. São Paulo: Cultrix, 1993a.

————. *Psicoterapia de grupo e psicodrama*. 9ª ed. Campinas: Psy, 1993b.

————. *Quem sobreviverá? Fundamentos da sociometria, psicoterapia de grupo e sociodrama*. vol. I, Goiânia: Dimensão, 1994.

MORENO, J. L. *Psicodrama*. São Paulo: Cultrix, 1993a.

NOBACK, C. R.; STROMINGUER, N. L.; DEMAREST, R. J. *Neuroanatomia: estrutura e função do sistema nervoso humano*. 5ª ed. São Paulo: Premier, 1999.

OLIEVENSTEIN, Claude e cols. *A clínica do toxicômano – a falta da falta*. Porto Alegre: Artes Médicas, 1989.

PALAZZOLI, M.; CIRILLO, S.; SELVINI, M.; SORRENTINO, A. M. *Jogos psicóticos na família*. São Paulo: Summus, 1998.

PALOMAR, Joaquina. Relação entre funcionamento familiar e qualidade de vida em famílias com um membro alcoólico. *Salud Mental*, v. 22, nº 6, dez. 1999, p. 13-21.

PAPP, Peggy. *O processo de mudança, uma abordagem prática à teoria sistêmica da família*. Porto Alegre: Artes Médicas, 1992.

PERAZZO, Sergio. Que teoria, de que psicodrama? In: HERRANS CASTILLO, Teodoro. *Manual de psicodrama: teoria, técnica y clinica*. Madri: Olalla, prelo.

ROJAS-BERMUDEZ, Jaime G. *Introdução ao psicodrama*. São Paulo: Mestre Jou, 1980.

————. *Núcleo do eu: leitura psicológica dos processos evolutivos fisiológicos*. São Paulo: Natura, 1978.

SILVA DIAS, Victor. *Psicodrama: teoria e prática*. São Paulo: Ágora, 1987.

————. *Análise psicodramática*. São Paulo: Ágora, 1994.

TIBA, Içami. *Puberdade e adolescência*. São Paulo: Ágora, 1985.

TOFFOLI, A.; WANJSTOCK, A.; MANTEL M. M. B.; BISCAIA M. F. C.; BISCAIA, M. J. S. Codependência: reflexão dos critérios diagnósticos e uma analogia com o mito de Narciso. *Inform. Psiq.*, 16(3): 92-7, 1997.

WATZLAWICK, Paul (org.). *A realidade Inventada*. Campinas: Psy, 1994.

WINTER, Themis Regina. *O enigma da doença: uma conversa à luz da psicossomática contemporânea*. São Paulo: Casa do Psicólogo, 1997.

YOZO, Ronaldo Y. K. *100 jogos para grupos*. São Paulo: Ágora, 1996.

ZAMPIERI, A. M. F. *Sociodrama construtivista da aids*. São Paulo: Psy, 1999.

ZAMPIERI, M. A. J. *Sociodrama construtivista da codependência: uma busca pela desconstrução do estigma do dependente químico na família*; em Bauru, 18 de abril de 1998a.

————. A emancipação de assentados da Cesp. *Múltiplas*. 1 ago. 2001, p. 8-13

————. *Atualizando a cena: novas narrativas em tempos de prevenção precoce*. Publicações Científicas do 11º Congresso Brasileiro de Psicodrama: Campos do Jordão, 1998b.

————. *O método psicodramático na supervisão do psicodrama aplicado*, no V Encontro Nacional de Professores e Supervisores e no IV Encontro Nacional de Coordenadores de Ensino, Sedes Sapientiae, em São Paulo, 22 de novembro de 1997.

MARIA APARECIDA JUNQUEIRA ZAMPIERI, mais conhecida no meio psicodramático como Tina Zampieri, nasceu em 1952 em Monte Aprazível, no Estado de São Paulo. Terceira entre dez irmãos, criada em trama familiar extensa e afetiva, suas primeiras experiências marcantes vêm do convívio com pessoas das mais variadas origens, inclusive índios, nas margens do Araguaia, em Goiás, onde passava suas férias. Lá entrou em íntimo contato com a cultura popular, com a psicologia e com a problemática do povo brasileiro.

Formou-se primeiro em Física, na Universidade Federal de São Carlos, e depois em Psicologia, pela Unorp – Centro Universitário do Norte Paulista. Especializou-se em psicodrama e terapia de casal e família. Atualmente, é mestranda na Faculdade de Medicina de São José do Rio Preto.

Coerente com sua formação, Tina tem duas áreas de atividade distintas: em clínica e como assessora de municípios e empresas, trabalhando com populações variadas – como famílias de pequenos agricultores assentados pela Cesp, por exemplo.

A investigação sobre codependência teve início há sete anos, em grupos de auto-ajuda e em uma instituição para tratamento de dependentes de drogas. Hoje, essa atividade se estende a municípios e centros de saúde.

IMPRESSO NA
sumago gráfica editorial ltda
rua itauna, 789 vila maria
02111-031 são paulo sp
tel e fax 11 **2955 5636**
sumago@sumago.com.br